T0162885

BIBLIOTHÈQUE DES CAHIERS DE L'INSTITUT
DE LINGUISTIQUE DE LOUVAIN — 84

ANTHROPOLOGIE POÉTIQUE

Esquisses pour une anthropologie du texte

Daniel Dubuisson

PEETERS
LOUVAIN-LA-NEUVE
1996

D. 1996/0602/54 ISSN 0779-1666 ISBN 90-6831-830-6 (Peeters Leuven)
ISBN 2-87723-231-X (Peeters France)

Printed in Belgium

Pour les seize ans de Marie

"...mais on avait perdu de vue ce qui en était l'objet même : l'homme" (Léo SPITZER).
"Toute philosophie est une philosophie de la vie et de la mort" (Edmund HUSSERL).
"...on ne vit qu'en tissant, sous un corps infatigable, les fictions d'un espace éphémère" (Henri BOSCO).

INTRODUCTION

"Je suis en mots, je suis fait de mots, des mots des autres, quels autres ?" (Jean GENET).

MILLE MILLIARDS DE TEXTES

Combien, au cours de toute une vie, prononçons-nous de phrases, inouïes depuis toujours ? Que nul n'aurait jamais entendues jusqu'alors, jusqu'à ce qu'elles soient, par l'un de nous et à cet instant, prononcées ?

Cette question intemporelle est à l'origine de ce livre ou, plus exactement, l'un de ses corollaires triviaux : en ce cas, nos propos, la presque totalité d'entre eux, en reprennent sans cesse d'autres, déjà entendus et répétés si souvent par chacun de nous. Comment ne pas se demander d'où viennent ces propos impersonnels ? C'est-à-dire : De quoi sont-ils faits ? Dans quelles conditions se forment-ils et se conservent-ils ? Dans quelle mémoire étrange attendent-ils que nous venions les sortir du silence ? Comment, selon quelles règles ou quelles lois, s'ajustent-ils et s'articulent-ils entre eux ? Comment se modifient-ils ou se métamorphosent-ils ? Selon quels rythmes ? En suivant quels modèles et en obéissant à quelles nécessités ?

Parce qu'elles touchent ce qui, peut-être, nous est le plus indispensable pour subsister, ces questions difficiles nous conduiront très vite à revenir vers nous-mêmes, vivant au jour le jour dans ce monde, et à nous demander : Comment ces propos innombrables, sans cesse retravaillés et recomposés, s'entremêlent-ils à notre existence, à cette existence vivante, fragile par conséquent et toujours imprévisible ? Comment s'accordent-ils avec elle ? Comment y pénètrent-ils et y subsistent-ils ? Quelle place y tiennent-ils ? Avec quelle liberté, avec quel degré de lucidité, de conscience les choisissons-nous, les retenons-nous et les utilisons-nous ? Comment les pensons-nous, puisque notre pensée elle-même doit en être faite ? Comment les assimile-t-on ? Nous (trans)forment-ils ? Quelle part de nous-mêmes représentent-ils ? Jusqu'à quel point deviennent-ils indissociables de notre propre personne ? Et celle-ci en définitive, que pourtant nous croyons être le noyau de notre identité, se construit-elle avec autre chose qu'eux-mêmes ? Est-il dès lors seulement concevable de leur échapper ? Mais où se situerait en ce cas cette extériorité ineffable, inconcevable et fatalement inaccessible ?

D'autres questions se pressent dès lors à la suite des précédentes : ces propos communs et ordinaires sont-ils différents (en quel sens et en quelle mesure) de ceux qu'utilisent le pouvoir politique, la religion, le droit, la littérature ? Quels liens (formels, historiques etc.) entretiennent-ils les uns avec les autres ? Quelles homologies présentent-ils éventuellement ? Quels emprunts se font-ils ? Quels chemins secrets mènent des uns aux autres ? S'engendrent-ils mutuellement ou ressortissent-ils à deux régimes différents et séparés ? Comment les hommes passent-ils des uns aux autres ? Comment les associent-ils ou tentent-ils d'en esquisser la synthèse ?

Aux réponses qu'attendent toutes ces questions de premier ordre, l'*anthropologie poétique* se propose d'apporter les contributions d'une démarche dominée par le souci de se situer aux confins des apories respectives de la poétique et de l'anthropologie en ne retenant de l'homme que son caractère, primordial et essentiel, de producteur et d'utilisateur de textes. C'est pourquoi son exposé se subdivise de manière presque inévitable en une *anthropologie poétique* au sens strict, qui tentera de comprendre comment l'homme, son identité, son existence, sa personne, son être même, se construisent dans et par des textes, en une *anthropologie du texte,* qui permettra enfin de reconnaître ce dernier au nombre des rares objets auxquels convient ce caractère humain et universel, et en une *poétique du pouvoir*, chargée pour sa part d'analyser les *corpus* et, à travers eux, les caractères, les procédés, les enjeux et les fonctions majeurs des textes (politiques, mythiques, juridiques, métaphysiques, magiques, historiques etc.) dont l'efficacité, la vocation, les traits communs, la force de conviction restent en fait, aujourd'hui encore, en grande partie inexpliqués. Cette triple subdivision est reprise ici même, dans le plan de ce livre, dans les titres et la disposition de ses trois parties successives.

Tout au long de la première, l'expression *anthropologie poétique* découvrira et recevra sa pleine acception. On s'y tournera vers l'homme, l'homme vivant et ordinaire, afin de ne considérer que sa relation intime, constitutive et permanente aux textes, les siens et ceux des autres. C'est donc également dans cette partie que l'on tentera de penser et de comprendre le champ de ces interactions. Mais, là encore, la réflexion sera menée avec une intention bien précise, celle de s'en tenir à la vie réelle, vécue, des hommes. L'exposé de cette *anthropologie poétique* permettra d'entrevoir certains mécanismes curieux, certaines collaborations surprenantes, caractéristiques de "l'existence imbriquée" que mènent les textes individuels et collectifs.

La seconde partie (*anthropologie du texte*) traitera du texte en tant que tel, considéré comme un objet original et particulier, incomparable aux autres. C'est en quelque sorte la "textualité" la plus générale du texte que l'on tentera de dégager et de décrire. Pour y parvenir, on partira de la métaphore la plus fréquemment associée à la fabrication du texte, celle du tissage. L'originalité de l'*anthropologie du texte* apparaîtra peut-être dès cette première étape, puisque cette approche se fera sans recourir en priorité aux catégories linguistiques, rhétoriques et interprétatives regroupées habituellement sous la problématique de la recherche du sens. L'analyse des procédés et des formes y sera en effet subordonnée à une réflexion qui ne poursuivra et ne retiendra que la fonction "cosmographique" et la valeur "métaphysique" du texte. Celles-ci auront d'ailleurs été préalablement définies à l'aide de notions (l'ordre, l'unité, la cohérence, l'homogénéité, l'isotropie...) qui visent l'architecture et l'organisation objectives du texte, et non ses possibles (et indénombrables) actualisations sémantiques, telles qu'elles apparaissent à l'issue de toute exégèse particulière.

C'est au destin, collectif cette fois, de cette fonction cosmographique et de cette valeur métaphysique que s'intéressera la troisième partie, la *poétique du pouvoir*. Le fait le plus surprenant qu'offre à l'examen l'ensemble des cultures humaines est sans doute celui-ci : de même que ce qui distingue le plus sûrement les individus dépend de la qualité particulière de leurs textes, de même les sociétés, les cultures, et avec elles toutes les formes de pouvoir qui s'y exercent, s'édifient-elles et ne se perpétuent-elles qu'autour de leurs propres textes, réunis dans des *corpus*. On observe là un paradoxe sur lequel il faudra longuement s'attarder. N'est-il pas surprenant en effet que ce qui leur permet de s'organiser, de se constituer en tant que telles et de durer, en représente en même temps la part la plus immatérielle, celle qui semble *a priori* la plus fragile et la plus instable ? Les institutions, les savoirs, les règles de conduite, les pratiques et les lois, l'ensemble des principes sur lesquels se fondent les mécanismes sociaux, juridiques, politiques et religieux ne sont-ils pas d'abord et nécessairement des textes ? Devenus, grâce aux propriétés synthétiques des *corpus*, les fragments d'une cosmographie globale, dominante et collective, ils exaltent les caractères majeurs de la textualisation ordinaire (l'ordre, l'unité, etc.), comme si ces *corpus* n'étaient destinés qu'à en favoriser l'expression institutionnalisée et socialisée ?

Quatre mots reviendront fréquemment dans les pages suivantes, dotés d'un sens à la fois plus net et plus simple que celui qui est devenu le leur. Ce sont : "texte", "poétique", "anthropologie" et "métaphysique".

Qu'il soit écrit ou transmis oralement, savant ou au contraire très banal, bref ou extrêmement long, célèbre ou inconnu, explicite ou mystérieux, intérieur ou public, c'est-à-dire quelles que soient ses modalités (de composition, de conservation, d'énonciation, de transmission, etc.), le texte dont il sera ici question désignera toute espèce de construction verbale traduisant par la cohérence, par l'unité, par l'ordre et par l'homogénéité qu'elle vise et exprime en toute circonstance, un souci obsédant, une aspiration vitale, une préoccupation constante, propres à l'homme en tant que ce dernier est l'unique créateur de tous les textes connaissables (à la limite, une courte série de phrases et peut-être même une seule phrase suffisent à faire un texte).

Le mot "poétique" désignera, suivant les contextes, ou un quasi synonyme du mot "textuel", lui-même renvoyant au texte tel qu'il vient d'être défini, ou, avec une nette intention critique et réflexive, toute analyse, toute étude choisissant pour objet premier *le* texte (ou la "textualité"), un texte, des textes (un corpus par exemple). Cette dernière acception apparaît notamment dans l'expression "poétique du texte", que l'on pourrait gloser par "étude (nécessairement développée en texte) des propriétés textuelles du texte".

"Anthropologie" et "anthropologique" renverront sans détour et avec quelque naïveté à leur signification littérale et désigneront par conséquent ce qu'il y a à la fois de plus universel, de plus banal et de plus contraignant dans l'usage du mot "homme". L'anthropologie ainsi conçue se préoccupe avant tout de rechercher quelques-uns des invariants susceptibles de nous faire mieux comprendre l'unité la plus profonde du fait humain. Ces deux mots doivent donc être compris simplement, c'est-à-dire avec leur acception la plus générale, laquelle n'implique aucune revendication "disciplinaire" ou "technique". Ce qui ne nous empêche pas de souhaiter que les ethnologues et les anthropologues professionnels puissent tirer de la lecture de ce livre quelques motifs de réflexion.

Quant à l'adjectif "métaphysique", il désignera ici toute opinion, affirmation, description, narration, idée, argumentation, tout (fragment de) texte donc, traduisant, par son isotropie, par son ordonnance, par sa cohérence générale, le sentiment, la conviction ou le simple besoin de penser que le monde (ou toute partie de celui-ci), d'une manière ou d'une autre, possède une certaine unité, une homogénéité et un ordre inaliénables. Ces acceptions convergentes de même que toutes les nuances que l'on aimerait leur adjoindre sont identiques à celles qui caractérisent toujours l'idée de cosmographie, laquelle sera étroitement associée ici à celle de texte.

Ainsi voit-on dès à présent apparaître l'hypothèse centrale vers laquelle se tournera chacune des pages de ce livre : n'importe quel texte, par ses caractères intrinsèques les plus constants, participe toujours, à sa place et selon ses moyens, à une vaste entreprise, sans cesse recommencée et sans cesse commentée, dont la finalité constante, parce qu'elle est de nature cosmographique, trahit les préoccupations métaphysiques de son auteur, l'homme. En effet, tout texte, du fait de ses caractères spécifiques, est susceptible de fonder une cosmographie, c'est-à-dire une conception globale et ordonnée du monde, ou de prendre place dans l'une de ses parties, fût-elle peu de chose : la description de cet objet, le récit de cet événement ou cette injonction pressante. Apporter cette dernière précision ne nous dispense pourtant pas d'ajouter aussitôt une très nette mise au point.

Depuis longtemps, les sciences humaines ont choisi d'exclure de leurs préoccupations les problèmes métaphysiques, les abandonnant aux spiritualités, aux philosophies, aux belles envolées humanistes et aux sagesses de toute espèce. Longtemps, cette attitude fut sans doute saine dans son principe, puisqu'elle permit d'émanciper le travail intellectuel de toute tutelle religieuse, de toute arrière-pensée mystique ou simplement idéaliste. Mais n'a-t-on pas transformé cette sage précaution en principe paresseux et trop commode ? Ne se débarrasse-t-on pas en l'adoptant, et à peu de frais, de problèmes réels et essentiels ? Que peut-on dire, par exemple, des comportements et des systèmes symboliques, qui représentent sans doute la part la plus intéressante de toute activité humaine, si l'on renonce à prendre en compte les préoccupations, aspirations, interrogations, opinions et convictions "métaphysiques" qui les ont suscités et auxquelles ils répondent à leur manière ? De même, comment peut-on prétendre étudier et comprendre des croyances, des représentations, des pratiques "religieuses" si l'on n'a pas d'emblée posé au coeur des institutions la fragilité de la condition humaine et la fugacité de l'existence ?

Sous le noble prétexte de respecter une absolue neutralité, la trop fameuse "objectivité scientifique", ne se donne-t-on pas toutes les facilités pour n'aborder que des questions aseptisées, dépouillées de leur ombre gênante, de leur part irrationnelle ou maudite ? La neutralité scientifique n'est-elle pas devenue trop souvent un alibi facile pour ne retenir que ce que l'on sait mesurer, pour ne regarder que ce que l'on sait voir, pour ne dire que ce que l'on sait répéter ?

Il suffit d'ailleurs d'ouvrir un de ces dictionnaires contemporains voués à l'anthropologie scientifique pour comprendre aussitôt pourquoi *ses* savoirs sont fort peu anthropologiques en fait : comme s'ils redoutaient de le saisir sur le vif, ne restent-ils pas prudemment à bonne distance de l'homme, de cet homme fait de chair et de sang, condamné à chercher et à comprendre ce que sont le monde et lui-même ? On n'y trouve pour cela aucun article consacré à ses inquiétudes, à sa détresse, à sa barbarie[1], à ses vices et à ses vertus, à sa cruauté, à son humour, à sa médiocrité, à ses rêves, à ses angoisses, à ses désirs, à sa bêtise, à ses crimes, à son ignorance, etc. Quel bel ensemble de qualités (ou de caractéristiques) pourtant ! Solides, immuables, inchangées depuis toujours. Et dont il est trop facile de se débarrasser en les confiant en bloc à la littérature, à la psychologie ou à la morale sans se demander préalablement si elles ne révèlent pas à leur manière un aspect fondamental de la condition humaine.

Et de quels savoirs cette même anthropologie scientifique tirerait-elle ses arguments si nous lui demandions de nous expliquer pourquoi tant d'hommes vouent ou ont voué leurs existences à la création d'objets "inutiles" (poèmes, symphonies, tableaux, êtres et mondes imaginaires, etc.), à la réalisation d'idéaux, d'obsessions ou d'utopies qui tous semblent nous dire et nous redire

---

[1] En ce sens où Simone WEIL affirmait : *"Je voudrais proposer de considérer la barbarie comme un trait permanent et universel de la nature humaine..."*

que ces mêmes hommes ne vivent ou n'ont vécu pourtant que pour réaliser ces fragments d'éternité ou de perfection ?

N'est-ce pas pourtant avec toutes ces créations, mesquines, dérisoires ou grandioses, que cohabite quotidiennement tout individu ? La part rationnelle de son esprit flotte sur un océan d'aspirations, d'angoisses et d'ignorances qu'il serait stupide et vain de vouloir maintenir à l'écart du regard anthropologique. Elles, au moins, nous diront qui nous sommes, mieux que ne pourrait le faire toute "anthropologie structurale" qui s'en tiendrait à la dissection de leurs pauvres squelettes logiques ou, pis encore, à leur interprétation algébrique. L'anthropologie la plus réaliste ne serait-elle pas celle qui accorderait son attention à ces domaines lointains, inutiles ou imprévisibles que l'homme ne cesse, de lui-même et pour lui seul, de créer ? Qui surtout accepterait de placer la condition humaine, et avec elle son noyau d'ignorances, de superstitions, d'impermanence et de mort, au coeur de ses réflexions ?

Aussi longtemps que les sciences humaines persisteront à exclure des objets symboliques qu'elles choisissent d'étudier cette part métaphysique qu'ils recèlent, et qu'ils ne recèlent que parce qu'ils sont des créations humaines, aussi longtemps, nous le craignons, échoueront-elles à saisir le caractère peut-être essentiel de toute activité humaine, faite sans doute de tout autre chose que de simples soucis utilitaristes, et s'amputeront-elles d'une bonne part de leur vocation critique.

Car il est tout aussi évident que l'attention accordée à ces problèmes ne doit pas servir de prétexte honteux ou hypocrite pour réintroduire frauduleusement dans les mêmes sciences quelque point de vue mystique que ce soit, ni bien sûr pour cautionner quelque laxisme méthodologique qu'on voudra bien imaginer. Simplement, les soucis, les aspirations ou encore les préoccupations métaphysiques dont on vient de parler et qui, comme on le verra bientôt, sous-tendent et conditionnent aussi toutes sortes de productions textuelles, devraient-ils être admis et reconnus par les sciences humaines afin qu'en soient dégagés et exposés les caractères et les influences propres. Cet immense coin métaphysique, fiché au coeur de l'homme, englobe par conséquent une psychologie originale, ni freudienne ni cognitive, principalement soucieuse des ultimes questions que se pose l'homme et auxquelles il répond quotidiennement par la composition de ses textes.

PREMIÈRE PARTIE

ANTHROPOLOGIE POÉTIQUE

"Chacun croit travailler à un immense tapis ordonné, alors qu'il trame son propre motif, qui s'emmêle aux motifs des autres" (Michel ZÉRAFFA).

CHAPITRE PREMIER

"...dans le même désordre qui, répété, deviendrait un ordre : l'Ordre" (J. L. BORGÈS).

TEXTES, CORPUS ET HYPERTEXTE

La dispersion et la singularité des textes ordinaires composés au jour le jour par les hommes sont en réalité très faibles; ce que l'on observe le plus souvent au contraire ce sont des textes sommaires, répétitifs et synonymes, dépourvus le plus souvent d'originalité, autour desquels tendent néanmoins à se rassembler et à se reconnaître des communautés ou des groupes d'individus. En même temps, et l'on aura raison de s'intéresser à cette rencontre remarquable, ces textes impersonnels s'inspirent le plus souvent de textes officiels ou solennels, réunis dans des *corpus,* ceux-là mêmes que les pouvoirs (sociaux, politiques, religieux etc.) ont soigneusement composés et sur lesquels ils fondent, ou prétendent fonder, leur autorité (tant il est vrai que, souvent, le pouvoir est moins une affaire de contrainte que de persuasion et d'adhésion).

Cette situation, dont l'élucidation nécessitera sous peu un rapide enrichissement du réseau de coordonnées qui tracera les limites de nos premières définitions, appelle sans tarder deux questions : Où coexistent (c'est-à-dire pour nous : au prix de quels critères analytiques parviendra-t-on à expliquer comment communiquent) ces séries de textes individuels et ces *corpus,* lesquels présentent toujours une certaine cohérence globale (ou l'aptitude à faire croire en l'existence d'une telle cohérence) ? Et à quelles conditions ces mêmes *corpus* parviennent-ils à s'imposer à la conscience du plus grand nombre au point d'orienter toute production textuelle et de susciter de véritables convictions collectives ?

Afin de répondre à la première de ces questions, il est tentant d'introduire immédiatement une notion, l'*hypertexte*, empruntée aux technologies nouvelles, aux modèles utilisés pour rendre compte du fonctionnement des machines dotées d'intelligences et de mémoires artificielles.

Dissipons toute de suite une possible confusion, qui pourrait entraîner de nombreux malentendus. L'*hypertexte* n'est pas un texte, serait-il immense (la Bible, le Grand Larousse, l'Encyclopædia Britannica...), ni même une (plus immense encore) collection de textes (la littérature occidentale ou, pourquoi pas ?, mondiale) auquel cas la Bibliothèque Nationale en représenterait l'un des meilleurs équivalents observables. Plus radicalement et plus simplement, on dira que l'*hypertexte* regroupe à la fois tous les textes connaissables à un moment donné et toutes les possibilités de connexion susceptibles d'être établies entre eux. Il serait donc possible d'affirmer que l'humanité n'a jamais baigné que dans un seul et même hypertexte, bien que ce dernier n'ait jamais présenté à deux reprises le même état. C'est pourquoi il reste immatériel et indénombrable. L'*hypertexte* est le méta-réseau englobant tous les réseaux possibles, un monde ouvert, indescriptible et imprévisible, dont la configuration se modifie sans cesse, celui où se sont inscrits, continuent de s'inscrire et pourraient s'inscrire tous les types de connexions imaginables entre tous les textes qui ont été et qui seront composés un jour.

Telle est en tout cas l'orientation de la définition radicale qu'en a proposée Pierre LÉVY :

> *L'ensemble des messages et des représentations circulant dans une société peut être considéré comme un grand hypertexte mouvant, labyrinthique, aux cent formats, aux mille voies et canaux. Les membres de la même cité partagent nombre d'éléments et de connexions du méga-réseau commun. Pourtant, chacun n'en a qu'une vision personnelle, terriblement partielle, déformée par d'innombrables traductions et interprétations. Ce sont justement ces associations indues, ces métamorphoses, ces torsions opérées par des machines locales, singulières, subjectives, connectées sur un extérieur, qui réinjectent du mouvement, de la vie, dans le grand hypertexte social : dans la* "culture" [1].

Dans cet *hypertexte* (encore que la préposition "dans" soit tout à fait inadaptée à la description d'un tel "objet") on ne trouve ni haut ni bas, ni intérieur ni périphérie, ni premier ni second. Chaque point, un texte ou un fragment de texte, en occupe le centre, puisque chaque texte nouveau en redéfinit à tout instant la configuration. Mais comment se représenter la figure engendrée par l'association de tous ces états contemporains et successifs de l'*hypertexte* en perpétuel devenir, puisque chacun de ces textes, partiels ou complets, est susceptible, en théorie tout au moins, de se connecter à n'importe quel autre de

---

1 *Les technologies de l'intelligence*, Paris, La découverte, 1990, p. 209.

ses semblables, et sans que cette liaison (c'est-à-dire sa nature, ses points de contact et l'heure de sa réalisation) soit en quelque manière prévisible ?

L'*hypertexte* ne possède pas à proprement parler une structure propre; *a fortiori* lorsque, à la manière des penseurs des années soixante, on caractérise la structure par un ensemble de relations univoques, stables, simples, peu nombreuses, récurrentes et mathématisables (l'opposition, le contraire, la symétrie etc.). On définira plutôt l'*hypertexte* comme un type de fonctionnement imprévisible au sein d'un champ aléatoire où se produisent exclusivement des événements intertextuels. Ces derniers renvoient à des processus nombreux et toujours complexes. La logique qui en rendrait compte devrait sans doute abandonner les belles certitudes qu'elle s'est forgées pendant 2300 ans, depuis ARISTOTE jusqu'à LÉVI-STRAUSS. Ici, toutes les formes de connexions, de synapses, d'interfaces (traduction, transpositions, expansion, déformation etc.), de contiguïté ou d'attirance, toutes les règles d'accessibilité se mêlent entre elles et selon des modalités qui vont des plus approximatives aux plus minutieuses, des plus instables aux plus rigides. L'*hypertexte* est cette possibilité indéfinie de créer de nouveaux textes, qui à leur tour en modifieront moins la configuration inimaginable que la richesse, laquelle permettra à son tour de nouvelles et imprévisibles créations.

En réalité, les choses sont sans doute un peu moins anarchiques et un peu moins subversives qu'on vient de l'affirmer en essayant de commenter la thèse de Pierre LÉVY; c'est-à-dire, comme toujours, que leur ordre et leur jeu relèvent simplement d'un type de complexité et de fonctionnement inhabituels. C'est pourquoi cette première vision de l'*hypertexte* doit être corrigée immédiatement par plusieurs remarques, qui nous conduiront à leur tour aux abords de la notion de *corpus*.

Parce qu'il est un lieu permettant sans cesse que s'opèrent des créations textuelles, l'*hypertexte* ne peut pas être en même temps un chaos indescriptible, auquel cas celles-là resteraient inconcevables et incompréhensibles. Et pour ces trois raisons au moins, qui se complètent.

- Étant donné qu'ils concernent des textes, et uniquement des textes, les mécanismes qui s'activent et les événements qui se déroulent au sein de l'*hypertexte* sont tenus, car ils lui sont liés, de préserver intacte une forme, celle du texte. Ils répondent sur chaque point aux impératifs de la *fonction textuelle* qui sera bientôt examinée. Quels que soient le niveau ou le plan que l'on choisit d'observer, ceux-ci présenteront le même isomorphisme fondamental, celui du tissu textuel. Cette forme apparaît comme la condition indispensable qui permet à l'*hypertexte* d'exister et de rester ouvert à cette fonction, puisqu'elle lui fournit une orientation immuable ainsi que des repères et des règles.

Au risque de proposer une comparaison qui semblera un peu trop audacieuse et peut-être inadaptée, nous serions tenté d'avancer qu'un hypertexte est composé d'objets fractals, ces objets singuliers qui possèdent :

une structure invariante à toutes les échelles; structure invariante dit-on aussi, telle qu'une partie, si grande ou si petite qu'on la choisisse, a la même topologie que le tout[2].

Si le "texte n'engendre que des formes qui lui ressemblent", ce n'est pas, comme le pensait Vladimir PROPP, parce qu'il se comporte comme une "chose vivante" (type même de la comparaison oiseuse qui n'explique rien), mais parce qu'il n'existe qu'en tant qu'élément d'une classe de faits anthropologiques qui, loin de simplement chercher à copier les phases des phénomènes biologiques, répondent à la plus fréquente et à la plus constante des activités intellectuelles de l'homme. Si celui-ci reproduit inlassablement les mêmes figures rassurantes, telle celle du texte, ce n'est pas que son imagination débile soit incapable d'en concevoir d'autres, mais parce que ces figures l'aident à affronter ou à supporter sa mortelle condition d'homme. Le mystère ne se trouve pas dans le texte, mais dans la situation de l'homme qui le compose. C'est lui seul qui, pour lui-même, a créé cette forme indispensable.

- Les connexions qui sont établies entre des textes peuvent bien présenter tous les caractères et toutes les nuances que l'on voudra bien imaginer, puisqu'elles ne pourront de toute façon être établies qu'entre des textes et afin d'en sauvegarder l'architecture incomparable. Ces deux dernières conditions contrebalancent l'influence centrifuge que ces connexions pourraient détenir en les contraignant à s'aligner en vue de ne produire que des formes textuelles reconnaissables et compréhensibles (c'est-à-dire paraphrasables).

- Enfin, ainsi qu'on l'observe partout, ces connexions s'associent entre elles afin de composer des réseaux (nous ne sommes plus éloignés ici du *corpus)*, et tous les éléments (textuels) qui composent de tels réseaux doivent, eux aussi, (tenter de) respecter le même isomorphisme, la même cohérence d'ensemble. Or, chaque individu (ou groupe d'individus) conserve en mémoire plusieurs de ces réseaux réalisés dans le passé; c'est ainsi que nous connaissons partiellement ceux qu'ont composés les Grecs, alors que nous serions tout à fait incapables de reconstituer l'état qui caractérisait l'*hypertexte* à leur époque. Inévitablement, nous composons donc les nôtres en nous déplaçant dans (ce qui est pour chacun de nous) l'état contemporain de l'*hypertexte*, mais en nous inspirant de ces trajets, consacrés par l'usage et la tradition, qui ont balisé de nombreux itinéraires (celui qui va, par exemple, de la religion à la métaphysique, ou cet autre qui permet de rejoindre la morale en passant par la philosophie etc.). Et ce sont bien souvent ces trajets rassurants et familiers qu'à notre tour nous empruntons en attendant d'être un jour assez audacieux pour nous aventurer hors des sentiers battus.

---

2 Claude LÉVI-STRAUSS, *Regarder Écouter Lire*, Paris, Plon, 1992, p. 85.

En résumé, si, dans le champ ouvert de l'*hypertexte*, un nombre indéfini de connexions et de créations sont théoriquement possibles, il reste que ces dernières obéissent et obéiront toujours à une finalité anthropologique et poétique très précise, laquelle implique de son côté plusieurs contraintes rigoureuses : la composition de textes, paraphrasables les uns par les autres, parce qu'ils sont tous soumis aux mêmes principes constitutifs. Définir l'*hypertexte* en termes de fonctionnement n'énoncerait donc qu'un truisme banal si l'on n'ajoutait pas aussitôt après que ce fonctionnement est subordonné à une fin exclusive et à des règles qui sont pour la plupart immuables.

L'*hypertexte*, ou quelque état de ce dernier que l'on voudra bien choisir comme exemple, présente invariablement ce caractère paradoxal : en théorie, il est ouvert à tous les jeux et à toutes aventures possibles (pourquoi ne passerait-on pas de la métaphysique à l'économie ou des mathématiques à la poésie lyrique ?); en pratique, seuls certains de ces itinéraires sont empruntés et c'est le long de ceux-ci qu'avec beaucoup de précaution, après nous être assurés de notre bon droit, nous lançons quelques connexions nouvelles. Comme le font la plupart des voyageurs de la SNCF, et bien qu'ils sachent que d'autres lignes existent, que d'autres correspondances sont possibles, nous empruntons toujours les mêmes voies.

L'*hypertexte* possède par conséquent un revers mieux connu de nous : le (ou, plutôt, les) *corpus*. Ce sont les deux faces inséparables de la même réalité textuelle. L'*hypertexte* est le domaine de la virtualité, le *corpus* celui de l'actualité, le réseau figé, familier, connu. C'est pourquoi l'un est *a priori* imprévisible alors que l'autre est *a posteriori* intelligible.

Ce dernier paradoxe ne doit pas nous surprendre. On le rencontre partout et sans doute est-il celui qui caractérise le mieux l'homme. Ses créations majeures, c'est-à-dire celles qui parviennent à l'apaiser avec plus ou moins de bonheur, présentent constamment ces deux faces aussi complémentaires qu'antithétiques : d'un côté, un système inépuisable (puisqu'on peut les répéter ou les réutiliser si nécessaire) d'unités (mots, traits, touches de couleur, notes, etc.) et de connexions possibles; de l'autre, des synthèses ordonnées n'ayant retenu que certaines d'entre elles afin de créer des compositions intelligibles (textes, tableaux, sonates...). Le passage de l'un à l'autre, du système des possibles à la composition achevée, et la compréhension de cette dernière supposent l'existence de règles de construction contraignantes subordonnées à la production de formes rassurantes dans lesquelles l'homme trouve une réponse à ses interrogations, un apaisement à ses peurs et un but à ses aspirations. Aucune création humaine ne peut s'expliquer si l'on ne fait pas d'abord appel à l'une au moins de ces trois exigences impérieuses et pour tout dire *transcendantales*. Si ce n'était pas le cas, si elles n'étaient pas effectivement à l'origine de tous nos efforts intellectuels, vers quelles autres instances devrions-nous alors nous tourner afin de découvrir le ressort premier qui met en mouvement la création ininterrompue des immenses domaines symboliques et textuels, lesquels n'offrent le plus souvent à l'homme qu'une seule chose, mais sans laquelle il ne peut vivre, lui permettre de comprendre cette vie, de la supporter et de lui donner un sens malgré tous les maux (la mort, la folie, l'arbitraire) qui la menacent ?

Si l'on définit l'*hypertexte* comme un système ouvert permettant *a priori* toutes les connexions possibles entre tous les textes connaissables afin, bien sûr, d'en composer d'inédits, on reconnaîtra au contraire dans les *corpus* des configurations exemplaires et stables, faites de ces textes nouveaux, dérivés de l'*hypertexte* par emprunts, modifications et recréations, et de relations qui en assurent la mutuelle cohérence et la nécessaire compatibilité. Tout *corpus* est le résultat de ce travail de mise en ordre dont il faudra, dans un instant, se demander à quelles exigences anthropologiques il répond.

Bien qu'ils soient indissociables (mais l'on pourrait tout aussi bien écrire : "parce qu'ils sont indissociables...", étant donné que la complémentarité fonctionnelle s'accommode souvent fort bien d'une parfaite antinomie structurale), l'*hypertexte* et les *corpus* possèdent des qualités antithétiques.

Parmi la série de celles qui distinguent le premier, il faut retenir :

- Sa mobilité. l'*hypertexte* ne cesse de bouger, de se transformer. Il n'est même que cela, cette perpétuelle métamorphose. A chaque instant, de nouvelles connexions annulent son éphémère configuration antérieure, lui en substituent une autre dont l'existence ne sera guère plus durable. Aussi imprévisible qu'insaisissable, il semble ne pouvoir exister que par ce mouvement même qui lui interdit d'être autre chose que cette perpétuelle modification.

- Sa virtualité. En fait, et comme on l'a déjà noté, l'*hypertexte* n'existe nulle part. Sa présence est inférée à partir des textes et des *corpus* connus, lesquels supposent que leur préexistaient ses possibilités infinies : établir entre tous les textes connaissables (donnée qui est également, pour chacun de nous, imprévisible) tous les types de connexions que l'on voudra bien imaginer. Parmi toutes ces possibilités, seules quelques-unes ont été entrevues à chaque fois, ont été tentées et retenues; elles se retrouvèrent dès lors rattachées à (ou incluses dans) un *corpus* particulier (juridique, poétique, romanesque, théologique etc.) qu'elles contribuèrent à enrichir et à complexifier. Il s'ensuit que l'*hypertexte* est plus qu'immatériel, puisqu'il n'est jamais que cette virtualité, et que ses "éléments" sont indénombrables.

- Sa multiplicité. Puisque l'*hypertexte* n'est fait que de possibles et d'imprévisibles liaisons entre des textes dont le nombre reste indéfini, le trait qui définirait le mieux son régime ontologique serait très bien résumé par le mot "multiplicité". Multiplicité des lieux, des éléments et des occasions. Mais aussi : multiplicité des liaisons, des événements et des résultats.

À chacune de ces qualités (la mobilité, la virtualité, la multiplicité), les *corpus* opposent avec obstination les leurs (la durée, la stabilité, l'actualité, la quantité et, plus essentielle que toute autre, l'unité) et dessinent grâce à elles une silhouette qui nous est beaucoup plus familière.

Si l'*hypertexte* ne cesse de se modifier, si son mode caractéristique est celui de la métamorphose perpétuelle, on n'accordera pas pour autant une immutabilité parfaite aux *corpus*. Nous dirions plus volontiers que leurs différents rythmes sont suffisamment amples pour donner à l'homme l'impression que la durée de sa propre vie est dérisoire comparée à celle qui est la leur (songeons à ces *corpus* que représentent la théologie chrétienne, le droit français, la littérature grecque, la littérature populaire etc.). Quoique différentes, leurs temporalités propres s'accordent assez cependant pour que l'on puisse dire d'elles qu'elles se situent du côté de la continuité, de la permanence (existe-t-il d'ailleurs un seul *corpus* dont on pourrait penser qu'il n'a pas été constitué en vue de durer et même de durer le plus longtemps possible ?).

Face à l'éphémère existence de nos propres textes et aux perpétuelles modifications qui transforment à chaque instant l'*hypertexte*, les *corpus* détiennent un double avantage, la durée et la (relative) stabilité. Car, s'ils se transforment eux aussi, les changements qui les affectent, peu nombreux à chaque fois, rarement brutaux de toute façon, ne les modifient que petit à petit, insensiblement, et souvent de manière réfléchie afin d'en préserver la cohérence globale.

D'autre part, s'il existe des *corpus* figés à jamais, celui constitué par la littérature de l'Antiquité classique par exemple, en revanche ceux qui ont pour vocation de les interpréter restent encore ouverts de nos jours. Cela signifie qu'aucun *corpus* ancien n'est à coup sûr définitivement séparé de ceux qui s'élaborent aujourd'hui. Qu'entre les plus archaïques et les plus actuels existent toujours des possibilités de transaction, puisque aucun d'eux ne cesse jamais, pas même un instant, de baigner dans l'*hypertexte*.

Avec ce dernier, avec les textes qu'il entend et compose quotidiennement ainsi qu'avec ceux contenus dans les *corpus* qui lui sont plus ou moins bien connus, l'homme découvre son triple enracinement dans la textualité et, par là même, son triple rapport à la temporalité et à la transformation textuelles : l'éternité dans le perpétuel changement par le biais de l'*hypertexte*, la brièveté des manifestations d'une forme familière grâce à ses textes élaborés au jour le jour, et les durées intermédiaires accompagnées de modifications lentes et partielles dans le cadre de ses *corpus* traditionnels. Cependant, il ne faudrait surtout pas que ces distinctions schématiques, grossies ici afin de les rendre plus explicites, soient maintenant hypostasiées et transformées en catégories absolues, imperméables les unes aux autres. En fait elles restent constamment poreuses et, entre elles, toutes les nuances et toutes les subdivisions sont concevables, car les connexions qu'il est possible de tracer à l'intérieur de chacune d'elles ressemblent sans doute à celles qui permettent le passage ou la transition de l'une à l'autre. Et si l'on observe que leur nombre, leur variété et leur complexité diminuent au fur et à mesure que l'attention se concentre afin de ne plus porter que sur tel ou tel texte réel, sans doute devra-t-on se souvenir alors que la composition de celui-ci a impliqué un grand nombre de choix successifs qui en ont en quelque sorte limité progressivement la plasticité initiale.

Seule la présence ou la recherche d'une *forme textuelle invariable* (caractérisée par son unité, sa cohérence, son ordonnance, son homogénéité etc.) recoupe, transversalement en quelque sorte, ces trois aspects majeurs du fait textuel (*textes*, *hypertexte* et *corpus*), leurs trois types de temporalité et leurs trois modes de transformation. C'est pourquoi, malgré son extraordinaire complexité, cet ensemble, hétérogène en apparence, présente une cohérence certaine et une finalité constante. C'est elle qui, à tous les stades de son développement et à tous les niveaux de son organisation, permet de préserver le même (ou la recherche du même) *coefficient de textualité*.

Parce qu'il est fait d'innombrables connexions regroupant virtuellement tous les textes possibles (fragmentaires ou exhaustifs, actuels ou passés, célèbres ou inconnus...), on a préféré voir dans l'*hypertexte* un phénomène immatériel, autre manière de reconnaître qu'il était insaisissable. Omniprésent, fort de ses seules modifications et transformations, il serait vain par conséquent de chercher à le localiser.

Bien qu'il ne soit pas toujours aisé de situer avec exactitude leurs limites, tant leurs contours paraissent parfois flous, il est pourtant raisonnable d'affirmer que les *corpus* sont toujours bien réels et d'une certaine manière actuels. Qui nous objectera qu'il n'est pas possible de circonscrire le *corpus* des textes grecs, celui de la jurisprudence napoléonienne, celui des contes populaires bretons ou encore celui de L'École Sociologique Française ? D'en désigner, en d'autres termes, les principaux représentants et les lignes de force majeures ?

De la même manière, et pour les mêmes raisons, on ajoutera tout de suite que leur nombre n'est pas celui de la multiplicité incalculable. S'il n'est pas toujours prudent d'avancer un chiffre précis, au moins peut-on fréquemment proposer un ordre de grandeur vraisemblable. Nul n'ignore d'ailleurs que, dans toutes les civilisations, des spécialistes (prêtres, juristes, savants, universitaires etc.) sont chargés de conserver ces *corpus*, de les préserver de toute évolution soudaine et de toute contamination indésirable. Ce qui prouve que les *corpus* ne sont pas seulement des ensembles connus, dont les différentes parties sont minutieusement répertoriées, mémorisées et commentées, mais qu'ils représentent en même temps l'une des pièces maîtresses de tout dispositif social, spécialement chargée d'en assurer l'identité et la pérennité.

Quel que soit le degré de pertinence détenu par les oppositions relevées jusqu'à présent entre *hypertexte* et *corpus*, il nous faut de toute façon ajouter maintenant que la plus importante d'entre elles, l'unité, va nous conduire au texte, à la définition que nous aimerions en proposer.

L'*hypertexte*, et l'on a souligné ce fait, n'étant pas une "construction intellectuelle" (M. PROUST), ne possède aucune structure propre (seul l'usage que nous en faisons dans nos textes et dans nos *corpus* crée en nous l'illusion rétrospective qu'il en renfermait une, très proche de celle que cet usage nous a incités à y tracer). En revanche, face à un *corpus* quelconque (juridique, poétique, théologique, technique...), il est tout à fait impossible de ne pas lui reconnaître aussitôt une indiscutable unité. La nature de celle-ci est très variable. Elle peut ne concerner que la forme (un recueil de sonnets), le ton (des journaux satiriques), les thèmes (l'au-delà dans la métaphysique occidentale), ou le genre (les contes populaires), bien que, le plus souvent, ces différents aspects soient eux-mêmes fondus,

> *Comme le peintre dissout maison, charrette, personnages, dans quelque grand effet de lumière qui les fait homogènes...*(M. PROUST),

afin d'en renforcer la cohérence globale.

En d'autres termes, les *corpus* ne transposeraient-ils pas à leur niveau les qualités proposées il y a un instant pour comprendre la forme textuelle canonique ? Ne seraient-ils pas eux-mêmes de *grands textes* dont les textes ordinaires représenteraient les différents chapitres ou les différentes phrases ?

Les réponses qu'il convient d'apporter à ces deux questions ne sont pas simples; car si, globalement, il est tentant d'y répondre spontanément par l'affirmative, il faut cependant faire remarquer aussitôt que cette dernière option n'expliquerait rien et laisserait en l'état une réalité dotée d'une rare complexité. Si grande même qu'elle doit nous inciter à la placer elle-même au centre de nos investigations.

La complexité, en ce cas, n'est pas la conséquence embarrassante qui résulterait d'une vision imparfaite ou partielle, auquel cas il suffirait d'attendre que nos moyens d'analyse s'affinent pour qu'elle s'évanouisse. Ici, la complexité est inhérente à la chose étudiée qui n'existe, disons le nettement, qu'à travers elle. C'est pourquoi, au lieu de tenter de la supprimer en la dissimulant de force dans des structures sommaires et rigides, tenterons-nous plutôt d'en accepter le principe afin d'en rendre la richesse et la vie. Pour cela, et bien que la forme même d'un exposé nous oblige à tracer des limites, à distinguer des niveaux là où, comme dans un champ continu de forces et d'interactions, s'opèrent sans interruption de lents échanges et d'insensibles métamorphoses, nous essayerons malgré tout de caractériser d'un point de vue formel (puisqu'il est le plus accessible, étant le plus abstrait) les principales procédures qui interviennent dans l'existence des *corpus*.

La constitution d'un *corpus*, c'est-à-dire la transformation d'un groupe de textes épars en un ensemble ordonné puis l'homogénéisation de ce dernier, dépend avant tout de nos capacités paraphrastiques. Active, efficace, inlassable, la paraphrase est omniprésente, puisqu'elle est le seul moyen d'expression effectif de la *fonction textuelle* dont on soulignera, plus loin, qu'elle conditionne elle-même toute production de textes. C'est encore elle, la paraphrase, qui permet la composition d'un groupe de textes nouveaux, lesquels présenteront, et parce qu'ils auront été créés à cette fin, une étroite parenté thématique et stylistique (textes théologiques ou juridiques, par exemple) ainsi que la possibilité de les combiner, de les coordonner à d'autres, complémentaires ou sous-entendus (textes théologiques *et* textes philosophiques, ou juridiques, ou éthiques etc.).

Ces créations de textes neufs s'opèrent en suivant toutes les voies de la paraphrase dont aucune n'est exclusive des autres. Parmi elles, on ne sera pas étonné de rencontrer le commentaire, l'interprétation, l'exégèse, la glose, l'imitation (plagiat, pastiche, citation, emprunt...), la transposition, la réfutation, la discussion, la traduction, l'adaptation etc., soit, en un mot, toutes les possibilités de conversion offertes par l'économie textuelle (ne surestimons pas pour autant la qualité de leurs résultats, car les modalités psychologiques qui les accompagnent – l'ignorance, la mauvaise foi, la paresse, l'intransigeance, l'arbitraire, etc. – en limitent très souvent la fécondité et l'originalité).

Il reste en tout cas qu'un texte (ou un ensemble de textes, peu importe ici) est toujours convertible en un nouveau texte, puisque les limites (possibles, vraisemblables, crédibles, traditionnelles etc.) à l'intérieur desquelles se déroule cette opération sont tracées par ce nouveau texte (fût-ce pour réaffirmer la pertinence de celles qui prévalaient antérieurement). C'est en effet sa propre cohérence qui leur confère (ou qui en réaffirme) l'existence, laquelle n'en demeure pas moins arbitraire pour autant.

Ces procédures de conversion sont-elles descriptibles et analysables en détail ? Certainement pas sous la forme de syllogismes rigoureux. Néanmoins nous pouvons répéter ici ce qui a été dit plus haut à propos du paradoxe central qui hantait toute composition textuelle : La multiplicité et la diversité des facteurs qui y interviennent ne représentent pas par elles-mêmes des obstacles ou des difficultés insurmontables, tous ces facteurs étant étroitement subordonnés à la même fin. Dans le domaine de la textualité, les connexions, aussi variées et aussi nombreuses soient-elles, s'organisent toujours en vue d'une forme porteuse d'homogénéité et de cohérence.

Il est d'autre part évident (encore qu'il ne soit peut-être pas inutile de le rappeler) que ces mécanismes nombreux de conversion ne se déclenchent pas tous au même moment ni au même rythme. Ils se déroulent dans le temps, mais avec des vitesses et des forces qui peuvent être très différentes les unes des autres (songeons à tout ce qui de ce double point de vue distingue le *corpus* marxiste des *corpus* chrétien et bouddhique).

La réduction, l'expansion, la complexification (abstraction, schématisation, rationalisation, conceptualisation etc.) et la simplification s'appuient sur les mêmes mécanismes. Finalement, dans un *corpus*, coexistent toujours des textes très généraux et d'autres infiniment détaillés, certains très longs d'autres très brefs. En matière d'ordre, de cohérence et d'isotropie, un texte d'une page, résumant un texte beaucoup plus considérable, ne se distingue pas fondamentalement de ce dernier : de l'un à l'autre, il est fréquent de n'observer aucune entropie, puisque la quantité d'ordre (c'est-à-dire sa principale qualité intrinsèque) reste constante.

Cette grande variété de moyens et de buts offerts par toutes les procédés de la paraphrase, loin d'introduire et d'entretenir une indescriptible confusion, permet au contraire que coexistent au sein du même *corpus* des types de mises en ordre très différents les uns des autres (hiérarchisations, articulations, synthèses, subdivisions, emboîtements, exclusions, oppositions etc.). Or, c'est précisément leur diversité (et l'on observe ici un autre paradoxe intéressant) qui les rend complémentaires et mutuellement... paraphrasables; sans doute parce que le nombre des points de contact, d'échange, de transfert et de transposition augmente très exactement dans la même proportion que cette diversité. Ces mises en ordre contribuent puissamment à la solidité des *corpus* comme si eux-mêmes résultaient de l'entrecroisement de leurs éléments et des liaisons qui existent entre ceux-ci.

À la lecture de ces derniers paragraphes, on aura compris que les relations qui existaient entre textes et *corpus,* entre textes à l'intérieur d'un même *corpus* et entre textes appartenant à des *corpus* différents, étaient, elles aussi, diverses et nombreuses. Tous ces textes, d'où qu'ils proviennent, se répètent, se reflètent, se répondent, s'attirent, se complètent..., plus ou moins fidèlement, plus ou moins fréquemment, comme ils s'opposent, s'ignorent, se réfutent, se déforment mutuellement, ailleurs et à d'autres moments. Pour que ce vaste réseau de communication intertextuelle vive il faut encore qu'entre ces éléments d'autres textes (polémiques, dogmatiques, didactiques, introductifs etc.) servent de ciment, ou de colle, et en même temps de corps conducteurs. Ils assurent les passages, les transitions, les synapses, les interfaces, les contacts. En outre, on le sait, il est toujours possible de toute façon de composer *a posteriori* un texte supplémentaire afin de re-composer l'unité et la cohérence, qui paraissent désormais insuffisantes ou insatisfaisantes, de ceux que l'on a sous les yeux ou en mémoire.

En même temps, la constitution des *corpus* favorise l'apparition de genres textuels et a été favorisée par eux (la réversibilité des effets et de leurs mécanismes est ici constante, puisque tout ce qui concourt à une meilleure textualisation devient à son tour un moyen permettant de renforcer la cohérence et l'homogénéité des *corpus* lesquelles à leur tour...). Si l'on considère, très prosaïquement, qu'un genre est une classe de textes caractérisés par le même type d'homogénéité, laquelle procède invariablement d'une longue série de choix convergents (thèmes, style, couleur etc.), on admettra deux choses. D'une part, que les genres, quels qu'ils soient et quelle que soit leur apparente évidence, ne possèdent aucune existence transcendantale (*le roman*, *la tragédie*). Il serait d'ailleurs facile d'en imaginer d'autres, inconnus ou peu connus de la tradition occidentale : le théorème mathématique versifié, le conte érotico-comique, le poème culinaire, le recueil d'aphorismes métaphysiques etc. Et, d'autre part, on reconnaîtra ensuite que cet aspect contingent et arbitraire du genre, de la *généricité*[3] plutôt, ne diminue en rien son influence et son efficacité : pourquoi une création originale, préparée puis polie par des siècles de réflexion, sans cesse reprise et améliorée, dont chaque aspect a été patiemment pensé et repensé, aurait-elle moins de force, moins de beauté qu'une notion abstraite à laquelle ne répond idéalement aucune création humaine ?

Bien qu'ordonnés et homogènes (quand on les considère *hic et nunc*) nos textes apparaissent en même temps comme des entités étranges puisqu'ils n'apparaissent tels que lorsqu'on les isole d'un mouvement ininterrompu, la textualisation, qui travaille l'*hypertexte*, duquel ils n'émergent qu'au terme d'un astucieux travail de condensation. *A fortiori*, les *corpus* ne seraient-ils pas eux aussi des cristallisations, un peu plus vastes et un peu plus stables simplement, issues du même processus global ? Il serait donc tentant d'attribuer aux *corpus* les mêmes qualités, paradoxales et formelles, qu'aux textes. Mais il n'est pas possible d'en rester longtemps là, car nous avons déjà noté que les qualités possédées par les textes trahissaient sans doute quelques-unes des plus constantes activités intellectuelles de l'homme confronté sans répit à ses trois exigences transcendantales : la nécessité "cosmographique" de se représenter globalement le monde afin d'y prendre place, l'obligation d'édifier et de préserver sa propre individualité en dépit du cours toujours incertain d'un destin précaire et le besoin pressant de construire des univers (de pratiques, de croyances, d'idées) dotés de sens, c'est-à-dire riches de buts ou de raisons de vivre qui débarrassent son existence à venir de toute contingence. Aussi la question prévisible surgira-t-elle inévitablement dans la dernière partie (*poétique du pouvoir*) : à quelles nécessités, à quelles aspirations répondent les qualités, quasiment identiques, détenues par les *corpus* ?

---

3 Ce terme est emprunté à J. M SCHAEFFER.

CHAPITRE DEUX

> *"De là le mythe de la 'parataxe primitive' ou juxtaposition lâche, souvent attribuée à l'archaïsme dans le temps ou dans l'espace..."* (Claude HAGÈGE).

LA FONCTION TEXTUELLE

En son point le plus central, en son ressort le plus intime, elle réside dans la recherche, dans la répétition et dans l'interrogation de cette forme textuelle générale que l'homme s'impose à lui-même depuis toujours, depuis qu'il est homme. Pour y parvenir, elle dispose à la fois de toutes les mémoires textuelles et de tous les procédés paraphrastiques précédemment évoqués. En deçà de ses expressions ponctuelles bien connues, les textes eux-mêmes, cette *fonction textuelle* caractérise donc l'homme, l'homme s'exprimant par textes, le seul qui fût jamais. Puisque, dans la perspective défendue par l'*anthropologie poétique*, toute parole est nécessairement (fragment d')un texte, et même, à ce titre, d'une cosmographie, on supposera que cette anthropologie spécialisée vise à la fois ce qui est le plus ancien, le plus universel et le plus humain en l'homme.

En retrouvant de nouveau les hommes, "purement hommes" (DESCARTES), le présent chapitre prolonge l'argument proposé dans les précédents : si, partout et sans cesse, les hommes composent des textes, productions verbales cohérentes et homogènes, expression d'une indiscutable "aspiration pour l'ordre" (Paul RICOEUR) que ces mêmes hommes manifestent également en d'autres circonstances (rites, institutions, jeux...), mais toujours avec l'aide de leurs textes, on admettra que ces derniers renvoient à une fonction anthropologique qui serait à la fois l'une des plus spécialisées et l'une des plus communes.

Imaginons maintenant que les langues humaines fussent restées (ou devenues, peu importe ici) strictement utilitaires et que leurs emplois eussent consisté et consisteraient désormais en énoncés répondant à des situations et à des problèmes très précis et très ponctuels : des usages parataxiques de langues dépourvues d'états d'âme, incapables de toute façon de les exprimer, puisque pures de toute arrière-pensée ou de toute préoccupation métaphysique. Des langues précises, neutres, dont les énoncés seraient froids et rectilignes. Des langues techniques, débarrassées de tout souci esthétique, ignorant toutes les ressources et toutes les perspectives qu'offre la construction textuelle. Imaginons donc qu'elles n'auraient pas rencontré (ou auraient ignoré) en l'homme cette *fonction textuelle*. Qu'elles soient restées (ou soient devenues) exclusivement productrices de phrases, liées elles-mêmes à des états de choses circonscrits et localisables. Qu'elles ne soient réunies par aucun projet global et ne possèdent rien de plus que ce qui leur est immédiatement nécessaire. Imaginons qu'elles n'aient jamais conçu ni tracé ces systèmes de perspectives aux lignes épurées et convergentes, nos propres textes. Ces textes qui nous permettent, au lieu de rester asservis au *hic et nunc* des états de choses, de composer et de recomposer ces perspectives, de les englober dans des visions larges et rassurantes, d'en imaginer d'autres, une infinité d'autres, et de les entrelacer les unes aux autres.

Suppositions absurdes s'empressera-t-on de nous répondre, puisque l'on se dit aussitôt en les considérant que l'homme dépend trop de son passé, de sa mémoire, de ses projets, de ses désirs et de ses multiples interrogations (et ce n'est là qu'une des nombreuses objections possibles) pour imaginer seulement qu'il puisse être réduit au destin quelconque d'un présent aveugle, décomposable lui-même en une série interminable de visées utilitaires juxtaposées.

Mais suppositions très instructives quand même. Ne nous prouvent-elles pas par l'absurde que parler ce n'est que rarement, en fonction d'un état de choses présent, matériel et circonscrit, communiquer à autrui un nombre prévisible d'informations ponctuelles et limitées ou lui répondre aux mêmes conditions ? Parler c'est, au contraire, se livrer toujours, mais de façon si spontanée qu'il nous est difficile d'en avoir conscience en temps ordinaire, à un travail de composition, d'assemblage d'éléments au départ hétérogènes dont les enjeux transcendent ce point insignifiant d'où l'on parle. Puisque parler implique presque toujours que le locuteur inscrive ses propos dans une série de textes plus vastes, impersonnels le plus souvent, qui lui fournissent un cadre cosmographique adapté aux interrogations nées de l'obligation où il se trouve, en tant qu'homme, de vivre une existence précaire dans un monde énigmatique et muet. C'est pourquoi, pour lui, pour cet homme-là, parler c'est toujours en même temps se fondre dans ses textes.

Imaginons tout de même cet univers désolé, pré- ou atextuel, et l'on aura acquis une idée assez précise de ce que la *fonction textuelle* surajoute à ce que seraient des usages de la langue subordonnés et limités à leur environnement immédiat.

Cette *fonction textuelle* ainsi que l'ordre métaphysique qu'elle exprime (et imprime sur le monde) s'éloignent délibérément du domaine phrastique qu'étudient la plupart des linguistiques modernes[1] ou de celui auquel s'intéressent les différentes traditions herméneutiques (religieuses, philosophiques, etc.). Ces dernières s'arrêtent aux problèmes ou contenus sémantiques de textes particuliers, sans voir qu'en deçà d'eux, et pour qu'ils existent, cette fonction a dû déjà intervenir et imposer les principes de sa propre cohérence. De même, aux usages codifiés, normatifs, circonscrits et esthétisants auxquels s'intéresse la rhétorique répondent les interrogations pressantes d'une démarche nouvelle, d'abord soucieuse de découvrir le lieu unique et irremplaçable où l'homme se rassemble et se crée. N'est-ce pas dans ses textes en effet qu'il compose les cosmographies qui accueilleront son corps, ses convictions et ses gestes, en un mot son existence et sa personne mêmes ?

D'autres approches spécialisées et érudites (en littérature, philosophie, histoire, sémiotique, psychanalyse, droit...) n'ont pas cherché non plus à savoir ce que le texte était en propre, en tant que création humaine, préférant accorder leurs soins à des familles de textes spécialisés, classés par genres ou par thèmes, soit afin d'en traiter les informations de manière documentaire (Que disent-il ? Comment ? Pourquoi ? Quand ? Dans quelles conditions et pour quelles raisons ?), soit afin de découvrir les procédés intervenant dans leur composition (la narration, la description, l'usage des figures, les problèmes stylistiques, etc.). Aucune de ces sciences n'admet (ou ne songe à postuler) qu'existe une forme textuelle générale, porteuse d'ordre, de cohérence et d'unité, antérieure à tous les genres, à toutes les langues et à toutes les interprétations, et qui est essentielle pour l'homme, pour sa vie en ce monde.

Il est nécessaire de garder à l'esprit cette distinction : d'un côté, les domaines et les critiques textuels spécialisés (littéraires, juridiques, historiques, philosophiques, etc.) qui tous possèdent leurs méthodes, leurs traditions, leurs apparats critiques, et, de l'autre, *le texte*, dans l'acception ici proposée et défendue. En réalité, aucune confusion n'existe et ne risque de se produire, puisqu'aucune de ces spécialités ne s'occupe des enjeux cosmographiques, métaphysiques et existentiels liés à la "textualité du texte", ensemble constant de caractères que l'on retrouve au coeur de chaque texte, qu'il soit pièce de théâtre, roman, fable (ou recueil de fables), code juridique (écrit ou non), discours politique, dissertation d'examen, cours de géologie, conversation ordinaire, règlement intérieur, chanson populaire ou traité de théologie.

Ces diverses spécialités, indifférentes les unes aux autres le plus souvent, poursuivent chacune des buts propres (depuis "le" sens ou la vérité historique jusqu'à l'analyse logico-mathématique en passant par le commentaire anagogique). Elles utilisent pour cela des méthodes d'analyse textuelle originales (l'étude critique, la traduction, la comparaison des sources, la philologie, le

[1] De même, on verra plus bas, n. 1 p. 125, que les choix analytiques définis par la "text-linguistics" ne peuvent que la faire échouer dans son projet de comprendre le fait textuel lui-même, en tant que création spécifiquement humaine.

commentaire grammatical, l'interprétation sémantique, l'analyse structurale..., mais aussi le pastiche, la citation, la copie, la référence implicite, le plagiat, la transposition...), et défendent chacune leur propre conception du commentaire textuel (celui-ci se rattache toujours à de longues traditions interprétatives, minutieusement codifiées, dont les juristes, les théologiens et les universitaires préservent pieusement, aujourd'hui encore, les formes les plus surannées).

La diversité de tous ces usages savants (et presque toujours inconciliables[2]) du texte fait qu'aucune de ces "disciplines" (le mot est lui-même éloquent...) ne vise et ne peut prétendre atteindre ce qui serait justement le fonds commun de tous les textes répertoriés : leur type ou leur modèle général, examiné tant d'un point de vue architectonique qu'anthropologique. Que l'on invoque l'autonomie et la rivalité des disciplines savantes, leur isolement, leur mépris envers les textes ordinaires, la spécificité de leurs démarches, leur indifférence envers toute problématique de type existentiel ou métaphysique, leur circonspection face à la recherche d'invariants anthropologiques, la spécialisation de leurs compétences, l'empreinte de leurs traditions respectives..., il reste que toutes ces conditions et circonstances particulières ont (eu) pour effet de disperser et d'émietter le fait textuel entre les mains de sciences nombreuses et jalouses.

Si ces disciplines spécialisées s'opposent entre elles, elles s'opposent à leur tour toutes ensemble à la présente démarche, laquelle, pour cette bonne raison, et bien que convaincue de la pertinence et de la nécessité de ces irremplaçables sciences, se permet pourtant d'exprimer quelques doutes et une requête. Les doute d'abord : Au nom du trop fameux, mais souvent dangereux, principe cartésien, n'a-t-on pas une fois de plus dissout la singularité d'un objet en le découpant en fragments et en points de vue juxtaposés, fragments et points de vue confiés, pour ne rien arranger, à des spécialités nombreuses et jalouses de leurs prérogatives ? N'a-t-on pas remplacé un problème majeur, pour l'homme, par une série de problèmes mineurs, pour les sciences ? N'a-t-on pas ce faisant perdu de vue l'essentiel ?

La requête à présent : Ne serait-il pas utile et sain à la fois de tenter de refaire maintenant le chemin en sens inverse et, partant des textes dispersés entre un grand nombre de compétences et de méthodes, de chercher à retrouver le souci obsédant qui les sous-tend tous, quels qu'ils soient et quels que soient leurs thèmes ou leurs contenus explicites ?

Puisque le texte, dans ce qui le constitue comme objet anthropologique, n'était pris en charge par aucune discipline savante (il n'était d'ailleurs reconnu en tant que tel par aucune d'entre elles ou alors d'une manière si triviale qu'il en

---

[2] D'autant qu'il n'existe aucune méta-science chargée de coordonner leurs résultats au sein d'une conception globale du monde. Ces différentes disciplines sont donc condamnées soit à composer elles-mêmes leur propre *Weltanschauung* soit à se résigner au rôle de fragment, de cosmographie locale.

devenait inintéressant), il était inévitable que la fonction qu'il présuppose fût également négligée.

Cette option méthodologique dépend aussi d'un choix d'ordre scientifique, même si certains n'y voient qu'une préférence philosophique. En reconnaissant dans les textes composés par tous les hommes qui se sont succédé sur cette terre une série de caractères communs et généraux, irréductibles aux éléments et aux unités qui les constituent, il apparaît inévitable de les associer à certaines données incontestables de la condition humaine, à commencer par la plus immédiate d'entre elles, à savoir qu'elle est humaine, qu'elle n'est qu'humaine, c'est-à-dire précaire, incertaine, éphémère et inquiète.

Le texte n'est pas le résultat d'une activité intellectuelle parmi d'autres, c'est la réponse nécessaire et inlassablement reprise à la situation et aux activités de l'homme en ce monde. Car si cet individu, égaré et crédule, n'est pas contraint de décrire ni de connaître "objectivement" toute la réalité du monde pour y vivre, il ne peut se passer d'en posséder (ou de tenter d'en posséder) un substitut textuel, cosmographique, qui, pour lui, assemblera les choses, orientera les réflexions, organisera les temps, hiérarchisera les gestes, justifiera les opinions dans le cadre de totalités ordonnées. Or, devant un tel besoin, universellement ressenti et exprimé, peut-être atteint-on le niveau anthropologique le plus authentique, c'est-à-dire celui où, par ses textes, l'homme tente de se réconcilier, et parce qu'il doit nécessairement le faire, avec lui-même et avec le monde.

En considérant l'aptitude à composer des textes comme le simple prolongement, naturel et mécanique, de la faculté de construire et d'échanger des énoncés simples, on risquerait de méconnaître, avec la spécificité irréductible du texte (il n'est pas une suite, une juxtaposition de phrases simples), la fonction qu'il présuppose. Or, reconnaître l'existence de celle-ci nous conduit à considérer aussitôt que sa place est (ou devrait être) au coeur de toute psychologie, en tant qu'expression la plus achevée et la plus révélatrice de la personnalité humaine. La conception *métaphysique* du texte qui sera défendue ici et la fonction qu'elle présuppose rendent en effet nécessaire la reconnaissance d'une véritable *psychologie du texte* qui serait chargée de comprendre les raisons pour lesquelles le "texte" est la manière de "voir" et de "lire" le monde la plus ordinaire pour notre esprit et, ajouterions-nous volontiers, notre principale si ce n'est notre seule façon d'être, puisqu'il n'existe pas de conscience (de soi, du monde etc.) en dehors de celle, purement verbale, que composent nos textes.

Si cette *psychologie du texte* permet un jour de prouver que nos processus cognitifs aboutissent invariablement à des textes, parce qu'ils sont guidés dès l'origine par la recherche de leur forme irremplaçable, elle aura prouvé simultanément que nos connaissances elles-mêmes sont synthétiquement assemblées au fur et à mesure par le souci de ne pas nous éloigner de cette même forme. La recherche d'un savoir, ponctuel ou non, et sa connaissance sont l'une comme l'autre des activités qui prennent place de toute façon dans le cadre de dispositifs textuels à vocation cosmographique. Inversement, ou de façon complémentaire, on peut supposer que de nombreux troubles de la personnalité ont pour origine (ou pour conséquence) des perturbations apparues (ou apparaissant) au cours du travail de cette *fonction textuelle*. Puisque la folie se manifeste par l'incapacité à composer des textes cohérents, ne devrait-on pas se demander si l'incessante composition de textes n'est pas une sorte de technique prophylactique destinée à nous protéger de la folie ?

Encore une fois, l'*anthropologie poétique* ne recherche, ne reconnaît et ne poursuit que l'homme réel, l'homme naissant et vivant en ce monde, mais condamné aussi à y achever sa vie. Car c'est par cet homme là, curieux mélange fait d'une existence éphémère, d'aspirations et d'interrogations perpétuelles, que la *fonction textuelle* est utilisée, exclusivement. Car c'est à lui seul, et non à une quelconque abstraction désincarnée, que se pose le seul problème qui vaille et qui importe : être en ce monde et y vivre.

Si la *fonction textuelle* déborde de tous côtés les domaines de la linguistique, de la grammaire et de la rhétorique, si elle choisit même délibérément de s'installer sur d'autres territoires, c'est donc parce qu'elle ne s'intéresse qu'à l'homme vivant et mortel, éphémère et incertain, son seul utilisateur et seul bénéficiaire, qu'elle apparaît comme une condition indispensable à son activité dans le monde et qu'elle ne rejette pas, bien au contraire, la somme incalculable de ses peurs, de ses rêves, de ses questions et de ses ruses.

Tournée en définitive vers le monde, intérieur autant qu'extérieur, dans lequel se débat l'homme, la *fonction textuelle* s'avère aussi être le témoin le plus sûr qu'en ce dernier, la vie psychologique et l'existence réelle se conjuguent toujours avec le besoin d'être, quelque chose ou quelqu'un quelque part, élément, dérisoire ou non, d'un ensemble, éternel ou non. Car des témoignages aussi nombreux qu'unanimes permettent d'affirmer que la préférence des hommes est toujours allée vers les systèmes du monde où ces trois facteurs, psychologique, existentiel et métaphysique, se complétaient et se renforçaient mutuellement. Or, seuls des textes sont capables d'accomplir cette espèce de syncrétisme fondamental et de rendre ainsi à l'homme ce service inestimable, lui permettre de vivre.

La mise au point de cette forme globale et synthétique a peut-être accompagné les progrès incertains et lents qu'accomplit au tout début de son histoire la conscience des premiers hommes. Au fur et à mesure qu'ils redressaient le front et que s'étendaient devant eux de nouveaux horizons, leurs premiers textes les aidèrent à combler les espaces vides, à peupler les régions inconnues. Ils leur permirent en particulier de substituer à une juxtaposition d'événements, de lieux et d'êtres isolés des réseaux cohérents dont il leur était facile ensuite d'étendre indéfiniment la juridiction. Grâce à ces premières cosmographies sommaires, les hommes maîtrisèrent le monde, longtemps avant d'être capables de le parcourir. Ses textes firent de l'homme un démiurge et c'est parmi eux qu'il vécut désormais.

Seront examinées, dans le prochain chapitre, les conséquences et les implications individuelles de ces affirmations liées à cette manière nouvelle d'appréhender le fait textuel. Pour le moment, c'est toujours cette *fonction textuelle* qui doit nous retenir afin d'en situer exactement le lieu. Un texte se caractérise à la fois par son unité (de "couleur", de genre, de thème, de style), par sa cohérence (faite de l'ordre qu'il crée, des hiérarchies qu'il institue, du centre qu'il se dessine à l'intérieur des limites qu'il s'impose et se crée) et par son achèvement (qui n'est que l'autre figure complémentaire de l'ordre et de l'unité). Celui qui s'approprie ce texte va de toute façon confirmer et souvent accentuer cet ensemble de caractères par sa propre *lecture :* celle d'un texte ne pouvant se faire que "textuellement", les éventuelles lacunes, erreurs et incohérences de ce texte seront aussitôt comblées, corrigées et interprétées. Spontanément, la *lecture* d'un texte défectueux, maladroit, incomplet ou endommagé nous incite à le retextualiser un peu mieux. À cet égard, et de la même manière, toute tradition intellectuelle ne devrait-elle pas être considérée comme la tendance inéluctable à reprendre, à resserrer toujours un peu plus les mailles des textes antérieurs que l'oubli, l'incompréhension ou la négligence tendent à distendre ou à rompre ?

Cependant, et contrairement à ce que l'on pourrait craindre en examinant ce volumineux "cahier des charges", la tâche que doit accomplir la *fonction textuelle* est d'une certaine façon assez aisée. Parce que celle-ci dispose de guides et de modèles traditionnels en grand nombre, qu'elle peut produire des versions très simples ou au contraire très élaborées, très brèves ou très développées, très savantes ou très frustes etc., qu'elle reste toujours maîtresse de la multitude de ses choix possibles et des combinaisons qui s'offrent à elle, qu'elle peut sans cesse compter, on vient de le rappeler, sur la complicité du "lecteur", et qu'elle poursuit inlassablement un seul but, qu'elle ne cesse de viser. Si le texte, tous les textes sont à ce point ordonnés, centripètes et homogènes, s'ils se referment infailliblement sur eux-mêmes par le mouvement même qui les a impulsés, c'est parce que cette *fonction textuelle*, pareille à un instinct borné et immuable, n'a jamais recherché d'autres buts, ne s'est jamais donné d'autres raisons d'être que cette forme unique.

Et l'on remarquera encore ici à quel point il faut la distinguer des simples usages de la parole étudiés par les différentes linguistiques. Ce qu'est le texte, celui pour lequel il existe et ce qu'il vise sont trop inextricablement liés à la nature même de la situation de l'homme en ce monde pour qu'on puisse seulement envisager d'amputer son étude de cet infatigable complice.

Considérant un texte, chacun conviendra également qu'il est possible et même facile de l'amputer de l'une de ses parties pour la remplacer par une autre, plus brève ou plus longue, imaginée ou venue d'ailleurs, d'en résumer ou d'en paraphraser une seconde, d'en négliger une troisième, d'en interpréter de telle ou telle manière (au nom de tel autre texte) une quatrième, d'en compléter une autre encore, d'en mettre en valeur une sixième par un traitement stylistique approprié, etc.

De même, mais à un niveau plus global, cette *fonction textuelle* est capable de transformer n'importe quel texte ou groupe de textes en un texte nouveau, isomorphe au(x) précédent(s), puisqu'il possédera la même isotropie[3] constitutive. En effet, pour peu que les principes généraux qui concourent à la composition de n'importe quel texte soient respectés, l'homologie formelle qui les rassemble restera reconnaissable sous les modifications superficielles de cette métamorphose. Toutes ces transformations, traductions, transpositions sont possibles, puisque d'un texte nous pouvons faire autant d'autres textes que nous le souhaitons, pour peu que nous en préservions les caractères intrinsèques et les programmes cosmographiques les plus généraux.

---

[3] "Qui a la même composition, la même organisation en tous sens", *Grand Larousse de la langue française*, *s.v.*

CHAPITRE TROIS

"Le monde tissé par les hommes se défait maille à maille" (Julien GRACQ).

L'HOMME DANS SES TEXTES

L'*anthropologie poétique* manquerait l'un de ses buts essentiels si elle ne parvenait pas à démontrer que l'homme vit toujours, ne vit jamais qu'au milieu de ses textes, familiers ou mal connus, triviaux ou solennels, fragmentaires ou exhaustifs, brefs ou interminables, tous ceux qu'inlassablement il recompose en lui et autour de lui, avec ceux des autres, afin de s'y glisser et de s'y confondre. Car c'est là, au coeur de la vie, de l'existence ordinaire de tout individu, que s'active et s'étoile la *fonction textuelle*[1].

Dans cette perspective, qui ne peut être que celle d'une anthropologie réaliste acceptant enfin de prendre en charge les soucis métaphysiques de l'homme qui interviennent dans la perception et la constitution même de sa propre individualité, il faut, là encore, accorder au fait textuel une mention spéciale et reconnaître en lui, non un appendice mineur ou transitif, mais une réalité centrale, essentielle à la compréhension de cet homme et des mécanismes nombreux qui commandent sa vie mentale.

Songeons, pour commencer, au rôle fondamental que tiennent les textes dans la construction progressive et la préservation de notre propre individualité. À ce qui menace perpétuellement cette dernière (la mort, la folie, l'arbitraire),

---

1 Pour que le dialogue soit possible, pour qu'il en résulte un texte unique où vont se reconnaître les deux interlocuteurs, n'est-il pas indispensable que ces deux participants travaillent de concert au même projet ? Ne vaudrait-il pas mieux dire alors que c'est le partage de cette commune *fonction textuelle* qui rend le dialogue possible ?

aux risques d'entropie, de dissolution, de désordre qui font le siège de notre chétive personne si péniblement acquise, chacun de nous ne peut opposer que ces constructions verbales, dérisoires ou baroques, dogmatiques ou opportunistes qui, contre toutes les évidences, nous confèrent notre propre "moi" et, à celui-ci, du sens, un destin quand ce n'est pas l'immortalité. Car elles ne nous aident pas seulement à ruser avec la contingence, l'impermanence ou l'insignifiance, puisqu'elles participent activement à ce titre à la constitution même de notre personnalité et à la croyance en sa pérennité : leur vocation métaphysique ou cosmographique a toujours pour corollaire leur rôle indispensable dans la genèse, l'édification et la consolidation de l'être humain[2].

Ce ne sont pas simplement la notion, l'idée, le concept philosophique de personne (dans leur acception européenne ou occidentale) qui doivent passer pour un dérivé du texte et de son homogénéité, c'est aussi la propre conscience que tout individu, d'où qu'il vienne, en tant que fragile présence au monde[3], a de lui-même ainsi que, si l'on peut dire, ce propre "lui-même", ce "moi" singulier et original qu'il s'imagine être. Comment un homme, dans quelque culture que ce soit, pourrait-il se voir ou se penser lui-même autrement qu'avec l'aide de ses propres textes et de ceux des autres qu'il retextualise sans fin ? Si par ses textes, et par ses textes seuls, ce même homme parvient à créer des dieux, des mondes imaginaires, en l'existence desquels il n'a aucune peine à croire tant ils lui paraissent indispensables, combien plus nécessaire, à défaut d'être plus facile parfois, doit être la constitution, par les mêmes voies, de son propre moi, de sa propre identité.

Probablement atteint-on là un point capital pour toute étude anthropologique qui s'intéresse d'abord à l'homme "pris sur le vif" et qui cherche par conséquent à comprendre comment il parvient à se faire lui-même tel qu'il croit être. Comme le monde, dont nous ne connaîtrons jamais que des versions textualisées, notre propre moi n'est lui-même que la conscience textuelle que nous en avons patiemment fabriquée et à laquelle nous nous référons sans cesse : un ensemble, souvent disparate au départ de textes que nous réorganisons, retextualisons sans cesse afin de nous convaincre et de nous assurer que nous existons réellement, de manière cohérente et continue[4], c'est-à-dire que nous ne sommes pas simplement, comme l'affirma l'anthropologie bouddhique dès son origine, une succession anarchique de désirs, d'états de conscience, d'actes, de rêves, etc.

---

[2] On aura compris que la présente étude admet que ce que les anthropologues rangent sous la notion de personne ne peut être entièrement réduit aux résultats d'une sorte d'ingénierie sociale dont la finalité serait exclusivement... sociale. La présence en toute "personne" d'un "moi" mortel, en proie au doute et à l'inquiétude, est là pour nous rappeler que quelque chose en elle transcendera toujours toute "déduction sociologique", aussi brillante fût-elle.

[3] J'emprunte cette dernière notion à Ernesto DE MARTINO.

[4] C'est ainsi qu'au foisonnement d'événements qui a précédé le *hic et nunc*, et qui est proprement impensable, nous substituons sans arrêt des "histoires", susceptibles de se fondre elles-mêmes dans *une* histoire, celle de notre vie.

C'est sans doute pourquoi, toute *epochè*, toute interruption, toute suspension de l'activité "textualisante" est impossible et inconcevable. La *fonction textuelle*, si elle se répète beaucoup, ne connaît pas en contrepartie de répit[5]. La constitution et la préservation de la personne exigent donc l'activité ininterrompue de cette *fonction textuelle* sans laquelle notre propre moi s'effondrerait et se disperserait en fragments insignifiants[6].

L'expression "image de soi" est sans doute à cet égard impropre, car ce que nous possédons de nous-même n'est probablement pas une image, mais bien plutôt un ensemble de textes qui nous permettent de nous repérer, de nous retrouver et de nous regarder : la conscience que nous avons de nous-même n'est pas visuelle (une image) mais textuelle. Finalement, par cette *compétence textuelle,* qui lui permet d'élaborer du texte puis de se "relire", et par ce matériel textualisable fait lui-même d'innombrables fragments de textes hétérogènes, l'homme se tisse lui-même en se mêlant, en se brochant à la trame de ses propres textes. Le monde, sa parole et lui-même sont dès lors inextricablement entrelacés et enchevêtrés. Seuls une brutale déchirure ou un lent effilochage pourraient alors lui dévoiler un monde muet et indifférent que ses efforts obstinés avaient jusque là peuplé de récits et de tableaux.

Si le texte dresse une sorte d'écran métaphysique entre le monde et nous en lui superposant son propre système de coordonnées, c'est pourtant à nous-mêmes qu'il accorde le plus indispensable des bienfaits en conférant à chacun de ces "moi" incertains et provisoires une unité et une durée homogènes. Sans lui, dans lequel peut-être il faut voir :

> *un mode secret, partiel, tangible et vrai de la résistance à la mort, de la longue résistance désespérée et quotidienne à la mort fragmentaire et successive telle qu'elle s'insère dans toute la durée de notre vie* (Marcel PROUST),

---

5 Les plus sévères disciplines mentales et intellectuelles ne pourraient même pas nous permettre de sortir de nos textes ou simplement même d'en interrompre le flux ou d'en supprimer la présence. En revanche, notre conception du texte et de la fonction qu'elle présuppose présente un avantage supplémentaire, un de ceux que la pensée occidentale considère toujours avec un certain mépris, puisqu'il s'agit d'un avantage pratique qui, circonstance aggravante, concerne notre vie intérieure. Chacun de nous est libre de tenter d'analyser les opérations mentales et intellectuelles liées à la composition d'un texte, de tenter en particulier d'analyser ces opérations ultimes qui culminent dans la mise en texte d'une matière verbale, initialement amorphe. Chacun peut s'appliquer à isoler et à reconnaître, liés à ces opérations, les difficultés, les frustrations, les soucis qu'il rencontre autant que les buts qu'il poursuit (habituellement à son insu). Cette nouvelle discipline intellectuelle ne fournirait-elle pas une base solide à une forme hardie d'introspection nominaliste, débarrassée de toute ontologie simpliste et de toute croyance naïve ? Ne permettrait-elle pas aussi d'atteindre une certaine vérité psychologique et existentielle ? N'offrirait-elle pas enfin à la critique, et l'on n'utilise ce mot qu'avec son acception la plus noble, une possibilité supplémentaire pour démasquer la crédulité, l'illusion et l'artifice ?

6 De nombreuses pathologies sont là pour nous rappeler que l'effritement ou la dissolution de la personnalité représentent des risques bien réels. Tout "moi" est une construction interminable.

l'unité dynamique de notre moi, ce noyau vivant auquel nous croyons, ne serait guère plus qu'un lieu anonyme et vide.

Tout individu est-il autre chose que ce qu'il croit, pense ou imagine être ? Et cette conviction s'enracine-t-elle ailleurs que dans ses propres textes (indépendamment d'ailleurs de l'originalité de ces derniers) ? Quels que soient les événements et les situations qui les ont précédés, ce sont eux qui finalement définiront cet homme en lui construisant et en lui confirmant son identité empirique. Le sentiment d'exister (en tant que personne, en tant que "moi" porteur d'une identité, en tant qu'individu unique, en tant qu'élément d'un ensemble, en tant qu'âme ou esprit..., peu importent ici les nuances qu'introduiraient inévitablement les études ethnographiques), d'être ce quelque chose identifiable derrière un nom, le sien, implique, pour chacun de nous, que notre propre vie puisse être ressaisie à tout instant comme un tout singulier : que ce dernier soit un destin, une histoire, une fonction sociale ou l'expression d'une substance spirituelle, d'une idée, importe également peu pour l'instant. Or, seuls des textes, nos textes, peuvent nous entretenir dans cette vitale certitude. Ils nous apparaissent comme les éléments indispensables qu'il faudrait intégrer à cette partie de la psychologie qui aurait pour objet l'édification et la constante refondation de la personne. On aura compris que, aux yeux de l'*anthropologie poétique*, se noue dans nos textes une liaison essentielle et irremplaçable, celle qui unit la difficile constitution de la personne à ses propres interrogations métaphysiques. Que ces textes en sont même l'expression la plus achevée (et d'ailleurs la seule possible).

Grâce à sa *mémoire textuelle*, progressivement enrichie, grâce à la *fonction textuelle*, qui ne cesse de travailler ce patrimoine immatériel, grâce aussi à sa compétence de "lecteur" de textes, l'individu se construit une cosmographie, c'est-à-dire l'univers dans lequel il inscrit son être, son nom et ses activités. Parallèlement, il élabore la conscience (textuelle) de sa propre personnalité, la souple substance dont est faite sa propre individualité. Cette cosmographie et cette conscience ne sont pas autre chose que l'effet rétrospectif que produisent dans notre esprit nos propres textes et, dans une mesure qui n'est pas toujours moindre, ceux des autres. Chaque personne, qui n'est au mieux qu'une construction composite, inachevable et à jamais fragile, croit toujours exister pour de bon, en son "for intérieur", alors qu'elle n'est peut-être en vérité que le point éphémère autour duquel gravitent ses édifices textuels. Ces trois-là, notre "moi", notre propre existence et nos textes, ne sont inséparables que parce qu'ils dépendent du seul horizon ontologique qu'ils connaissent, celui qu'ils tracent dans les derniers nommés en s'y inscrivant eux-mêmes.

En affirmant que la psychologie humaine, que la conscience que l'homme a de lui-même, que ce "moi" pour tout dire dépendaient avant tout de ces dispositifs métaphysiques que sont les textes, l'*anthropologie poétique* ne se contente pas de reconnaître une nouvelle liaison existentielle, de signaler la présence d'une nouvelle connexion locale, c'est la précarité du moi qu'elle redécouvre et confirme. Ce que, trop souvent, l'on considère comme la substance du moi, ce noyau inaltérable et immuable qui rayonnerait depuis le lieu le plus profond de la personne, ne serait donc rien de plus qu'un effet, qu'un songe provoqué et entretenu par la *fonction textuelle*. Le "pour quelque chose" que suppose toute cohérence, toute mise en ordre cosmographique (qu'elle soit exclusivement ou à la fois religieuse, historique, sociale, etc.). Si les hommes habitent le monde, ce n'est que dans leurs textes, dans les mondes de leurs textes, qu'existe leur "moi". Au fond, la vie de chacun de nous est essentiellement poétique.

Dans ces conditions, on admettra que chaque individu rencontre sans cesse devant lui une tâche pressante et interminable à accomplir, la constitution et la conservation de sa propre individualité, dont la réalisation passe par la composition de nouveaux textes. Eux seuls offrent à cet individu la possibilité de se penser comme entité particulière ("je suis tel ou tel"), située en tel lieu, en tel ou tel moment de son histoire, effectuant tel parcours ("je fais ceci ou cela") au sein de tel univers, de telle vision du monde (locale ou générale). La rupture d'isotropie que provoquerait toute détérioration de la *fonction textuelle* est sans doute le plus grave péril que l'homme, instinctivement, cherche à écarter, puisqu'elle entraînerait son propre effondrement puis sa rapide dissolution.

L'individu qui parle et qui pense, et qui pour cela compose des textes, ne cherche que rarement à exprimer des structures formelles, d'impeccables constructions conceptuelles dont se régaleront les philosophes ou les spécialistes des sciences humaines. Plus prosaïquement, en accomplissant ces tâches, il règle au jour le jour tous les problèmes de sa vie (ou plutôt tente de le faire avec bonheur). Il ne faut jamais perdre de vue que la *textualisation* est une activité existentielle et quotidienne, celle de tout individu agissant en ce monde et condamné à y créer ou à y maintenir au jour le jour son propre univers. Bien entendu, comme toute activité symbolique, celle-ci semble d'abord répondre à des besoins particuliers et viser des buts plus immédiats, mais il ne faudrait pas négliger son influence générale, permanente, qui permet à son utilisateur de préserver la relative stabilité de sa propre identité en l'obligeant à répéter ou à réactualiser sans fin les termes de sa propre cosmographie.

Confronté, dans le plus grand et le plus désespérant désordre, à son destin solitaire, à l'impermanence et à la multiplicité des êtres et des choses, à la mort accidentelle qui n'achève rien mais qui détruit tout, à la folie qui menace sa propre personne si péniblement acquise, et à l'arbitraire qui nierait jusqu'à son existence, l'homme ne peut opposer que ses compositions textuelles dans lesquelles il trouve des raisons d'être, de croire et d'espérer. Et que ne fait-il pas grâce à elles ? Elles l'aident à créer un monde ordonné et rassurant, destiné à lui-même. Elles transforment les séries d'événements discontinus et chaotiques en récits linéaires ou en destins rassurants. Elles transfigurent la mort en apothéoses héroïques ou en éternités béatifiques. Elles élèvent et renforcent les digues le séparant de la démence. Grâce à elles encore, l'homme découvre des raisons de donner à sa vie, à son existence et à sa personne une place dans ce monde et dans son histoire. Grâce à elles, en un mot, il les arrache au néant silencieux.

Devant cette situation, il n'existe probablement pas d'autre alternative que celle-ci : ou ce que nous disons, faisons et pensons est toujours porté et régi par un projet textuel global, cosmographique, préservant quelques caractères constants à travers ses mille manifestations possibles. En ce cas, ce vaste projet textuel doit être étudié pour lui-même afin que les résultats de son étude fournissent les matériaux indispensables à la fondation d'une véritable *anthropologie poétique*, qui pourrait éventuellement servir elle-même d'introduction à toute anthropologie. Ou ce que nous disons, faisons et pensons n'a rien à voir avec un tel projet général, mais, en ce cas, sur quelles bases et dans quels desseins fondera-t-on la simple possibilité d'édifier une véritable *anthropologie,* si ce n'est en décidant *a priori* d'en exclure l'homme lui-même, tel que le révèlent ses compositions textuelles ?

Si la *compétence textuelle* de l'individu paraît si étonnante c'est parce qu'elle autorise, en aval si l'on veut, l'expression et le dialogue et qu'elle dispose, en amont, d'un matériel diversifié et "modulable", dirait-on aujourd'hui. Constitué par d'innombrables souvenirs de textes représentant autant de schèmes narratifs et argumentatifs, d'opinions générales, de modèles cosmographiques, de topographies familières, de tables de valeurs, de réseaux praxéologiques (manières de faire, usages, modes d'emploi), ce matériel hétéroclite lui permet de *com-poser* à son tour ses propres textes dans lesquels, bien sûr, ce même individu inscrira son propre nom (ou tentera de le faire). Grâce à ce dernier, il possède la clé qui lui ouvre l'univers du texte, lequel lui prescrit (bien plus qu'il ne l'y autorise, puisqu'il y va de sa propre existence) de transmuer son personnage incertain et mortel en être textuel, cohérent et durable.

L'ensemble des textes que conserve en mémoire chaque individu, qu'il retravaille et réactualise sans cesse, mais avec prudence, représente quelque chose comme son monde propre, celui dans lequel il mène la seule vie consciente qu'il ait (pourrait-on d'ailleurs appliquer le mot "conscience" à quelque chose qui ne serait pas aussitôt pris en charge par un texte, qui ne serait pas fondu dans un ensemble verbal ? N'est-ce pas dire que notre conscience textualise toujours ce dont elle s'empare ?). Cet univers mental textualisé se confond à ses yeux avec la réalité, la sienne et celle du monde qui l'entoure. On partira de cette confusion, inexplicable si l'on ne faisait pas intervenir notre disposition innée à penser, à voir et à vivre "en textes", afin de comprendre que cet individu ne peut pas plus s'extraire de cette *mémoire textuelle* qu'il ne peut s'en passer. Pour chacun de nous, notre vie, nous-même comme le monde présentent toujours la forme d'un texte ou, si l'on préfère, le monde autant que nous-même n'existons au fond que dans nos textes, puisque eux seuls nous permettent de les "lire" (aucune réalité "non textualisée" n'existe durablement pour l'homme, mais en contrepartie nombreux sont les "objets", les êtres et les mondes qui ne possèdent pas d'autre existence que textuelle).

Ainsi l'individu n'est-il finalement que ce qu'il dit (peut dire, méditer, écrire, penser, avouer, croire, déclarer, jurer...), mais ce dire, si souvent banal, presque toujours naïf, n'est lui-même le plus souvent qu'un patchwork fait de bribes, d'emprunts, de souvenirs, d'ignorances, de fragments, de lambeaux cousus et recousus pour former un ensemble qui n'est souvent que la copie imparfaite et grossière d'un modèle prestigieux. L'oeuvre originale, ou le texte au sens habituel et noble du mot, étant simplement plus homogène, mieux polie, plus savante, moins discontinue. En un mot, sa "textualisation" est mieux achevée, au point de paraître définitive et inimitable parfois.

Mais il s'agit là d'exemples rares et exceptionnels. Si l'on s'amusait à transcrire "les" textes que chacun de nous porte en lui-même, ceux qui l'aident à composer sa cosmographie personnelle et souvent provisoire, probablement découvririons-nous une somme étonnante de platitudes, de banalités et de répétitions[7]. L'originalité est sans doute ce qui est ici le moins fréquemment et le moins ardemment recherché. À la série de contraintes décisives qu'impose toute composition textuelle s'ajoutent toutes les influences qui dépendent des textes figurant dans les *corpus*. Et ce que l'on a dit de la dépendance de l'individu à l'égard de ses textes vaut de la même manière pour les groupes et l'on pourrait parler de ces derniers comme des ensembles d'individus homotextes. L'individu ne peut pas plus éviter de composer ses textes qu'il ne peut éviter, pour ce faire, de puiser dans le trésor que toute communauté crible et transmet patiemment à ses membres.

La totalité des situations sociales (et peut-être même la totalité des configurations existentielles) est, pour chaque groupe humain doté d'une tradition et d'un usage commun du monde, connue, classée et répertoriée dans des textes (d'où sans doute cette perpétuelle impression, agaçante ou rassurante suivant les cas, de "déjà vu", de "déjà lu"). À chacune de ces situations typiques (la séduction, la réception d'un collaborateur ou d'un parent, l'admonestation paternelle, la rencontre d'une personne inconnue, le récit d'un événement drôle ou dramatique, l'inhumation d'un défunt, la célébration d'une fête familiale ou d'une cérémonie publique, l'ordre donné à un subalterne etc.) correspond un paradigme textuel : mythes fondateurs ou précédents exemplaires, jeu de variantes (dramatiques, romanesques, triviales, solennelles...), "pages" mémorables, pastiches risibles, exemples scolaires, etc.

D'ailleurs, la ritualisation de l'existence, de l'action et de la vie sociales traduit de toute façon une aspiration pour l'ordre et pour la cohérence comparable en tous points à celle qui hante l'organisation textuelle et toutes les deux en se complétant, en se reflétant, en se superposant parfois et en s'articulant selon des modalités particulières, confortent l'individu dans sa certitude que sa

---

7 Leurs mutuelles contradictions ne représentent peut-être pas un obstacle sérieux, puisqu'il était toujours aisé de composer un autre ou même un "dernier" texte. À la limite, il est possible et presque aussi facile de "renommer" entièrement une cosmographie : d'une marxiste en faire une chrétienne, ou inversement. De plus, ne serons-nous pas toujours capables d'imaginer le texte qui nous disculpera à nos propres yeux ??

vie et le monde qui l'entoure sont bien tels qu'il les dit, aussi lisibles et ordonnés que ses textes. Afin d'éviter un probable malentendu, précisons qu'une vision tragique, absurde et désespérée du monde et de la vie n'en est pas moins satisfaisante pour autant. Ne serait-ce que parce qu'il lui faut être *uniformément* tragique et désespérée et que ce résultat est subordonné à la composition d'un texte, seul capable de produire cet effet exclusif. Une vision véritablement absurde devrait être incompréhensible, construite en dépit du bon sens – du texte –; mais elle apparaîtrait alors comme l'oeuvre d'un dément. C'est pourquoi les théories ou les visions métaphysiques de cette espèce sont toujours les plus jalouses et les plus radicales dans leur manière d'exposer et d'imposer "leur" texte : à l'hypothèse d'un monde ontologiquement absurde doit nécessairement correspondre (puisque c'est lui en fait qui le décrit et le crée comme tel) un texte monochrome qui ne suggérera de bout en bout que ce seul sentiment. La plus petite faille dans son isotropie "tragique" ou "désespérée" permettrait au rire, au doute ou au rêve de s'insinuer, de redonner aussitôt au lecteur l'espoir en un monde différent ou moins implacable et, ainsi, de ruiner ce bel édifice verbal.

À l'impeccable construction des textes du *corpus*, l'individu n'oppose souvent que ses sommaires ébauches de cosmographie, syncrétisme ordinaire et médiocre où confluent ses fragments de textes favoris. Leur valeur scientifique, le raffinement et la richesse de leurs détails, la subtilité de leur construction et la validité de leur adéquation au réel importent peu en fait et représentent même sans doute des facteurs sereinement négligés le plus souvent. La *fonction textuelle* sait faire flèche du bois le plus ordinaire et le plus grossier, aussi n'a-t-elle pas besoin d'un tel luxe, d'une telle rigueur ni d'une telle originalité pour se mettre au travail. Son exigence majeure est une exigence d'ordre, de cohérence et d'unité, or celle-ci ne revendique rien d'extravagant en ce qui concerne la valeur ou l'originalité des matériaux qu'elle travaille. Il est aisé d'imaginer une cosmographie globale du monde que résumerait quelques affirmations sommaires, puisque de toute façon sa crédibilité, sa pertinence, son aptitude à faire croire en elle-même, auront pour cause essentielle, non son adéquation précise à la multitude des faits, mais la capacité à imposer à l'esprit qui l'aura créée sa propre évidence. Or, un individu ne compose jamais que des textes qu'il est capable de comprendre et qui réponde à sa propre expérience du monde.

On compose des textes, on observe chaque jour que des hommes en composent en se servant de matériaux rudimentaires, disparates et facilement accessibles. Eux aussi ne représentent souvent que le résultat d'un astucieux bricolage. La valeur et l'efficacité *métaphysiques* d'un texte résident sans doute moins dans sa luxuriance que dans sa simplicité. Celle-ci n'est-elle pas plus aisément transposable et paraphrasable ? Une forme schématique ou sommaire, un simple croquis, pour peu que leurs contours soient fermement tracés, suffisent à la plupart des consciences. Tous ces textes, faits de fragments arrachés au *corpus*, de préjugés familiers, d'opinions banales, de points de vue triviaux que les individus d'un même groupe s'échangent et s'empruntent, ne retiennent finalement que ce qui est nécessaire à cet individu ou à ce groupe : des textes ordinaires pour des vies qui ne le sont pas moins.

Mais des vies qui sont nos vies et qui, parce qu'elles sont textualisées et insérées dans d'autres textes (politiques, historiques ou religieux, par exemple), transfigurent l'inanité et la banalité qui est la leur en acquérant une forme et une raison d'être supérieures. Rien, probablement, n'est plus nécessaire à l'homme que cette métamorphose qui s'opère dans ses textes et par laquelle lui-même, sa vie, son existence deviennent intelligibles en prenant place dans de petites cosmographies, insérées elles-mêmes dans de plus vastes et plus savantes qui les arracheront à l'insupportable insignifiance.

Quels textes peuvent me dire ? Ou, pour sacrifier une seule fois à la mode du calembour heideggérien, quels textes peuvent m'être ? Et qui suis-je (ou que suis-je ?) au fond en dehors d'eux qui font être ce quelque chose ou ce quelqu'un à l'existence desquels je me suis habitué à croire en les composant et en les "lisant" ? Quels textes, et il faut prendre ici la mesure exacte de cette fascinante aporie, peuvent dicter (et non seulement dire) qui je suis ? Beaucoup, nous le craignons, trop, sans doute. Parmi eux se distinguent tous les textes savants contenus dans les *corpus* (religieux, juridiques, politiques, psychologiques, philosophiques...) et dont nous sommes, ne l'oublions jamais, l'unique sujet et la seule raison d'être. La plupart nous disent bien avant que nous naissions et les connaissions. Et ils nous disent, non pour nous décrire et nous reconnaître dans notre singularité, qui de toute façon ne leur préexiste pas, mais pour nous confondre dans leur ordre. Nous sommes dans ces textes, parce que le plus souvent nous ne recevons d'être que par eux et par ceux que nous composons grâce à eux. Combien parmi nous oseraient d'ailleurs s'aventurer à l'extérieur de ces textes pour tenter de devenir quelque chose d'inouï ? Et comment nous y prendrions-nous pour défaire les textes qui ont fait de nous ce que nous sommes devenus grâce à eux ?

Ainsi, selon les cas, sommes-nous mère, écrivain, amant, pape, névrosé ou douanier... Mais ces rôles complexes (devoirs, obligations, propos, responsabilités, attitudes, comportements, gestes, paroles, états d'esprit), les situations et les configurations existentielles correspondantes ne peuvent pas être à l'évidence inventés par nous au jour le jour ni réinventés par chacun de nous. Ils s'inspirent de ceux que tolère et organise notre cosmographie collective, constituée par un ensemble plus ou moins vaste de textes : religieux, politiques, romanesques, mythiques, idéologiques : Vaste *corpus* vivant dans lequel chacun puise, à tout instant, selon sa position et selon ses besoins. Et c'est à partir de cet ensemble, par le travail de synthèse qu'y effectue notre *fonction textuelle* en quête de cohérence et de lisibilité, que s'élabore, mais sans doute à l'intérieur de limites très étroites, nos propres textes, appelés ensuite à régir notre propre conscience de père, de moine ou de soldat... Il nous suffit pour cela d'adopter, mais en les adaptant le moins possible, les textes que nous offre le groupe auquel nous appartenons. De nous glisser dans ces cosmographies déjà prêtes, qui nous donneront d'autant plus aisément le sentiment d'exister qu'elles définissent elles-mêmes ces ontologies locales et les règles de leur donation.

Le résultat de ce travail s'achève donc, mais toujours provisoirement en fait, sur les textes que nous composons afin que nous puissions nous reconnaître nous-mêmes dans tel et tel rôle. Ainsi, par cet effort de textualisation, qui est aussi un effort sans précédent de rationalisation, cette fonction, cette activité ou ce rôle particuliers parviennent à exister et à s'articuler aux autres qui, avec eux, épuisent notre définition tout en parachevant l'incarnation des *corpus* dans nos vies et nos existences. Or, du point de vue de notre propre ontogenèse, sommes-nous (et, dans l'affirmative, en quoi sommes-nous) différents de ces diverses textualisations aptes à être inscrites dans une cosmographie ? Toutes ces opérations se déroulant d'un bout à l'autre sous la dictée et à l'imitation des textes des *corpus*, les individus ne sont le plus souvent (et n'ont conscience d'être) que ce que ces derniers leur permettent d'être, des signes tolérés parce qu'ils s'insèrent spontanément dans leurs propres textes.

De tous ces textes "publics", nos propres textes prolongent en nous l'enseignement et la doctrine. Quels qu'ils soient, les textes que nous créons ou que nous adoptons nous constituent de la même manière. Le jugement de valeur que nous serions tentés de porter en faveur des plus originaux ne change pas la nature de ce processus ni son résultat. Qu'ils soient le fruit d'un travail acharné ou celui d'un emprunt frileux et paresseux, nos textes nous disent de toute façon et notre seul être véritable n'est peut-être que dans ce dire, dans cette parole indispensable.

On conçoit mieux, dans ces conditions, ce qui pousse l'homme à composer sans cesse des textes. Ils lui permettent de réajuster sa *vision globale* du monde en fonction de tous les éléments et de tous les événements nouveaux qui y surviennent tout en réactualisant de manière concomitante la conscience textuelle qu'il a de lui-même (ou inversement, puisqu'il lui est tout aussi facile de modifier sa cosmographie personnelle en fonction d'une réappréciation de sa propre situation, laquelle aura été immédiatement textualisée). Est-il besoin de noter que toute incompatibilité, tout désaccord profond surgissant entre ces séries de textes, et rendant par exemple impossible leur ajustement au sein d'un texte plus vaste, philosophique ou religieux, se traduira par l'inquiétude et l'angoisse soit, à terme, par la détérioration de la personnalité ?

DEUXIÈME PARTIE

ANTHROPOLOGIE DU TEXTE

"Quelle navette d'os aux mains des femmes de grand âge, quelle amande d'ivoire aux mains des femmes de jeune âge
nous tissera linge plus frais pour la brûlure des vivants ?" (Saint-John Perse, *Neiges* IV).

CHAPITRE PREMIER

"Bon. Mais alors pourquoi donc n'avons-nous pas répondu tout de suite : "Le tissage est l'entrelacement de la trame avec la chaîne", au lieu de tourner en cercle et de faire tant de distinctions inutiles ?" (Platon, *Le politique* 283a-b).

LE TISSU DU TEXTE

En dépit[1] du nombre et de l'infinie variété des textes composés par les hommes depuis des millénaires, on cherchera néanmoins à montrer ici que ces derniers possèdent quelques rares caractères constitutifs qui manifestent, en deçà également de l'incroyable diversité des langues, l'une des plus profondes et des plus constantes activités de l'esprit humain. À l'issue de cette première démonstration, il sera possible d'affirmer que le texte, les opérations mentales qu'il présuppose et les préoccupations qu'il traduit représentent, ensemble, un aspect essentiel de l'homme, de l'homme parlant, et donc l'objet possible d'une anthropologie particulière.

Une métaphore usée, aussi vieille que banale, servira de point de départ et de fil conducteur à cette nécessaire démonstration. Car il n'est pas douteux que les premiers poètes, qui furent aussi les premiers philosophes du langage, entrevirent en même temps et le caractère essentiel, presque mystérieux[2], de la mise en texte ainsi que la nature foncièrement verbale de la condition humaine.

---

1 Les premières réflexions qui, sans le savoir encore, préparaient cette série de chapitres, ont été publiées sous le titre, "Anthropologie poétique (prolégomènes à une anthropologie du texte)", *L'homme (revue française d'anthropologie)*, 111-112, 1989, pp. 222-236.

2 Jacques DERRIDA, *La dissémination*, Paris, Seuil, 1972, p. 71.

Cette métaphore, dont notre mot français texte, par son étymologie latine (*textus, texere*), conserve le souvenir, est aussi ancienne que la plus vieille poésie indo-européenne[3]. Au vers homérique : "*quand ils tissaient, pour tous, des paroles et des pensées*" (*Iliade* 3.212) répond, par exemple, le "*Ic wordcraeft waef*" d'un auteur anglo-saxon (Cynewulf, *Hélène*, 1238 : "*Je tissais le poème*"). Il faudrait encore citer Pindare, Bacchylide, Platon, Virgile, Cicéron, Quintilien[4]. Mais c'est peut-être grâce à la figure éminemment poétique d'Hélène qu'il nous est donné d'en mieux voir, en même temps que le mécanisme, les vertigineux effets spéculaires. Car celle qui tisse "*une grande étoffe, un manteau éclatant, sur lequel elle semait maint combat de Troyens dompteurs de chevaux et d'Achéens vêtus de bronze*" (*Iliade* 3.124)[5], est elle-même un élément du texte homérique. La tâche d'Hélène offre l'image troublante du travail qui a métaphoriquement produit le poème, lequel l'a pourtant engendrée en la tissant en lui-même ! Nous retrouverons fréquemment cette figure ou ce procédé qui, par l'évocation de cette image artisanale, permet au texte de dire sa propre genèse ou de montrer sa forme intime, telles qu'en tout cas il les imagine.

Grâce à ces cascades de reflets emboîtés, du texte dans le monde et du monde dans le texte, le lecteur est amené à les superposer ou à les confondre comme si tous les deux, le texte et le monde, ne faisaient qu'un, disaient l'un et l'autre la même évidence. Le travail précis et rythmé qui métamorphose les fils fragiles et maillacés en une toile solide offrirait la comparaison la plus appropriée pour comprendre celui du poète qui, avec des mots et des phrases isolés, crée un texte nouveau, comparable à un précieux tissu indéchirable.

À l'intérieur de la même aire linguistique indo-européenne, l'Inde a multiplié les emplois métaphoriques du fil (*sûtra, guna*) et de la chaîne du tissu (*tantra*). Et surtout elle en a fait un usage plus considérable et plus systématique en assimilant le travail de ses rhapsodes, couturiers du verbe (du grec *rhaptein*, coudre), à celui des deux jeunes filles qui tissent le temps et à celui des prêtres, tisserands du rite solennel. Quelques strophes brèves suffiront pour souligner cette homologie essentielle :

> *Mon ouvrage (poétique avait été) tissé (auparavant déjà); ce (même ouvrage) est tissé (maintenant) de nouveau; l'intuition poétique la plus savoureuse est récitée (en ce moment) pour (aboutir à) un hymne* (Rigveda 1.110.1ab; cf. ibid., 1.61.8 *: C'est pour Indra que les femmes (divines), ayant les dieux pour époux, ont tissé un chant pour le meurtre du dragon).*

---

3 On trouvera dans Françoise BADER, *La langue des dieux, ou l'hermétisme des poètes indo-européens*, Pise, Giardini editori e stampatori, 1989, pp. 22-23, les principales références bibliographiques.

4 Peut-être pourrait-on ajouter Théocrite, *Epithalame d'Hélène* (vers 32 et suiv.) et Eschyle, *Agamemnon* (vers 914 et suiv.) ? Pour ces textes classiques, on se reportera désormais à John SCHEID et Jesper SVENBRO, *Le métier de Zeus, mythe du tissage et du tissu dans le monde gréco-romain,* Paris, La découverte, 1994.

5 Traduction d'Eugène LASSERRE, *L'Iliade*, Paris, Garnier-Flammarion, 1965.

Deux vierges de forme distincte tissent la trame à six chevilles à laquelle elles sont attelées. L'une étend les fils, l'autre les reçoit. Elles ne font pas relâche et (pourtant) n'arrivent pas au bout (Atharvaveda 10.7.42).

Le sacrifice qui de toutes parts est tendu avec des fils, qui s'étend sur cent et un actes divins, ces pères qui sont ici le tissent.
Assis sur (le métier) tendu : "tisse en avant, tisse en arrière", disent-ils (Rigveda 10.130.1)[6].

La solidité et la continuité des rites védiques étaient assurées par l'entrecroisement de formules en prose et de strophes versifiées (*Atharvaveda 15.3.6*), par le nouage symbolique de leurs extrémités (*Aitareyabrâhmana 1.13*)[7]. Ainsi ces rites démesurés, qu'ils rythment l'année liturgique ou qu'ils lui soient coextensifs, prétendaient dominer et modeler le temps, fuyant et insaisissable, comme s'ils voulaient le transformer en un objet aux contours précis et réguliers, aussi nets que ceux d'une pièce d'étoffe.

Bien entendu, ces trois trames (poétique, cosmique et rituelle), apparemment distinctes, sont *toutes* construites par des textes, grâce à leurs entrelacements, et c'est à travers eux, à travers leur ordonnance propre, que nous les percevons. On songe au démiurge tisserand de Clément d'Alexandrie "qui dans le cercle immense, emporté par l'éther, (a) enlacé les fils de l'ensemble des choses" (*Stromates*, 5.115). Si c'est un texte qui dévoile l'opération de la création poétique, c'est-à-dire sa propre fabrication, ce sont également des textes *poiètiques* qui décrivent un aspect essentiel de l'ordre naturel, l'alternance régulière des jours et des nuits, et un autre, non moins central, de l'ordre culturel, la liturgie solennelle. Et ils le font en se servant tous de la même image, celle du tissage. C'est pourquoi ces trois trames, qui semblent si bien coïncider et se refléter mutuellement, nous donnent en même temps l'impression que chacune d'elles manifeste à sa manière un Ordre profond, celui de l'univers, domaine de l'Agencé ou *rita*. Ce mot *rita* désigne, en védique, l'articulation, l'ordonnance correctes des temps rituels, des choses, des êtres, des actes et des paroles.

On notera déjà à ce propos, et cette remarque aura ici même de nombreux équivalents et prolongements, que cet Ordre cosmique symphonique, créé par des textes, reprend à ces derniers leur organisation intrinsèque et leur forme générale : l'ordre du monde est conçu à la manière de l'ordre textuel. C'est donc cette forme, cette ordonnance du texte que l'homme projette sur le monde, qu'il faudra tenter d'élucider et de comprendre en prenant soin d'y associer les activités et les aspirations intellectuelles que cette opération suppose.

Pour en terminer provisoirement avec l'Inde, que nous retrouverons dans la troisième partie, il nous faut encore ajouter qu'il appartenait à la sublime et austère spéculation upanishadique de reprendre un peu plus tard la même

---

6 Ces traductions sont empruntées à Louis RENOU.
7 Sur ce point précis, voir Charles MALAMOUD, "La brique percée. Sur le jeu du vide et du plein dans l'Inde brâhmanique", *Nouvelle revue de psychanalyse*, 1975, 11, p. 207.

métaphore afin d'en faire, sur le plan ontologique, la clé de la révélation suprême :

> *C'est que je suis Vishnu / L'Un parmi les multiples / L'Immobile chez les mobiles / Le Haut chez les plus bas ! / Tissé à eux, je suis leur Ame / Je vis au tréfonds de chaque être.../ Car Je suis le brahman suprême, / Unique et sans second, / Subtil, sans qualités, / Lumière de l'Esprit, / Tissée à l'Univers !*[8]

> *Celui en qui sont tissés le ciel et la terre, l'espace intermédiaire, l'esprit avec tous les souffles, connaissez-le cet âtman unique; laissez aller tous autres discours ! C'est lui le pont vers l'immortalité*[9].

Ici, l'image du tissage a été retenue afin sans doute d'évoquer un entrelacement subtil et régulier, celui de la *réalité* essentielle située au coeur même des choses. Mais ce dernier exemple nous permet surtout d'affirmer que cette image possède une plasticité étonnante, car qu'ont en commun le travail poétique, l'ordonnance d'un sacrifice, les rythmes naturels et l'absolu métaphysique ? Rien probablement, si ce n'est d'être tous des réalités hétérogènes auxquelles des textes sont parvenus à conférer la même ordonnance, celle-là même qu'ils revendiquent pour eux-mêmes.

Naturellement, beaucoup pourraient à bon droit s'étonner si, pour introduire une réflexion sur le texte dont les ambitions anthropologiques ont été clairement exposées, on recourait à une métaphore captive, connue de la seule tradition poétique indo-européenne. Or, loin d'être particulière à cette vaste aire culturelle, la métaphore du texte *tissu* appartient sans doute possible au plus vieux fonds des métaphores universelles. On la trouve, par exemple, dans la cosmogonie dogon, c'est-à-dire au coeur de l'Afrique noire contemporaine. L'extrait suivant, tiré de *Dieu d'eau* de Marcel GRIAULE en apportera tout de suite la preuve surprenante :

> *Le jour venu, à la lumière du soleil, le Septième génie expectora quatre-vingts fils de coton qu'il répartit entre ses dents supérieures utilisées comme celles d'un peigne de métier à tisser. Il forma ainsi la plage impaire de la chaîne. Il fit de même avec les dents inférieures pour constituer le plan des fils pairs. En ouvrant et refermant ses mâchoires, le génie imprimait à la chaîne les mouvements que lui imposent les lices du métier. Et comme tout son visage participait au labeur, ses ornements de nez représentaient la poulie sur laquelle ces dernières basculent; la navette n'était autre que l'ornement de la lèvre inférieure.*
> *Tandis que les fils se croisaient et se décroisaient, les deux pointes de la langue fourchue du génie poussaient alternativement le fil de trame et la bande se formait hors de la bouche, dans le souffle de la deuxième parole révélée.*

---

8 *VasudevaUpanishad*, extrait de l'hymne; trad. Jean VARENNE.
9 MundakaUpanishad 2.2.5; trad. J. MAURY.

En effet, le génie parlait. Comme avait fait le Nommo lors de la première divulgation, il octroyait son verbe au travers d'une technique, afin qu'il fût à la portée des hommes. Il montrait ainsi l'identité des gestes matériels et des forces spirituelles ou plutôt la nécessité de leur coopération.
Le génie déclamait et ses paroles colmataient tous les interstices de l'étoffe; elles étaient tissées dans les fils et faisaient corps avec la bande. Elles étaient le tissu lui-même et le tissu était le verbe. Et c'est pourquoi étoffe se dit soy, qui signifie "c'est la parole". Et ce mot veut dire aussi 7, rang de celui qui parla en tissant (p. 25).

Comment pourrait-on mieux affirmer l'indissoluble relation qui associe l'exercice mesuré et solennel de la parole à la fabrication rythmée du tissu et celle, non moins forte, qui les unit toutes les deux ensemble à l'idée de cosmos, d'ordre du monde ? Ailleurs, chez d'autres peuples, dans d'autres cultures, il est fréquent de ne rencontrer qu'un seul de ces deux équivalents, tissage/ordre cosmique[10] ou tissage/parole[11], que les philosophes védiques et dogons, intimement persuadés de l'existence de l'homologie fondamentale : texte/tissage/ordre du monde, ne voulurent jamais dissocier.

L'usage multiséculaire de cette métaphore familière semble ne pas en avoir épuisé la troublante évidence. Innombrables sont en effet les auteurs contemporains qui n'hésitent pas à la reprendre comme si les mots "tissu", "étoffe", "tissage" et "trame" (du texte) résumaient à la fois, et finalement mieux que tout concept métapoétique, l'énigme même de la confection du texte et celle de son être le plus intime. Qui n'a un jour croisé "le tissu textuel" (Ph. HAMON), "le tissu du langage" (HERDER), "l'étoffe des mots" (P. LÉVY), "la trame même du texte" (M. FOUCAULT), "la fiction tramée" (J. Ch. HUCHET)[12], "la trame qui lie ensemble une classe textuelle" (J. M. SCHAEFFER), "le tissu mythique" (M. DETIENNE; cf. M. MAUSS : "un mythe est une "maille" dans une toile d'araignée"), "le tissu" ou "la trame métaphorique" (A. HENRY), la "trame biblique fondamentale" (O. BOULNOIS), jusqu'au manteau d'Albertine, "palimpseste dans cette cohérence du texte et du tissu" (J. D. WAGNEUR) ? Paul VALÉRY lui-même, à propos de PROUST encore, écrivit, nous retenant pour de bon au coeur du mystère : (la vitalité du livre) "tient à ce qu'on pourrait nommer l'activité propre du tissu même de son texte".

---

[10] Quelques références dans Alan L. MILLER, "*Ame No Miso-Ori Me* (The Heavenly Weaving Maiden) : The Cosmic Weaver in Early Shinto Myth and Ritual", *History of Religions*, 24/1, 1984, pp. 27-48. Voir également Matthew KAPSTEIN, "Weaving the world : The ritual of the *Pata* in Pâla buddhism and its legacy in Tibet, *ibid.*, 34/3, 1995, pp. 241-262.

[11] Cf. J. CHELHOD, *Le monde mythique arabe,* Paris, p. 54 : "La racine *nasaja* veut dire à la fois tisser et composer des vers. Plus encore, le tisserand *nassâj* est synonyme de menteur". On consultera également Paulette GALAND-PERNET, "Littérature orale et représentations du texte, les poèmes berbères traditionnels", *Études de littérature ancienne*, 3, Paris, 1987, pp. 112 et 118 n. 13.

[12] Plutarque (*Isis et Osiris*, 20) parlait déjà de "fictions tissées".

En outre, et par un glissement significatif qui anticipe sur la valeur cosmographique de cette image traditionnelle (mais cet adjectif semble ici bien faible pour rendre compte d'une découverte aussi ancienne et aussi essentielle), la même image s'est imposée à nos représentations du monde et de la société. Comme si l'un et l'autre étaient soumis à des lois, identiques à celles qui régissent toute composition textuelle. Personne ne s'étonne donc de rencontrer ces expressions : "l'étoffe des éléments", "la trame véritable du réel" (J. P. VERNANT), "la trame de la nature" (D. HUME), "le tissu de la totalité" (E. CASSIRER), "la trame du monde" (NIETZSCHE) ou "l'étoffe du réel" (M. BIARDEAU). Cette dernière expression décompose en français, et très exactement, l'ambivalence des mots anglais *stuff* et allemand *Stoff,* à la fois matière ou substance et étoffe ou tissu.

Puisque c'est de "rites dont sont tissées les relations entre individus sociaux" (*Libération* du 1.2.1990), puisqu'on peut "tisser un réseau de relations réciproques" (M. I. FINLEY), il était inévitable que les sociétés, les cérémonies et les institutions sociales fussent à leur tour décrites à l'aide de la même métaphore. Aussi rencontre-t-on régulièrement : "le tissu social", "la trame démographique", "la trame des rapports sociaux" (C. LÉVI-STRAUSS), "la trame de la société" (R. FIRTH), "la trame des interdits" (D. ERIBON), "le tissu des croyances fabuleuses" (E. DURKHEIM), "le tissu religieux" (L. DE HEUSCH), "la trame d'une cérémonie religieuse" (M. MAUSS), "le tissu même de l'échange culturel" et même "le tissu archétypal du mythe" (G. DURAND).

Plus difficiles sans doute à se représenter, et pourtant tout aussi évocatrices, sont les expressions suivantes, relatives au temps, lui qui semble pourtant si rebelle à toute métaphore technicienne : "le tissu temporel" (G. D. FARCY), "la trame du temps historique" (J. P. VERNANT), "le tissu de mes jours" (M. ELIADE) et "la trame du temps" (M. BLANCHOT). Toutes ces formules, indifféremment, nous invitent à admettre que cette temporalité là n'est pas très différente au fond de celle du type de texte le plus ordinaire, le récit, lui que l'on décrit comme "la trame des événements" (J. P. VERNANT), la "texture de circonstances et de discours" (E. BENVENISTE) ou le "tissu des causes et des effets" (M. HEIDEGGER).

Par cette métaphore enfin, du texte à l'esprit qui l'a conçu et au langage qui l'exprime, la différence s'évanouit, puisque leurs textures sont identiques. Même si "les fonctionnements de la raison... ne se tissent pas dans les mailles d'une rationalité massive" (C. DESCAMPS), les concepts "sont proprement la trame des langues" (C. HAGÈGE). C'est pourquoi, et sans même descendre jusqu'à l'âme, qui, pour certains, semble "être tissée d'une étoffe plus fine et plus douce que le monde des choses matérielles" (E. CASSIRER), le "tissu très varié de la connaissance humaine" (E. KANT) trouve naturellement son équivalent dans "le tissu du langage" (H. G. GADAMER) ou dans "le langage... fil intimement tissé dans la trame de la pensée" (L. HJELMSLEV). À cette dernière expression fait écho cette très ancienne strophe de la *Vajasaneyîsamhitâ*, vieux texte védique de la première moitié du premier millénaire avant notre ère :

Celle en qui reposent stances, mélodies et formules comme les rais au moyeu du char,
celle en qui est tissée toute la réflexion des créatures
la Pensée : puisse ce qu'elle conçoit m'être propice[13].

Comment montrerait-on mieux que par cette longue série d'exemples, que le texte, avant même qu'il fût devenu livre, était déjà perçu comme un objet original, le but et le résultat d'un art ? Mais un objet ô combien fascinant et paradoxal, puisqu'en parlant des autres il ne cesse d'exhiber sa propre forme. Et n'a-t-on pas envie de dire de lui, en se servant d'un autre, mais tout aussi vieux texte védique ?

La parole est sa corde, les noms ses noeuds. Aussi par sa parole, comme corde, et par les noms, comme noeuds, tout ceci est lié. Car tout ceci est noms et par sa parole il nomme chaque chose. Des hommes liés par des cordes portent celui qui sait cela (Aitareyâranyaka 2.1.6).

Face à une aussi remarquable convergence, qui se situe *en deçà* des cadres et des oppositions dans lesquels se développe habituellement notre réflexion (civilisation classique ou primitive; texte oral ou écrit; littérature ou philosophie; discours mythique ou rationnel etc.), il convient, non bien sûr de déplorer le manque d'imagination ou d'originalité de la pensée spéculative, mais de se demander ce qui, fondamentalement, est en jeu dans (l'usage d') une telle métaphore.

L'apparente pertinence de cette dernière, l'usage répété qui en est fait, la diversité de ses référents (le texte, le monde, l'esprit, le langage, la société) ne doivent ni nous impressionner ni nous aveugler. Qu'en bien des lieux on l'ait (re)découverte, qu'elle ait été (et soit encore) capable de s'imposer à de nombreux et bons esprits, qu'elle s'insinue en même temps dans nos propos les plus anodins, qu'elle parvienne à caractériser indifféremment, mais avec la même évidence, la plupart des grands thèmes de la réflexion humaine, tout cela semble témoigner de sa parfaite adéquation au monde, trop parfaite bien sûr pour n'être pas suspecte, mais ne l'explique pas.

Tel est pourtant le problème qu'elle nous invite à résoudre en répondant, par exemple, à cette question qu'elle suscite obstinément : Que dit-elle en fait et que pressentent, qu'entrevoient, que disent ceux qui la réutilisent, spontanément sans doute le plus souvent ? C'est ce savoir archaïque, inoubliable et collectif, ce savoir irremplaçable né de l'antique métaphore[14], qu'il va falloir ici même tenter d'isoler et d'analyser.

---

13 Trad. empruntée à Louis RENOU.

14 Il était donc inévitable que les partisans de la "tradition" s'en emparassent; cf. René GUÉNON, *Le symbolisme de la croix*, 2e éd., Paris, Éditions Véga, 1984, pp.84-89 ("Le symbolisme du tissage").

Une première indication déjà. On aura noté que cette métaphore, prenant à contre-pied la plus fréquente de nos préoccupations, semble capable de négliger toutes les questions relatives au sens. Ce qu'elle vise est moins telle signification originale, tel commentaire traditionnel, telle interprétation possible ou obligée, que la forme générale, la disposition globale, l'ordonnance complète, la structure et la densité mêmes du texte, sa cohérence et sa... *texture* intérieures. Son architecture visible et sa matérialité tactile a-t-on envie d'ajouter, comme si le sens n'était pour elle qu'un très superficiel et très secondaire embellissement (on devine déjà que tout énoncé sensé ainsi que toute paraphrase de ce dernier ont en revanche absolument besoin d'un dispositif textuel pour exister).

Loin d'être regardé comme une ligne (ce qu'il est en fait : la linéarité du signifiant est une contrainte physique fondamentale), le texte apparaît au contraire grâce à cette image inusable comme une construction solide, stable et harmonieuse où se nouent et s'entrecroisent régulièrement les mots et les phrases. Par elle encore, un texte acquiert les qualités physiques d'un milieu homogène, dense, dont les masses seraient réparties et disposées avec adresse. À son contact, le langage, fluide et impalpable, se solidifie et s'élance en architectures entrelacées et solidaires. N'oublions pas que la technique du tissage implique à la fois le rythme, qui ponctue la durée, la régularité et la répétition des intervalles, l'ordonnance des motifs et, en même temps, le nouage, la solidité, la résistance de son produit[15]. Ce réseau artificiellement créé retient et transfigure la parole qui, sans lui, resterait un souffle éphémère et insaisissable. Il lui confère la forme et la densité sensibles d'un objet matériel.

De plus, et puisque d'une manière ou d'une autre c'est toujours du monde réel, de l'un de ses aspects ou d'un autre monde qu'il est question dans un texte, ce sont eux que, par l'entrelacs de ses lignes, il emprisonne, leur imposant sa propre *texture*, son ordre immuable. En tissant un texte, c'est donc tel ou tel (aspect de tel ou tel) monde que son auteur en même temps recompose et reconstruit. Mais avons-nous toujours conscience que parler du monde ou de l'un de ses fragments à l'aide d'une métaphore conçue à l'origine pour décrire nos textes équivaut toujours à projeter sur ceux-là les propriétés attribuées spontanément à ceux-ci par nous-mêmes ? De même, nous rappelons-nous souvent (ou volontiers) que toute perception, imagination ou description de mondes est dès l'origine soumise à un jeu de contraintes architectoniques dont le principe ne se trouve que dans notre incapacité à les décrire autrement qu'à l'aide de nos entrelacs textuels ? Et il serait tout à fait naïf d'affirmer ensuite qu'il existe une homologie certaine entre eux, ce monde là tel que nous le décrivons ou l'imaginons et nos textes, alors que nous nous contentons d'utiliser une fois de plus nos schèmes textuels pour en parler. En fait, les domaines

---

[15] SCHEID et SVENBRO, *op. cit.*, pp. 13 et 20, ont raison de préciser que la même technique permet l'entrelacement de contraires, la trame et la chaîne, comme dans l'union sexuelle; de même permet-elle la métamorphose d'une matière brute, la laine non encore cardée et filée, en un objet harmonieux.

d'intervention de ces derniers sont innombrables et illimités : de cette tête d'épingle à l'univers entier.

Aucun objet, aucun être, aucun événement, aucun monde, réel ou imaginaire, n'est en mesure de se soustraire à leur emprise. Mais comme il est tout aussi évident que ce n'est que par des textes (tel celui-ci !) qu'il nous est permis de parler de nos textes et des mondes décrits par eux, peut-on échapper à l'impression désagréable et presque oppressante qu'aucune partie de nous-mêmes (pensée, parole, sentiment, croyance, opinion etc.) ne se situe hors de leur autorité ?

Le fréquent usage des métaphores textuelles dans nos descriptions de mondes, d'événements, d'êtres ou d'objets prouve également qu'il paraît aussi difficile de s'en passer que d'en trouver de meilleures. Pourquoi ? Peut-être nous heurtons-nous ici à l'une de ces limites sur lesquelles vient se heurter toute réflexion. Si l'on admet que notre pensée, si intimement mêlée au langage qu'il semble impossible de l'en dissocier, n'est capable de s'activer, de se déployer qu'en composant des textes conformes à la définition générale qui est recherchée ici, ne faut-il pas admettre aussitôt que ces mêmes textes la supportent et la guident à leur tour dans toutes ses manifestations ? Qu'il n'existe pas, en d'autres termes, de pensées non textualisées ? Sans doute, mais doit-on pour autant faire du texte l'expression première, et non seulement finale, de la pensée ?

Il serait sans doute imprudent de répondre de façon péremptoire à une question aussi difficile. Aussi nous contenterons-nous pour l'instant de faire valoir ces quelques remarques très simples. Nous sommes incapables de considérer au même moment plusieurs objets (personnes, situations, croyances etc.) différents, c'est-à-dire de les examiner en "voyant" simultanément chacun des détails de leurs irréductibles singularités. C'est pourquoi notre pensée semble toujours se mouvoir comme si, devant la diversité, elle ne pouvait rien faire d'autre que de s'empresser de l'annuler. Et pour y parvenir elle dispose d'un moyen très sûr, intégrer ces objets divers au sein d'une totalité uniforme, d'une composition ordonnée : un texte (un tableau répond sans doute à l'aversion comparable ressentie devant toute énumération ou toute juxtaposition d'éléments hétérogènes).

Mais serait-il absurde d'admettre également que la composition d'un tel texte fût elle-même précédée et conditionnée par notre aptitude à la concevoir d'abord à l'aide d'une métaphore très particulière, celle du tissage, qui se serait révélée comme étant à la fois la plus pertinente, la plus riche d'applications (nos textes parlent toujours de choses différentes) et, face à l'innovation et à l'abstraction conceptuelles, la plus résistante ? Outre sa fascinante portée symbolique, cette métaphore fournit à ce projet des figures ou des formes très générales, mais très contraignantes en même temps (le "tissu textuel"), qui répondent à ses exigences d'ordre. Dans les phases ultérieures de cette composition, ces formes métaphorisées continueront à la guider jusqu'à ce qu'elle ait atteint son but, lequel, et pour peu que son harmonie globale nous satisfasse, servira à son tour à enrichir notre répertoire de références textuelles.

CHAPITRE DEUX

"Vous pensez être obligé de tisser une étoffe : parce que vous vous trouvez devant un métier – quoique vide – et que vous faites le geste de tisser"
(L. WITTGENSTEIN, *Investigations philosophiques,* § 414).

MÉTAPHYSIQUE DU TEXTE

Un texte est fait de mots et de noms soigneusement ajustés les uns aux autres; il est le résultat de ce travail, de cette composition. Telle est en tout cas l'opinion ordinaire. Nous partirons donc de cette dernière.

Peut-être voudra-t-on bien reconnaître pour commencer qu'un grand nombre de nos problèmes, philosophiques autant que quotidiens, tiennent justement à la trop grande attention que nous accordons aux signes ou mots isolés (noms, verbes, mais surtout substantifs), lesquels, pour cette raison (et quelques autres), sont à la fois responsables de nos plus étonnantes découvertes poétiques et de nos plus hallucinantes dérives mystiques (qui ne sont peut-être pas très différentes en fait).

En isolant le mot du texte et de ses modalités innombrables, en le traitant comme une entité autonome (en particulier lorsqu'il s'agit d'un substantif associé à un article défini : *la* femme, *le* roman, *la* guerre, *la* folie etc.), en oubliant par conséquent tout ce qu'il doit aux textes, avant tout celui qui le porte et celui qui accompagne et rend possible cette extraction, on projette trop facilement sur son référent son illusoire permanence, sémantique ou sonore, transformée au passage en densité ontologique. La même illusion substantialiste est présente dans nos usages textuels des noms propres; leur singularité, leur stabilité, leur simplicité ne sont pas moins étrangères à cet ensemble changeant, composite et transitoire que nous appelons, sans doute avec un peu d'humour et de naïveté, un "in-dividu".

Nous entretenons une véritable métaphysique du signe verbal isolé, qui tient aux qualités idéales que nous prêtons assez spontanément à ce dernier. L'unité, la consistance, la permanence et la densité que nous lui reconnaissons ne sont-elles pas toujours transférées à son référent (telle qualité, tel objet, telle personne ou le monde), qui acquiert ainsi un statut non moins remarquable ? Ces qualités trahissent sans doute notre incurable nostalgie pour un monde qui serait aussi immuable qu'elles. Il suffit, pour dissiper cette illusion substantialiste, de remarquer que les mots et les noms ne peuvent en aucun cas tirer du monde réel leur nature en apparence infrangible (lui-même étant impermanent, instable, confus et multiple). Seule la très relative stabilité de leur signification et de leur forme sensible, sonore et éventuellement graphique, leur confère cette enviable et durable unité, que nous transposons ou projetons ensuite sur le monde afin qu'elle se substitue à son silence. Mais la simple possibilité de cette dernière opération ainsi que la trompeuse immutabilité de leur apparence n'ont-elles pas elles-mêmes pour indispensable condition l'incessante activité textuelle qui, sans repos, permet l'une et préserve l'autre ?[1]

Cette métaphysique du signe, que nous ne cessons de pratiquer jour après jour, paraît pourtant simple si on la compare à celle qu'exprime tacitement le

---

1 C'est sans doute quelque processus mystique de ce genre qu'avaient à l'esprit les penseurs bouddhiques lorsqu'ils mettaient en garde contre les séductions des signes et contre les vertigineuses constructions métaphysiques qu'ils permettent. Car qui, partant des mots les plus simples, se sent spontanément enclin à considérer que les choses qu'ils désignent sont, pour reprendre la thèse centrale du bouddhisme, conditionnées, composées et éphémères ?
"On réalise la liberté de coeur dépourvue de signes en ne prêtant aucune attention au signe et en prêtant toute son attention au domaine du sans-signe (animittadhâtu). On entre alors dans le samâdhi sans signe et on y demeure...
Ne produisez pas de notions à l'occasion de notions car celui qui s'appesantit sur une notion en tant que notion contracte la servitude de la notion...
Ainsi les yogin qui demeurent dans la vision de la vacuité ne perçoivent plus les éléments, les agrégats, les sphères sensorielles comme des essences, et ne les percevant plus comme des essences réelles, ils surmontent le bavardage et de ce fait ils ne discriminent plus, car, par la suppression du bavardage, on s'abstient de pensées discriminatrices" (Lilian SILBURN, Le Bouddhisme, Paris, Fayard, 1977, p. 65).
Serait-il possible pourtant, ou même simplement concevable, fût-ce pour les meilleurs adeptes du yoga, de parvenir à se retirer, non seulement du monde, mais aussi des textes que nous portons en nous-mêmes, dans le silence de notre mémoire ? C'est improbable, puisque cet état supposerait une ascèse radicale qui aurait éliminé des différents champs de conscience, en plus de toutes les passions et de leurs résidus, l'ensemble des modèles et des constructions textuels préexistants. Or, ces derniers sont indispensables à tout individu et de manière constante, puisqu'ils lui permettent de coordonner l'ensemble de ses activités, mentales ou physiques. D'ailleurs, le yoga, comme tout autre type de posture existentielle, a défini sa philosophie, sa discipline, ses techniques, dans le cadre d'un volumineux corpus de textes. À ce dernier répondaient les différents corpus élaborés par les autres écoles de pensée indiennes, lesquels à leur tour s'inscrivaient dans le courant d'une tradition multiséculaire qui n'a cessé de composer des textes et de les interpréter en composant d'autres textes...

texte. Celui-ci, qui semble être le lieu indifférent et accueillant où de tels signes se rencontreraient et s'immobiliseraient un instant, est en fait le responsable ou l'auteur d'une synthèse remarquable qui suppose trois métamorphoses simultanées et convergentes[2] :

a) Celle du signe-isolé[3] en signe-textuel : le mot employé dans un texte neuf et qui reçoit de ce dernier un (fût-il infime) supplément d'être, de sens et de vie ou, d'une façon plus précise encore, un type d'emploi, un statut, une valeur idéologique ou symbolique, un mode de référence, un cadre habituel et une densité particulière.

b) Celle, ensuite, de l'objet, réel ou non, en objet nommé, en objet dans le texte, c'est-à-dire en objet "textualisé".

c) Cette double métamorphose, qui réunit les mots et les choses après les avoir transfigurés, n'est possible que parce qu'elle s'effectue dans cadre spécifique, celui du tissu textuel, qui permet une troisième métamorphose, celle, finale, du monde (ou d'une partie de celui-ci) en cosmos, c'est-à-dire en une *totalité* homogène et ordonnée.

a) Émile BENVENISTE a ouvert la voie qui mène à la bonne compréhension de la première métamorphose; comme toujours, il est bon de le relire et de le méditer :

> *En réalité le monde du signe est clos. Du signe à la phrase, il n'y a pas de transition, ni par syntagmation ni autrement. Un hiatus les sépare. Il faut dès lors admettre que la langue comporte deux domaines distincts, dont chacun demande son propre appareil conceptuel. Pour celui que nous appelons sémiotique* (Peut-être serait-il plus judicieux de choisir aujourd'hui un terme moins ambigu ?*), la théorie saussurienne du signe linguistique servira de base à la recherche. Le domaine sémantique, par contre, doit être reconnu comme séparé. Il aura besoin d'un appareil nouveau de concepts et de définitions*[4].

Ce que l'*anthropologie du texte*, que l'on tente ici de fonder, est tentée d'ajouter à ces lignes définitives, c'est que le texte, lui aussi, représente un domaine propre et qu'un hiatus le sépare de la phrase. Car les règles et les principes qui fondent et expliquent sa singularité ne sont pas ceux que l'on

---

2 Qu'il conviendrait d'ajouter et sans doute d'associer à tous les processus évoqués plus haut et qui mettent en cause les *textes*, les *corpus* et l'*hypertexte*.

3 Le mot du dictionnaire, si l'on veut, qui ne possède qu'une identité incomplète, fruit bizarre de son histoire et de ses textualisations antérieures, lesquelles obéissent toujours à une tradition contraignante : on n'utilise pas n'importe quel mot n'importe où. Toute définition étant elle-même un texte, il est clair que le mot est toujours "en texte" et que, paradoxe suprême, seuls des textes nous permettent de le traiter comme une entité isolable et solitaire.

4 *Problèmes de linguistique générale*, vol. II, Paris, Gallimard, 1974, p. 65.

rencontre dans la phrase. Si un abîme sépare le signe et la phrase, un autre, aussi large, s'étend entre elle et le texte. Dans ces conditions, il est clair que les premiers éléments d'une poétique spécifique devront être définis à son intention et l'on peut être tenté d'imaginer qu'elle aussi disposera un jour de son propre "*appareil de concepts et de définitions*".

Au moins est-il déjà visible que le *signe-en-texte* est une entité singulière que d'innombrables connexions (phonétiques, syntaxiques, grammaticales, narratives, sémantiques, épistémiques, idéologiques etc.) associent à ses semblables. Grâce à elles, il cesse d'être une pure valeur, une somme de différences inscrites dans des réseaux d'oppositions, comme le pensaient SAUSSURE et l'école structuraliste issue de lui, pour devenir l'une des pièces, l'un des fils ou des noeuds d'une configuration verbale originale : tel ou tel texte[5]. Ne serait-il pas d'ailleurs plus sensé d'admettre, selon l'excellente suggestion de Paul CLAUDEL, que : *les mots ne sont que les fragments découpés d'un ensemble qui leur est antérieur ?*[6]

La représentation naïve, suivant laquelle on composerait des textes avec des mots, comme l'on construit des murs avec des briques (mais cette image là n'est guère plus exacte), n'oublie que ceci : les éléments d'un lexique, leur arrangement syntaxique et, enfin, les règles de coordination et de subordination des phrases entre elles sont incapables d'aboutir par eux-mêmes, par le simple effet de leurs propriétés mécaniques personnelles, à la composition de textes. Il manque à toutes ces activités dépendantes de la phrase le projet d'ensemble qui les englobe et au nom duquel on l'entreprend. C'est lui, pour ne citer pour l'instant que l'exemple le plus évident, qui assure les transitions entre les paragraphes et les chapitres, qui détermine où commence et où s'achève un récit ou une démonstration, etc. Sans souci de vouloir pousser trop loin le paradoxe, admettons plutôt que l'idée du mur conditionne la forme et la matière de la brique (non l'inverse) :

> *Je me souviens d'avoir eu des battements de coeur, d'avoir ressenti un plaisir violent en contemplant un mur de l'Acropole, un mur tout nu... Eh bien ! je me demande si un livre, indépendamment de ce qu'il dit, ne peut pas produire le même effet. Dans la précision des assemblages, la rareté des éléments, le poli de la surface, l'harmonie de l'ensemble, n'y-a-t-il pas une vertu intrinsèque, une espèce de force divine ?*[7]

Le texte ne peut être déduit du mot ou de la phrase simple, car il répond à divers projets et préoccupations qui soumettent tous ses éléments à sa propre finalité. Personne n'ignore d'ailleurs que les changements de langue (dans la

---

[5] Si, déjà, les rapports d'implication présents dans la construction syntaxique la plus banale (sujet, verbe et complément d'objet direct) n'ont plus rien à voir avec un type quelconque d'oppositions structurales, comment ne pas pressentir que la morphologie textuelle est plus encore éloignée de ces dernières ?

[6] *Réflexions sur la poésie*, Paris, Gallimard, 1963, p. 8.

[7] Gustave FLAUBERT, *Correspondance*, vol. VII, p. 294.

traduction), de lexique et de genre (par la transposition) n'affectent pas la forme textuelle elle-même; cette dernière subsiste en dépit de toutes ces modifications, comme si elle était au fond le seul élément invariable, le seul repère fiable.

Imaginons un tableau. Beaucoup penseraient sans doute qu'il doit être idéalement possible, par l'analyse, par la décomposition systématique de tous ses aspects, de dresser la liste exhaustive des éléments qui sont intervenus dans sa lente élaboration, qui se sont à cette seule fin successivement ajustés les uns aux autres. Cette vision *analytique*, qui ne conçoit l'édification progressive d'un tout qu'à l'aide des éléments fournis par elle, néglige un fait essentiel. Parmi tous ces éléments, le plus important et le premier d'entre eux, celui qui échappe à toute décomposition, c'est le projet lui-même du tableau achevé, sa vocation synthétique, son dessein global et sa forme finale anticipée, qui ont guidé dès le départ le choix de tous les autres, leur disposition et les modalités nombreuses de leur entrecroisement.

Dans tout projet humain, on retrouve le même paradoxe, car toute création (tableau, texte ou symphonie) présuppose qu'à son stade le plus primitif elle ait déjà entrevu cette *totalité à venir* et qu'ensuite, à chaque étape de sa réalisation, elle ait sans cesse poursuivi son achèvement. Ce double mouvement (la progression pas à pas et l'anticipation de la fin), présent au coeur de toute activité, de toute production humaine, limite les ambitions de toute approche analytique qui procède souvent en faisant comme si, au temps progressif de la création, ne correspondait qu'un processus cumulatif, incapable de se projeter lui-même vers l'avenir afin d'anticiper sur sa propre oeuvre.

C'est pourquoi, face au type de synthèse complexe qui aboutit à un texte, les préjugés constructivistes ordinaires doivent être abandonnés. Car un texte n'est pas un *tout* fait de pièces collées les unes aux autres (les mots disposés en phrases et ces dernières elles-mêmes), mais un dispositif relevant d'un autre ordre que ces morceaux, qui leur préexiste, même s'il semble être le résultat final de leur agencement, et qui détient seul la faculté de les assembler à sa guise, c'est-à-dire selon les principes d'une composition originale. On définira par conséquent le *mot* en ces termes : n'importe quel élément verbal susceptible d'entrer dans la composition d'un texte. Quant au texte, fait en apparence de mots et de relations entre les mots, il faut lui reconnaître une finalité distincte, différente de la leur par conséquent.

b) La seconde métamorphose qu'abrite et engendre le texte est tout aussi remarquable. Avant d'être nommé, *et il ne peut l'être que dans un texte*, l'objet n'existe pas : il "*se contente simplement d'être*" (M. KUNDERA) ou de ne pas être. En revanche, dès qu'il est nommé, il se glisse dans les entrelacs d'un texte, quel qu'il soit, et perd aussitôt son *objectité* originelle, inconnaissable par nous. Nous ne pouvons pénétrer dans les objets eux-mêmes, mais nous pouvons inlassablement reprendre les textes qui les ont *re*produits, *re*transcrits en signes textualisés. Contrairement à ce qu'affirme une superstition tenace, l'évidence de ce qui s'étend sous nos yeux n'est pas si grande; et elle est probablement moins convaincante que celle du texte[8]. Le regard n'est accompagné par aucune activité synthétique d'une certaine ampleur, son champ est toujours réduit au *hic et nunc*, partiel et ponctuel. Au contraire, le texte se moque des limites que le temps et l'espace infligent à notre vue; il les transgresse sans remords et les recompose entièrement afin de les soumettre à sa propre cohérence. Or, c'est elle qui compte, qui importe pour nous qui nous contentons si rarement de l'ici et du maintenant.

Dans un texte, tous les objets, irréels ou non au départ, ne se distinguent plus entre eux, car, du point de vue du texte, des principes originaux qui fondent sa singularité, la référentialité effective n'est jamais un critère nécessaire ni même simplement pertinent. Pas plus que le vrai ou le faux. Les finalités du texte relèvent d'une autre préoccupation, leur vocation se trouve ailleurs. Sur ce point, il convient d'être tout à fait net et de rappeler qu'au sein des textes les mots dotés de référents ostensibles (objets, événements, individus) ne sont pas distincts de ceux qui en sont dépourvus. C'est pourquoi d'ailleurs certains traités de théologie paraissent plus réalistes, dans leur manière d'appréhender et de décrire leurs objets, que certains traités de physique qui, eux, accordent parfois aujourd'hui une place à l'indétermination, aux singularités locales et à des modes d'existence inhabituels. *A fortiori*, les opérations intellectuelles complexes qui nous permettent de construire et d'isoler des concepts sont-elles, elles aussi, des textes. Ainsi en va-t-il bien sûr pour la notion de texte ici défendue, qui est entièrement construite par ce texte-ci et qui ne pourrait en être abstraite que pour être repensée ailleurs, dans un autre texte...

Serait-il exagéré de dire que les objets les plus ordinaires qui nous entourent ne sont que les fragments de nos textes familiers à travers lesquels nous les "lisons", comme le monde en général ? Ils ne détiennent aucun statut prédestiné, inscrit dans leur matérialité ou dans leur utilisation quotidienne; aussi un objet n'est-il trivial, usuel, banal, sacré... que parce qu'il apparaît dans des textes définissant de telles configurations. Seul un texte est capable de transformer une casserole en objet sacré ou un coquillage en talisman. Les règles et les pratiques, *a fortiori* les plus prestigieuses et les plus solennelles d'entre elles, échappent moins encore à cette loi : seuls des textes tracent leurs limites, construisent leurs scénarios, définissent leurs emplois et expliquent leurs raisons d'être. Et lorsque l'on ajoute que ces règles et ces pratiques sont codifiées par l'usage, on devrait ne pas oublier de préciser que l'étymologie du verbe "codifier" (*codex-facere*) souligne cette indispensable et préalable mise en textes. Le langage ordinaire, utilitaire, terre à terre, n'est qu'un texte parmi bien d'autres et ne détient à ce titre aucun privilège ni statut particuliers. D'autant

---

8 Cette remarque est si juste que l'on peut citer, en guise de paradoxe suprême, cet exemple : on a composé d'excellents textes (de linguistique, de rhétorique, de philosophie du langage etc.) dont le sujet était l'exposé de théories inexactes du texte; or, si la réalité de ce dernier avait été à leur égard contraignante à quelque degré que ce soit, n'auraient-ils pas dû éclater sous le poids de la contradiction ?

moins, on le verra plus loin, qu'il se rattache nécessairement, comme tous les autres, à une (ébauche de) cosmographie.

Le mot et l'objet ne sont donc ni l'un ni l'autre des entités aprioriques, condamnées à un face-à-face éternel et hiératique. Ce sont en fait, et pour autant que seules nous intéressent ici les relations "vécues" qu'entretient avec eux notre conscience textuelle (et sans doute textualisée), des éléments malléables, instables, construits et composés dans nos toiles verbales, et auxquels nous attribuons rétrospectivement une densité et une autonomie propres, oubliant ce faisant tout ce qu'ils doivent à nos propres textes et qui est considérable.

Ce sont nos textes qui engendrent le signe neuf, perpétuent le signe ancien et confèrent une densité, une fonction, une identité, une valeur nouvelles (poétique, philosophique, affective, commerciale...) au signe usé, négligé ou effacé. Ce sont eux encore qui donnent une consistance aux visions imaginaires, une définition aux concepts et un statut symbolique aux objets ou aux pratiques réels. Ce sont eux enfin qui, à l'autre extrémité, c'est-à-dire du côté de leurs destinataires, fixent, par leurs types particuliers de relation avec le monde et avec autrui (prescriptif, descriptif, assertif, narratif, argumentatif...), les modes d'emploi et de lecture qu'ils souhaitent qu'on leur applique. Parce qu'ils appartiennent toujours à une tradition interprétative (donc textuelle) fortement thématisée, nos textes nous indiquent comment les lire, eux qui de toute façon ne peuvent être lus qu'en nous amenant à composer de nouveaux textes...

C'est donc dans nos textes que sont créés et classés les mots et les choses irréelles, tous les mots et toutes les choses irréelles qui occupent notre esprit, que sont décrits et hiérarchisés les objets et les événements au milieu desquels nous vivons. Mais ce faisant on en oublie ces textes qui, seuls, permettent ces créations, ces descriptions et ces distinctions.

c) Si l'examen des deux premières métamorphoses qui se déroulent dans nos textes a permis de rendre justice à ces derniers, il est indispensable d'ajouter aussitôt qu'un tel examen est, à leur propre égard, plus indispensable encore. En effet, la troisième métamorphose (monde/cosmos) est à la fois la plus complexe et, du point de vue de l'homme, la plus importante. Qu'il soit religieux, juridique, politique ou simplement ordinaire, un texte est toujours une (ébauche de) cosmographie, globale ou locale, puisqu'il transforme un état de choses, passé, présent ou éventuel, en un tableau homogène, centripète et ordonné. Or, c'est en premier lieu le texte lui-même qui exprime et rend possible cette métamorphose, en ce sens où elle dépend entièrement de sa disposition générale et des principes qui la fondent.

Les pouvoirs que possèdent les textes à l'égard du signe ou de l'objet isolés sont proprement exorbitants : ils les créent en les nommant, les font exister en les citant et ensuite les déplacent, les déforment, les exaltent, les oublient... impunément. À ce titre, les puissances démiurgiques du texte représentent un modèle pour tous les pouvoirs qui, d'ailleurs, s'en sont toujours inspirés et servis. Elles n'atteignent pourtant toute leur ampleur que dans sa vocation et sa fonction cosmographiques[9]. Ce sont elles qu'il faut maintenant décrire. Si l'on trouve, dans les paragraphes qui en traitent, le mot métaphysique, ou des expressions qui l'évoquent, c'est pour une raison simple, mais sur laquelle il nous faut continuer à nous expliquer tant est toujours équivoque l'utilisation d'un tel mot.

Un texte est susceptible de configurer le monde, telle réalité ou tout autre état de choses particulier, en un tableau ordonné et harmonieux, qui fait ressortir son isotropie et son unité foncières. Elles-mêmes résultent d'une alchimie complexe où se mêlent des facteurs génériques, thématiques, stylistiques, lexicaux etc., parmi lesquels interviennent aussi l'influence multiforme d'une tradition textuelle (sociale, politique, intellectuelle...) ainsi que la mémoire, elle aussi textuelle, des auteurs et des destinataires du texte. Si toutes ces représentations et descriptions sont des textes, ce n'est donc pas parce que ces derniers leur serviraient simplement de support ou de cadre (comme la toile vierge au travail du peintre). Reconnaissons plutôt que ces ensembles complexes[10] que sont nos textes répondent au besoin et au projet intellectuels qui sont les plus spécifiquement humains, parce que ces textes révèlent le modèle inégalé et la forme idéale indispensables à la réalisation de toutes nos descriptions verbales du monde. L'essence du texte est cosmographique.

C'est pourquoi, aux formations discursives de Michel FOUCAULT[11], constituées et distribuées aléatoirement en suivant les caprices d'une histoire omniprésente et imprévisible, et dont il recommandait de repérer les "formes de répartition" et les "systèmes de dispersion", l'*anthropologie du texte* oppose la double reconnaissance d'une forme stable, le texte lui-même, et d'un "instinct" cosmographique qui contraint les hommes à recomposer sans cesse leur monde afin qu'ils puissent y vivre. Cette double reconnaissance est inévitable si l'on veut comprendre pourquoi, malgré le nombre et la diversité incroyables des représentations et des descriptions du monde, celles-ci restent mutuellement

---

[9] Cet adjectif est ici utilisé avec une acception très large, ce mot ne renverra pas exclusivement aux descriptions "complètes" et dominantes du monde, de nature politique ou religieuse. Il désignera aussi bien, par exemple, toute description partielle (une vie, un événement, une situation...) susceptible, par la cohérence qui la caractérise (car c'est bien là le point essentiel), de prendre place dans une description du monde plus vaste. En fait, comme on le vérifiera plus loin, de telles descriptions partielles impliquent toujours qu'au-dessus d'elles en existent d'autres, plus englobantes, mieux articulées et mieux argumentées, capables de les accueillir. Et ainsi de suite jusqu'à ce que l'on rencontre la "pointe", c'est-à-dire celle, ultime, qui se prononce sur la nature et le sens global du monde.

[10] La complexité intrinsèque des textes, où s'interconnectent tant de facteurs, d'éléments et de relations hétérogènes (phonétiques, stylistiques, lexicaux, narratifs, rhétoriques, culturels, etc.) représenterait un obstacle insurmontable à leur compréhension si l'ensemble de ces facteurs n'était pas subordonné à la composition d'une forme simple. La complexité permet de découvrir et d'ajouter des nuances toujours plus subtiles, tandis que la persistance de la même forme favorise leur compréhension.

[11] *L'archéologie du savoir*, Paris, Gallimard, 1969, pp. 44-54.

paraphrasables et comparables entre elles et puissent être en définitive considérées comme les oeuvres d'un seul et même individu humain.

N'oublions pas que, seuls (c'est-à-dire sans cette *fonction textuelle* qui englobe et ordonne), nos mots décousus et notre expérience nécessairement très limitée du monde ne nous permettraient de produire que des descriptions incomplètes, discontinues, disparates et momentanées : des touches juxtaposées, informes, incomparables; des fragments de réalité, de temps, de personne. Il faut donc que soit admise l'existence de cette fonction spécifique, aussi universelle que le langage ou la pensée, et que lui soit reconnue une finalité exclusive, nos textes, dans lesquels le monde mouvant et tumultueux (ou un quelconque état de choses) peut être réduit aux dimensions d'un tableau harmonieux. L'aspiration, la nécessité ou l'idéal intellectuel qu'ils expriment méritent sans doute qu'on leur accole l'épithète "métaphysique", puisqu'ils visent non le monde tel qu'il est, mais une vision épurée, agencée et unifiée de celui-ci. C'est pourquoi, ici, le terme "cosmographie" pourrait toujours servir de synonyme au mot "métaphysique", pour peu qu'ils fussent l'un et l'autre rapportés à cette *fonction textuelle* et à ses oeuvres.

Le texte est une création particulière de l'homme, sans équivalent dans les "langages" des animaux ou des ordinateurs supérieurs, par laquelle cet homme en ordonnant le monde s'en empare afin (de tenter) d'y vivre; or, les règles d'une telle création n'appartiennent ni aux grammaires des langues naturelles ni aux catégories "classiques" de la pensée rationnelle. Le texte et les aptitudes qu'il présuppose occupent donc bien un lieu spécifique, siège d'une *fonction textuelle* originale. Aussi, plutôt que de la faire dépendre de l'une de nos instances désincarnées (l'esprit, l'âme, la pensée), préférons-nous l'associer à un véritable "instinct cosmographique" qui engage et accompagne le destin de tout homme vivant. N'est-il pas solidaire de la condition humaine dans ce que celle-ci offre de plus ordinaire et de mieux partagé ? D'aucuns pourraient même ajouter dans ce qu'elle a de plus banal ou de plus tragique.

Les trois métamorphoses sur lesquelles s'appuie la synthèse très particulière que réalise n'importe quel texte commandent ensemble toutes nos "*représentations du monde*". En fait, cette expression, utilisée à tout propos, est trompeuse, puisqu'elle laisse entendre que l'homme garde le choix entre, d'un côté, le monde tel qu'il est, épargné par la parole, et, de l'autre, le monde représenté par elle, c'est-à-dire en fait par des textes. Que cet homme pourrait, poussé soudain par quelque intraitable désir de lucidité, se défaire de ses représentations comme on quitte un vêtement et contempler, pour son plaisir ou son instruction, le monde, nu et démaquillé[12]. Naïve illusion que celle-là, étant

[12] À cet égard, l'exemple le plus troublant ou le plus embarrassant nous semble être celui ayant trait à la représentation de notre propre individualité : comment pourrions-nous objectiver la représentation textuelle de notre "moi", puisque cette représentation est vis-à-vis de ce "moi" constitutive ? Notre individualité est à la fois, c'est-à-dire synchroniquement, la chose et l'image de la chose. Il n'y a pas d'un côté notre "moi" empirique et de l'autre notre

donné que le but d'une telle ascèse resterait à jamais inaccessible. Seul existe pour nous l'inextricable enchevêtrement de nos vies, du monde et de leurs expressions textuelles, qu'elles soient banales, fascinantes, traditionnelles ou scientifiques.

La supériorité que revendiquent ces dernières est très incertaine, puisque leurs exigences propres les obligent, afin d'écarter toute vision globale et homogène dans laquelle se glisseraient inévitablement quelques préoccupations métaphysiques, à décomposer indéfiniment le monde en "objets", en détails "réels", à en exclure tout sens global, toute téléologie rassurante. Or, ce que l'homme construit avec ses textes ce sont au contraire, plus ou moins achevées, plus ou moins parfaites, des cosmographies, intelligibles et nécessaires, homogènes et finalisées. Paradoxalement, le discours scientifique, qui est le plus humaniste (il ne vise rien d'autre que la réalité même du monde, débarrassée de toute afféterie mystique) et le plus véridique, est aussi, pour cette raison même, souvent considéré comme décevant. D'ailleurs ne s'est-il pas simplement juxtaposé aux autres, au lieu de s'y substituer, en devenant un genre parmi d'autres ? C'est sans doute à quelque conclusion de ce genre que se livrait WITTGENSTEIN lorsqu'il déclarait dans le *Tractatus* (6.52) :

> *Nous sentons que même si toutes les possibles questions scientifiques ont trouvé leur réponse, nos problèmes de vie n'ont pas même été effleurés* (trad., Pierre KLOSSOWSKI).

Aucun type d'organisation sociale ou de pouvoir, aucun mode de production économique, aucun système culturel ne peut rendre compte de la forme spécifique du texte. Tous les besoins fondamentaux ressentis par l'homme seraient-ils satisfaits et toutes les énigmes scientifiques résolues, que subsisterait encore dans cet homme la nécessité impérieuse de comprendre ce qu'il est et ce qu'il fait en ce monde. Or, à de telles questions seuls ses textes, par leur aptitude à composer des *visions globales*, sont capables de lui apporter des réponses apaisantes. Les textes imposent leur propre évidence par la fascination qu'ils semblent exercer sur nous. Le mot "*fascination*" n'est pas déplacé ici; nos textes ne se substituent-ils pas sans effort dans notre conscience au monde réel et n'en inventent-ils pas d'autres, aussi aisément, en l'existence desquels nous croyons volontiers ? De toute façon, nos représentations globales de la réalité ou du monde ne peuvent jamais être contredites par l'expérience, puisque le domaine qui lui correspond est nécessairement limité à un fragment infime de l'une ou de l'autre inclus lui-même dans une parcelle de temps .

On lit un texte, vieux de trois mille ans, et presque rien en lui ne nous étonne, ne nous semble inhumain. Les textes nous font pénétrer dans leur propre univers avec une telle facilité que l'on doit bien admettre qu'ils rejoignent dans

---

représentation de ce dernier, puisque nous sommes simultanément l'un et l'autre, c'est-à-dire la chose vivante et la représentation qui l'anime comme chose capable de se représenter elle-même.

des aspirations, des besoins ou des idéaux auxquels eux seuls sont capables de répondre.

Quant à la vraisemblance, si souvent invoquée, dresserait-elle un autre obstacle que le texte rencontrerait sur sa route et avec lequel il devrait nécessairement composer ? Ou ne faut-il pas plutôt la subordonner, elle aussi, à la cohérence globale qui se cherche et s'édifie dans le texte ? Car ce qui est en jeu dans cette vraisemblance, narrative, argumentative ou descriptive, est-ce prosaïquement l'adéquation entre la parole et l'état de choses ? Ou ne sont-ce pas plutôt leur transposition et leur métamorphose mutuelles au sein d'un ordre neuf, que le texte engendre, expose et préserve ? Comme si, en d'autres termes, cette cohérence, c'est-à-dire cet artifice entièrement construit qu'est le texte, était finalement perçue comme l'indice le plus sûr le la vraisemblance ! Ce retournement ou cette inversion des termes (la cohérence textuelle considérée *a priori* comme critère de vérité, d'authenticité ou de vraisemblance) représente sans doute un autre de ces mécanismes, psychologiques autant que textuels, qui devraient être placés au départ et au coeur de toute enquête anthropologique; car à quoi bon étudier méthodiquement, et avec tous les soins possibles, des faits objectifs, si l'on ignore ce que les hommes (et les anthropologues) en font dans leurs textes.

Si l'empire du texte est si vaste et si ancien, ce n'est pas simplement parce que son domaine est illimité (de cette page de papier à l'utopie la plus folle, de la plus lointaine préhistoire à l'avenir le plus incertain, de la plus familière proximité au plus naïf des au-delà), c'est aussi parce que le monde est muet sur lui-même, ce dont chacun devrait convenir (encore que beaucoup d'esprits crédules s'acharnent à y rechercher des signatures et à y lire des symboles qui "disent quelque chose"), et, tel qu'il est, indescriptible. Parce que chacun est confronté à l'enchevêtrement des événements, des objets et des êtres, à cette indicible confusion de la vie indénombrable.

Or, il n'existe aucun point extérieur au monde, aucun promontoire à partir duquel il serait possible de l'embrasser dans sa totalité. Une description exhaustive du monde devrait d'ailleurs s'inclure elle-même dans son projet et, révélant ainsi le moment et le lieu de son énonciation, reconnaître sa propre infirmité (l'illusion du locuteur omniscient n'est donc pas une obligation pratique et une convention commode qu'en littérature, c'est, à un degré ou à un autre, une nécessité pour toute espèce de production textuelle). Le projet d'une telle description serait de toute manière interminable (or, nous ne pouvons attendre d'avoir achevé notre description du monde pour y vivre; le voudrait-on d'ailleurs...) et condamnerait son auteur à une perplexité épuisante : quel lieu choisira-t-il pour l'entreprendre ? Dans quel ordre faudra-t-il la mener ? Quel angle de vue devra-t-il privilégier ? C'est donc parce que le monde réel, en tant que tel, est indescriptible et parce que nous avons néanmoins besoin d'en posséder une *vision globale* pour y vivre que nos textes s'y substituent aussi facilement.

D'une manière générale, on admettra d'ailleurs que plus une chose est difficile ou impossible à observer (la sagesse de dieu, les constitutions des martiens, l'origine du monde, l'histoire d'une civilisation, les mécanismes de l'esprit, les variations du désir, les qualités de l'Être, etc.) plus grande est l'aisance de nos textes à la décrire ! On serait tenté d'en conclure que nos textes les mieux achevés, les plus convaincants aussi, sont ceux qui décrivent des objets improbables ou inaccessibles. Le principe de réalité n'a pour eux aucune réalité.

Par ses textes, l'homme tente de contenir la profusion du monde, de maîtriser son désordre, de contempler ses domaines lointains et d'interrompre sa course interminable. Et il y parvient; assez facilement même, car ce qu'il manipule alors, ce ne sont pas des objets ou des événements réels, nous savons qu'ils sont innombrables, ni des mots, disparates et isolés. Ce sont, tirés de sa *mémoire textuelle*, des modèles narratifs, descriptifs et argumentatifs, en un mot des trames textuelles qu'il retisse inlassablement. En ce sens, les authentiques cosmographies se contentent le plus souvent de reprendre les dispositions latentes du texte, ses caractères majeurs. Pour illustrer, par une image simple et familière, cette activité centrale du texte, il est tentant de reprendre celle du filet, ici dans la version proposée par WITTGENSTEIN :

> *Représentons-nous une surface blanche couverte de taches noires irrégulières. Et nous dirons : Quelle que soit l'image qui en résulte, je puis toujours en donner la description approximative qui me plaira, en couvrant la surface d'un filet adéquat à mailles carrées et dire de chaque carré qu'il est blanc ou noir. De cette manière j'aurais donné une forme unifiée à la description de la surface. Cette forme est arbitraire, car j'aurais pu tout aussi bien me servir d'un filet à mailles triangulaires ou hexagonales et obtenir un résultat non moins satisfaisant.À ces différents filets correspondent différents systèmes de la description de l'univers...*[13]

Comparé aux subtils réseaux tissés par les textes, ce filet présente simplement une organisation beaucoup trop sommaire. En outre, il laisse l'individu, son créateur, à l'extérieur, comme si ce dernier n'était que le simple spectateur de son geste cosmographique. Or, pour la *métaphysique du texte* qui est ici proposée à la réflexion du lecteur, l'homme est au contraire intimement mêlé à ses créations textuelles avec lesquelles il construit sa propre personne et son propre univers.

Si la forme textuelle seule est invariable; en revanche, les différents types d'ordre qu'elle permet de créer sont, si l'on se place un instant sur un plan ontologique, aussi fictifs qu'arbitraires. L'ordre créé dans le texte est une composition singulière de ce dernier, liée à ses propres caractères architechtoniques; ce qu'il nous dit du monde, en tant que *vision globale* de ce dernier, n'appartient qu'à lui. Mais rien n'empêche l'homme de tenter de transposer cet ordre dans sa propre existence, dans son univers familier, en s'aidant des ressources infinies que lui offrent les systèmes symboliques dont on

[13] *Tractatus logico-philosophicus* 6.341, Paris, Gallimard, 1961.

verra, plus loin, qu'ils empruntent aux textes leurs caractères cosmographiques majeurs, étant eux-mêmes de toute façon (et avant toute chose) des textes (religieux, idéologiques, juridiques, politiques etc.).

Si le monde réel, ou tout autre état de choses circonscrit, exerçait une contrainte irrésistible dans l'ordre de sa description textuelle, il est certain que tous les textes de toutes les époques n'en auraient jamais présenté qu'une seule et même version. Or, et c'est bien là le moins que l'on puisse dire, le même monde a été décrit de mille manières différentes. Mais toujours dans des textes qui présentent tous les mêmes caractères architectoniques : considérés à une certaine échelle, avec un recul suffisant, tous les textes sont topologiquement identiques. C'est donc bien sur eux qu'il faut faire porter l'effort d'analyse, sur ces systèmes d'organisation si particuliers qui ont toujours trouvé en l'homme le crédule complice de leurs mensonges rassurants.

L'explication de cette dernière attitude, si naturelle et si fréquente (songeons que, même si l'on y parlait, un monde non mis en textes serait un monde aussi impensable qu'inimaginable), ne se trouverait-elle pas dans la présence de ces quelques caractères constants, déjà mentionnés dans les pages précédentes (*l'unité, l'homogénéité, l'isotropie, la cohérence, l'ordre et l'achèvement* ?)[14], et qui nous autorisent peut-être à parler d'une *forme* textuelle invariable.

En associant ces termes, nous reconnaissons, après d'autres auteurs, beaucoup plus considérables, que tout texte possède une unité profonde[15]

---

14 S'agit-il de qualités objectives ou d'effets que nous déduisons rétrospectivement de la lecture de nos textes ? En fait, cette question n'est peut-être pas aussi importante qu'il semble, puisque ces deux opérations, la composition et la lecture, recherchent de toute façon ces qualités ou... leurs effets. Il serait néanmoins peu probable que de tels effets, aussi précis et aussi systématiques, ne reposassent pas sur une série de procédés indiscutables.

15 On sait que cette notion se trouvait (déjà !) au centre de la *Poétique* d'Aristote, en particulier dans son célèbre chapitre huit. Mais peut-on la reconnaître "*si l'on ne supposait un principe transcendantal au moyen duquel une unité systématique de ce genre, en tant qu'inhérente aux objets eux-mêmes, est admise a priori comme nécessaire*" ? (Emmanuel KANT, *Critique de la raison pure*, trad. franç. A. TREMESAYGUES et B. PACAUD, Paris, PUF, 1971, p. 457).
D'une manière plus générale, ne faudrait-il pas conférer au texte, à sa vocation cosmographique, une fonction synthétique proche de celle détenue par la *raison pure* dans la philosophie kantienne ? Le rapprochement semble inévitable, en particulier dès que l'on relit ce qu'affirmait KANT à son propos dans les dernières pages de la *Critique* :
"*Sous le gouvernement de la raison, nos connaissances en général ne sauraient former une rapsodie, mais elles doivent former un système dans lequel seul elles peuvent soutenir et favoriser les fins essentielles de la raison. Or, j'entends par système l'unité de diverses connaissances sous une idée. Cette idée est le concept rationnel de la forme d'un tout, en tant que c'est en lui que sont déterminées a priori la sphère des éléments divers et la position respective des parties... Le tout est donc un système organique (articulatio) et non un ensemble désordonné (coacervatio)...*"
Bien que les notions cardinales qui soutiennent la présente définition du texte soient celles d'unité, d'ordre, de totalité cohérente, d'homogénéité, d'isotropie, le statut de ce dernier se distingue pourtant très nettement de celui que possède la *raison pure* de KANT, dont toute la

(n'est-elle pas la condition expresse à sa reconnaissance comme texte ?). Unité qui se situe à la fois en deçà de ses composants immédiats, puisque c'est elle qui en dicte le choix et en prévoit l'arrangement, et au-delà d'eux, puisqu'ils ne semblent exister que pour converger vers elle, que pour nous la désigner. Le texte qui fut "à faire" apparaît toujours après coup comme celui qui ne pouvait pas être différent de celui qu'il est devenu. C'est elle encore qui est à l'origine du sentiment que tout texte possède une couleur exclusive (le "gris" de *Madame Bovary,* le roman "noir" ou "rose"), un accent dominant, un thème majeur, une morale évidente, un style original que l'on retrouve dans l'effet qu'il produit, dans le ton qu'il utilise, dans la relation au monde qu'il suggère ou impose :

> *Je suis bien obligé de tisser ces longues soies comme je les file, et si j'abrégeais mes phrases, cela ferait des petits morceaux de phrases, pas des phrases* (M. PROUST).

Cette préoccupation obsessionnelle permet également la composition, mais par contraste uniquement et par jeu, de textes brisés, parataxiques, indécis ou illisibles. C'est elle enfin que l'on retrouve dans l'attente du destinataire ou du "lecteur" occasionnel. L'activité interprétative de ce dernier, vouée à restituer une cohérence globale, à désambiguïser les énoncés, à uniformiser le sens, à combler les lacunes, à interpréter les silences, n'est-elle pas à sa manière une autre façon de composer un texte ? Ne traduit-elle pas tout aussi nettement un refus des polysémies suspensives et n'équivaut-elle pas toujours en définitive à

---

philosophie, que l'on présente à juste titre comme "pré-linguistique", exclut de toute façon et *a priori* toute affinité avec une quelconque *anthropologie du texte.*
Tout d'abord, le texte dont il est ici question n'est pas une Idée, transcendantale et moins encore archétype. Il est une création immanente au monde, dans lequel, pour se constituer en tant que tel et afin de tenter de s'y repérer et d'y vivre, l'homme est condamné à en composer. En outre, rien ne lui est plus étranger que la nostalgie, inavouée, intellectualisée ou sublimée, pour une forme quelconque d'esprit rationnel, absolu et infaillible. Il serait en effet inexact d'affirmer ou même de croire que l'architectonique qui caractérise nos textes pût, en tant que telle, servir à l'acquisition de connaissances indiscutables ou à l'édification d'une science. Si elle le fait, c'est en second lieu ou de manière indirecte, car nos textes expriment avant tout un besoin fondamental de l'homme, la nécessité de dominer le chaos et la contingence; et, afin qu'il y parvienne, ils lui offrent le secours inestimable de leurs principes immanents. Les connaissances que l'on peut en déduire directement ou les sciences que l'on peut édifier sur eux seront donc toujours soumises à ces mêmes principes. Par conséquent, la valeur des unes et des autres sera avant tout métaphysique, à l'instar de celle que possèdent toutes les cosmographies traditionnelles.
Parce qu'enfin l'on n'en retiendra que l'aptitude à parler et à s'exprimer par ses textes, l'homme dont il sera question dans les pages suivantes ne préservera qu'une parenté très incertaine avec le sujet des philosophies classiques. En revanche, au nom de cette même aptitude et du rôle privilégié qui lui sera reconnu, cet homme est susceptible d'enrichir la réflexion anthropologique et de l'infléchir. Parce que les textes de cet homme trahissent ses soucis, ses capacités et ses aspirations les plus universels, parce que leur activité s'étend de son être intérieur (la constitution de sa propre identité) jusqu'aux mécanismes collectifs par lesquels s'exercent les pouvoirs (religieux, politiques, juridiques etc.), leur étude permettra de réconcilier l'homme avec son humanité la plus authentique. À l'étude d'une hypothétique raison *pure* on préférera ici celle de textes profondément *humains.*

postuler l'existence d'une telle unité constitutive ? L'aspiration qui conduit un homme à composer un texte homogène et ordonné n'a donc pas de meilleur complice ni de meilleur équivalent que celle qui pousse un autre homme à le lire en suivant les mêmes principes. Car, comment expliquera-t-on que l'homme n'a jamais cessé de composer des textes, si l'on n'admettait pas en même temps que ceux-ci satisfont une telle aspiration et révèlent son incurable nostalgie pour l'unité et le sens "global", lequel ne fut peut-être au départ qu'une réaction intellectuelle suscitée par une certaine disposition "spatiale" des mots. Le texte se situe toujours, sauf curiosités citées un peu plus haut, aux antipodes du *"long, complet et systématique dérèglement de tous les sens"* et ne se donne jamais à lire qu'à travers les figures de l'Un dont, infatigable, il reproduit les silhouettes rassurantes (l'Histoire, la Structure, l'Homme, la Nature etc.).

Une telle homogénéité résulte à l'évidence du choix des mots, des thèmes, du style, du ton, des idées etc. Il s'agit donc d'une synthèse très complexe qui instaure une convenance profonde et nécessaire (en apparence en tout cas) entre tous les éléments, *a priori* disparates, qui entrent dans la composition d'un texte. De cette série hétéroclite, la *textualisation* dégage une totalité isotrope composée elle-même d'unités locales soigneusement agencées entre elles (descriptions, narrations, exposés...); les emboîtements successifs renforcent de toute manière l'évidence qui se dégage de cette totalité englobante.

Les savoirs, les croyances et les idéologies n'échappent pas à ce processus. Ce ne sont que secondairement des ensembles d'éléments isolables, puisque leur réussite, leurs pouvoirs de fascination et de conviction tiennent au contraire à l'homogénéité que leur confère leur *mise en textes*. Or, les finalités et les caractères majeurs de cette opération, ainsi que ses résultats, ne dérivent jamais de ces seuls éléments; ils sont différents de ces derniers et c'est peut-être pourquoi d'ailleurs ils parviennent si facilement à les assembler en totalités harmonieuses (perçues en tout cas comme telles par nous). Considérons, ou plutôt imaginons une courte série de notions, indépendantes les unes des autres et qui seraient susceptibles de le rester à jamais. Leur mise en texte va d'abord permettre d'en arrêter le choix et le nombre, d'améliorer la définition de chacune d'elles en les "polissant" et d'en repérer les meilleurs points d'articulation. Par là, elle va les rendre solidaires les unes des autres et projeter sur chacune d'elles l'intelligibilité qui ne convient en fait qu'à leur assemblage. Ainsi s'opère une métamorphose capitale, qui transforme une juxtaposition d'affirmations isolées en une com-position cohérente dont le type répond à ce que nous recherchons spontanément, nous qui sommes si peu enclins à admettre l'éparpillement et l'hétérogénéité.

Si le monde décrit dans un texte tend toujours à s'imposer à la conscience comme *uni-versum*, comme domaine uniforme et univoque, c'est sans doute parce qu'à l'homogénéité, à l'unité de sa thématique s'associent toujours (et la métaphore du tissage s'imposerait encore ici pour suggérer la sensation presque tactile qu'évoque cet intime entrelacement d'une matière, d'une forme et des modalités de leur union) une cohérence[16] globale, une liaison subtile de tous ses éléments, qui doit naturellement composer avec nos savoirs partiels sur le monde (la cause précède l'effet, l'enfant l'homme, etc.). Et elle y parvient, sans doute facilement, car ces connaissances ponctuelles ne peuvent par elles-mêmes produire un ensemble les englobant toutes. Au contraire, leur redistribution dans un texte présente toujours beaucoup plus d'intelligibilité, car là elles sont "cosmographiées", c'est-à-dire incluses dans une *com-position* homogène soumise à un principe directeur.

Comme les autres, l'exigence de cohérence ne relève pas en totalité du domaine sémantique et n'en découle pas non plus, dans la mesure où les significations attribuables à un même texte sont nombreuses et passagères; en revanche elle est, elle, toujours aussi forte, toujours aussi évidente, toujours aussi contraignante. Deux exégètes pourront, du même texte, proposer deux interprétations radicalement opposées et reconnaître néanmoins que ce texte est construit avec la plus grande rigueur. De toute façon, la possibilité d'attribuer telle signification à tel texte dépend de notre aptitude préalable (en tant qu'auteur, lecteur ou auditeur) à construire une nouvelle cohérence, paraphrasant la précédente. Le sens n'est pas une substance inerte, placée au coeur du texte, c'est un dialogue entre deux désirs, deux besoins de cohérence. Un texte n'est pas tel parce que ses phrases, prises une à une, sont compréhensibles, mais parce que sa forme d'ensemble leur préexiste et apparaît distinctement. Serait-elle imparfaite ou aurait-elle été endommagée, que cette forme serait de toute façon postulée et recherchée par tout "lecteur" ordinaire.

À propos de la cohérence des textes, il faudrait reprendre mot à mot ce qui a été dit de leur unité. Elle aussi représente une synthèse complexe réunissant des faits hétérogènes (lexicaux, narratifs, syntaxiques, grammaticaux, mentaux, idéologiques...). Il faut donc renoncer à l'idée rassurante que le texte serait une construction simple dont le plan, dont la disposition intérieure seraient immédiatement accessibles. C'est au contraire un système supérieur doté d'une organisation extraordinairement complexe, faite elle-même d'une multitude de facteurs agencés avec adresse. Nos modèles analytiques, qui décomposent et séparent, sans être capables de sauvegarder en même temps la multitude des connexions qui retenaient ensemble les éléments initiaux, devront être révisés en conséquence.

Parmi toutes les notions auxquelles ont affaire les science humaines (histoire, philosophie, linguistique, sociologie etc.), la plus commune est celle d'ordre. Pourquoi les hommes cherchent-ils partout à nouer des *"rapports nécessaires entre des objets que leur contingence laissait séparés"* (M. PROUST) ? Pourquoi tentent-ils inlassablement d'en créer, dans leurs existences aussi bien que dans leurs pensées ou convictions, dans leurs activités

---

[16] Pour les aspects proprement linguistiques de ce problème on se reportera, par exemple, à Wolfgang HEYDRICH *et al.*, *Connexity and coherence*, Berlin et New-York, Walter DE GRUYTER, 1989.

comme dans leurs institutions ? Et pourquoi, de façon symétrique, la vision et l'expérience du désordre leur sont-elles aussi insupportables ? Paradoxalement, cette notion, qui est la plus banale et la plus répandue, est pourtant l'une des plus difficiles à saisir, sans doute parce qu'elle imprègne chaque mouvement de notre intelligence. Elle semble omniprésente et pourtant on ne sait à quoi la rattacher tant sont nombreux les aspects de l'homme et de l'activité humaine qui convergent vers elle. Aussi, pour le moment, partagerons-nous l'humble conclusion de Claude LÉVI-STRAUSS et admettrons-nous volontiers avec lui en guise d'axiome que :

> *...cette exigence d'ordre est à la base de la pensée que nous appelons primitive, mais seulement pour autant qu'elle est à la base de toute pensée*[17].

Il était prévisible en tout cas que l'on retrouverait cette notion d'ordre au coeur des dispositifs textuels. La cohérence et l'unité foncières du texte impliquent qu'y prévale un ordre très strict, qu'en particulier y apparaissent un centre, des hiérarchies et un achèvement.

Parmi les caractères qui confèrent au texte un ordre propre, la possession d'une limite, qui soit en même temps une fin, c'est-à-dire un but et un achèvement conformes à ce qui les précède, est sans doute celui qui est le plus éloigné de ce que les hommes vivent à leur insu, c'est-à-dire à l'insu de leurs textes. Dans cette vie réelle, les fins sont toujours accidentelles, trop rapides ou trop tardives, et n'achèvent jamais rien en fait, et surtout pas de manière idéale. Elles ne sont même pas tout à fait des moments exceptionnels, puisque, en même temps, mille autres faits se recombinent ailleurs, pour former d'autres états de choses provisoires.

On admettra également que cette téléologie massive, qui n'est pas inscrite dans les structures des langues et encore moins dans celles de leurs grammaires, est propre au texte "en général" et renvoie par conséquent à une préoccupation intellectuelle fondamentale de l'homme. On trouve ici une excellente illustration de ce que l'on entend par "*métaphysique du texte*" et qui nous paraît si essentiel. Que des textes se construisent et se déploient afin, ayant éliminé tous les hasards, toutes les confusions et tous les possibles inutiles, de se ressaisir en un point précis, résolutif et ultime; voilà le mouvement typique par lequel ces mêmes textes, quels que soient leurs contenus explicites, leurs genres ou leurs conditions d'énonciation, dévoilent leur vérité et leur forme essentielles. C'est par nos textes aussi, et par eux seuls, que nous parvenons à imaginer des genèses, des origines, capables de conférer aux choses, aux êtres et au monde un sens absolu, débarrassé de tout accident.

---

17 *La pensée sauvage,* Paris, Plon, 1962, p. 17. Voir également SPINOZA, *L'éthique*, Textes choisis et présentés par Ferdinand ALQUIÉ, Paris, PUF, 1961, p. 42 : "*Or, les objets que nous pouvons imaginer avec aisance nous étant les plus agréables, les hommes préfèrent l'ordre à la confusion, comme si l'ordre, considéré indépendamment de notre imagination, était quelque chose dans la Nature*".

Face à la diversité, à la contemporanéité et à la multiplicité des objets, des individus, des situations et des événements, le texte oppose, infatigable, *son* développement schématique et linéaire, *son* point de vue exclusif, *son* (groupe de) héros, *sa* thèse ou *son* éthique, *ses* thèmes particuliers : c'est-à-dire *son* univers d'épures[18]. Celui-ci, contrairement au monde réel, possède un domaine suffisant, exactement taillé à sa mesure (mais ne le délimite-t-il pas lui même ?), se déploie autour d'un centre (mais ne le choisit-il pas lui-même ?) et ne suit qu'une seule voie (mais n'est-elle pas définie par tout ce qu'il élimine ?).

En nous donnant l'impression qu'il ne pouvait pas ne pas se déplacer du point A au point B, qu'il ne pouvait pas ne pas s'intéresser à ce personnage, à cet objet, qu'il ne pouvait pas ne pas s'arrêter en ce point précis, le texte substitue un ordre nécessaire à l'imprévisible contingence du monde. L'itinéraire suivi par le texte est un simulacre d'itinéraire, non la trace réelle laissée au milieu d'un domaine préexistant. Il est la pliure immatérielle, métaphysique, le long de laquelle s'est constitué ce même texte. L'itinéraire qui va du point A (tel état ou tel lieu) au point B (tel autre état ou tel autre lieu) ne s'inscrit pas sur une surface stable qui lui préexisterait. C'est au contraire parce qu'il y a en même temps (l'une permettant l'autre) création et mise en ordre d'un monde, agencement et hiérarchisation de ses éléments, qu'en son milieu, en creux, apparaît une ligne aussi nette : cet itinéraire et aucun autre. L'espace intérieur du texte, pour vraisemblable qu'il nous paraisse, est un univers où s'annulent les lois physiques et psychologiques ordinaires. S'y substitue cette seule exigence de la cohérence et de la nécessité. Pour ramener le monde à une idée, à une loi, à un principe, à un héros, homme ou dieu, à une action, à un but, à un tableau..., un texte est contraint d'infléchir les lois qui le régissent et de n'en retenir que les fragments susceptibles de contribuer à l'expression de son unité. Ainsi finissent par converger vers un seul et un même point les faits et les êtres, qui ne semblent plus exister que pour lui, que pour lui offrir cette insolente évidence.

C'est également parce que la sensation suggérée par le texte est celle d'une "forme" ample et bien construite, d'une construction équilibrée, que viennent si spontanément sous la plume, lorsqu'on l'évoque, des métaphores spatiales ou architecturales : le texte possède des limites, une fin et un seuil, un centre ou un sommet, etc. Ces métaphores rappellent, comme celles empruntées aux techniques du tissage, que le texte est d'abord une matière (une texture) ordonnée, une organisation de volumes, une disposition harmonieuse, un réseau bien construit, une composition cohérente avant d'être le "prétexte" à un travail d'interprétation.

Ces métaphores spatiales dont on use si souvent pour parler du texte sont cependant trompeuses et le gain en intelligibilité qu'elles semblent offrir est payé en monnaie dévaluée. Elles occultent en effet une vérité autrement importante. Même lorsqu'il décrit une topographie particulière (c'est-à-dire dans le cas le

---

[18] En ce sens, il présente quelques analogies profondes avec le rite. Rassemblant des "épures d'actes" selon un ordre strict (cf. Charles MALAMOUD, "Cuire le monde", *Purushârtha,* I, 1975, pp. 115-116), celui-ci s'oppose également aux aléas et à l'imperfection de la vie brute.

plus favorable pour lui), l'espace du texte n'a rien à voir avec celle que présente le monde réel, fût-ce par analogie ou métaphoriquement. Quand un personnage se rend du point A au point B, ou, de même, un raisonnement, aucun objet évidemment ne se transporte à travers l'espace (fût-il textuel). En revanche, pendant le même temps, se poursuit, imperturbable, la construction du personnage ou du raisonnement, de l'itinéraire et du monde *en fonction* d'un projet textuel qui leur préexiste, et qui existerait de toute façon quels qu'en soient le thème, le genre et le sujet ou les modifications qu'on s'amuserait à leur infliger.

C'est pourquoi, lorsque l'on considère tous ces prodiges, il est difficile de ne pas se souvenir de la célèbre conclusion de WITTGENSTEIN, celle qui considérait que tout livre pourrait être précédé par une série d'affirmations d'ordre métaphysique, qui ne seraient pas très différentes au fond de celles qu'emploie toute procédure magique[19].

Mutuellement constituées, l'unité et la cohérence d'un texte nous persuadent en plus qu'il est complet, que rien de ce qui lui est nécessaire ne lui manque et que rien en lui n'est tout à fait gratuit ou superflu. Mondes sphériques et circulaires, univers suffisants, les textes ne supportent en apparence et ne souffrent aucune des carences qui hantent perpétuellement nos existences. Même lorsqu'ils parlent du désir, car ils le font alors d'une manière si radicale et si exclusive que rien ne fait défaut à cette description du manque. La tentation est grande, bien sûr, d'ajouter aussitôt que par leurs textes les hommes apaisent leurs insatisfactions, leurs craintes devant l'inachèvement et l'imperfection.

Un texte est toujours le résultat d'un nombre incalculable de choix qui n'apparaissent plus tels dès qu'on l'observe dans sa version finale. Comme si ses limites, ingénieusement tracées le plus souvent afin de s'accorder sur quelques points avec le monde réel, étaient devenues des frontières objectives, inscrites dans l'ordre et l'histoire du monde. Rien n'est plus artificiel que la cohérence d'un texte et rien pourtant, à nos yeux, ne semble plus nécessaire, plus authentique, plus vrai même que la plus forte des évidences sensibles. Et cela sans doute parce que rien ne nous est plus indispensable pour vivre que cette ordonnance, qui, d'un point de vue psychologique avant d'être ontologique, est parfaitement factice, fantastique même. Dans presque tous les cas, le problème majeur qui se pose à nous n'est donc pas celui de l'adéquation entre les mots et les choses (héritage de toutes les linguistiques et de toutes les rhétoriques pré-textuelles), mais celui qui naît de la rencontre d'un texte et d'un certain nombre d'états de choses.

Parmi tous ceux qu'il cite ou décrit, un texte en modifie toujours les physionomies conventionnelles en suivant des principes variables, mais convergents. Qu'il soit lui-même subtil, retors ou naïf n'importe pas vraiment, car il cherche de toute façon à rendre compatibles ces états de choses, à en faire

---

19 *"Ich glaube jetzt, daß er richtig wäre, mein Buch mit Bemerkungen über die Metaphysik als eine Art von Magie zu beginnen".*

les éléments d'une totalité qui n'existe qu'en son domaine. Grâce à lui en particulier, ils sont sélectionnés, redécoupés et finalement redistribués les uns par rapport aux autres selon un ordre original, afin de former un ensemble homogène et harmonieux, qui se substituera même aux régularités naturelles du monde en intégrant ces dernières à son propre réseau de causes, de buts et de significations. À bien des égards, on pourrait ajouter que rien n'est plus trompeur qu'un texte "réaliste", car même lorsqu'il emprunte "fidèlement" au monde réel, c'est toujours pour en redisposer les éléments au sein d'une vision synthétique originale dont les principes constitutifs n'appartiennent pas à ce monde.

Dans le voisinage de cette question relative aux choix exclusifs et successifs que fait un texte, se pose de la même façon et pour les mêmes raisons celle des hiérarchies. Si le texte choisit, parmi tous ceux qui s'offrent à lui, un nombre limité d'éléments qu'il façonne et articule en fonction de ses lois propres, ces éléments ne sont pas pour autant interchangeables. Si le texte est un domaine, un itinéraire, des limites et un centre, il est aussi un système hiérarchisé par le simple fait que les gestes, les objets, les arguments, les personnages y sont judicieusement placés les uns par rapport aux autres, y occupent des positions remarquables et y interviennent avec des fréquences différentes. À toute idéologie, politique ou religieuse, le texte offre toujours le secours de sa mise en ordre constitutive.

Cet ordre global que possèdent ou vers lequel tendent tous nos textes, de même bien sûr que leur homogénéité et les significations qui en découlent par paraphrase, n'ont aucune existence ni aucun équivalent en dehors d'eux-mêmes. L'organisation de l'univers n'ayant probablement rien de commun avec celle du texte, il serait pour le moins miraculeux que l'ordre supposé de l'un correspondît justement à l'ordre construit de l'autre et plus miraculeux encore que le sens fragile, fugace et circonstancié extrait de tel texte fût en même temps celui, immanent et immuable, du monde. Puisque nous ne pouvons faire abstraction de notre inclination à penser textuellement, nous savons que nous ne pourrons jamais observer l'en-soi du monde ou de tout autre objet (une vie, une situation, un événement) dans sa radicale immanence, dans sa réalité et dans sa vie mêmes. En fait, les hommes n'ont le choix qu'entre la paraphrase textuelle et le silence. Le "sens du monde" est une expression naïve, car elle ne peut vouloir dire que le "sens de tel monde proposé dans tel texte et interprété par tel autre texte", puisque, en parlant du monde, le texte ne fait qu'agencer son ordre propre lequel ne sera jamais que paraphrasable dans un autre texte. Ce n'est pas la vérité ou le sens du monde que nous traduisons et exprimons dans nos textes, c'est le monde que nous recouvrons du réseau de nos textes.

L'*anthropologie du texte* se situe donc résolument dans une perspective nominaliste, qu'elle prolonge au niveau supérieur, celui du texte, en dévoilant le caractère arbitraire et artificiel de ses créations. Comme le fait le signe isolé, mais d'une façon plus globale et plus radicale encore, le texte est capable de se substituer à tout (fragment du) monde, à tout état de choses afin de leur imposer ses propres principes d'unité et d'ordre. Reconnaître dans le texte la présence obstinée d'une forme invariable n'est pas incompatible avec cette prise de position nominaliste. Bien au contraire. Nous serions même tenté d'ajouter que le texte nous apparaît comme la contrepartie indispensable, inventée par l'homme pour s'aider lui-même à vivre dans un monde où chaque chose, à commencer par lui-même, est contingente, instable et éphémère. Ses croyances et toutes ses certitudes reposent sur des mises en textes, car elles seules l'aident à penser (à croire, à imaginer...) que le monde et sa vie possèdent en réalité d'autres "qualités" que celles-là.

L'unité, la cohérence, l'ordonnance... pas plus que leur réunion ne sont en elles-mêmes des matrices structurales qu'il serait possible de résumer par des algorithmes; ce ne sont plutôt que les réquisits d'une forme qui reste toujours à (re)créer et qui, par conséquent, laisse à l'imagination humaine une assez grande liberté (encore faut-il qu'elle ose en user). L'homme ne se détermine et ne peut se déterminer avec quelque précision que dans ses créations textuelles, qu'elles soient sans grande originalité ou totalement inédites. Il n'existe que dans les perspectives éphémères de leurs horizons successifs. Cette *forme* est toujours la même (si l'on s'en tient à ses principes constitutifs), mais on ajoutera aussitôt qu'elle est indéfiniment malléable (si l'on regarde ses manifestations). Assez générale pour être constante, elle est assez souple toutefois pour donner lieu à d'innombrables investissements et, surtout, reste toujours, comme n'importe quelle création humaine, à reprendre, à imaginer, à parfaire.

Cette *forme invariable* est en même temps inséparable de l'obligation qui s'impose à l'homme de s'inscrire et de se constituer dans ce qu'il dit, de la nécessité où il se trouve, partout et toujours, de se penser lui-même "dans", dans un cosmos, dans un récit, dans un tout cohérent; c'est-à-dire dans un ou plusieurs de ses textes. C'est pourquoi, ici, l'utilisation de l'expression *forme invariable* devrait toujours être précédée ou suivie par cette indispensable précision *:* cette forme textuelle, fût-elle la plus générale et la plus abstraite que l'analyse puisse concevoir et prétendre atteindre, n'existe que pour l'homme, mais pour autant que celui-ci n'est que l'hôte provisoire d'un monde muet, différent de lui, qui l'a précédé et qui lui survivra de toute manière. Si cette forme invariable apaise, rassure, redonne confiance, fait croire à, etc., pour autant elle ne règle rien par elle-même; de l'*anthropologie poétique* on ne cherchera pas par conséquent à déduire quelque principe éthique que ce soit (il reviendrait plutôt aux moralistes de se demander ce que vaudrait une morale coupée de toute cosmographie, c'est-à-dire de tout texte).

Il est indispensable de continuer à mesurer à quel point l'ordre du texte est différent de l'organisation du monde (à l'exception bien sûr de ce qui, en ce dernier – institutions et pratiques ritualisées en premier lieu –, produit par l'homme, s'inspire de cet ordre artificiel, ou au moins des principes qui le guident), car l'unité et la cohérence du texte représentent bien le meilleur de sa part "*méta-physique*". Ce qui ne nuit en rien à son efficacité. Bien au contraire. Si le "*besoin de perfection*" est la "*forme caractéristique de l'imaginaire humain*" (H. R. JAUSS), il est certain qu'il trouve dans ses textes de quoi satisfaire ses exigences les plus extravagantes. Mais à quel prix l'obtient-il ?

Le tissage du texte s'opère au nom de privilèges exorbitants qui s'apparentent à plus d'un égard à une sorte d'opération magique. Songeons qu'il lui est encore loisible d'entrelacer, et sans que cela, bien au contraire, nuise à son ordre profond ou à sa crédibilité, des signes dotés de référents à d'autres qui n'en possèdent pas, de relier entre elles des réalités disjointes dans le temps et dans l'espace et, enfin, si nécessaire, de s'imposer avec fermeté en recourant à diverses procédures énonciatives chargées d'en certifier l'authenticité (les formules relevant du type : "Le récit que vous allez entendre maintenant rapporte une histoire authentique...", n'en représentent que la forme la plus naïve, la plus sommaire; ce qui ne veut pas dire qu'elle ne soit pas efficace).

Le travail poétique est, dit-on souvent, un travail de création, puisqu'il a effectivement pour finalité la production d'un texte original ("original", *dixit* Roger CAILLOIS, ne voulant pas dire inimitable). Mais ne devrait-on pas prendre aussi cette expression au pied de la lettre ? Pensons à toutes ces merveilles inventées par les textes et par eux seuls : des mondes peuplés de divinités, des machines à remonter le temps, des au-delà paradisiaques, des rétributions morales équitables, des rédemptions soudaines, des destins linéaires et irréprochables, des dualismes rassurants, des topographies idéales, des substances inaltérables, des cosmogonies impeccables, des sentiments altruistes, des corps infatigables, des promesses de bonheur, des lois éternelles et justes.

Et combien encore de ces mirages, de ces objets de croyance qui ne sont rien d'autre que des entités textuelles, des "*vivants sans entrailles*" (P. VALÉRY), dont le poids dans l'existence des hommes est pourtant incalculable. Car toutes ces merveilles, qui n'existent que dans les textes, que par eux, peuvent, et toujours grâce à eux exclusivement, se combiner, se mêler à nos vies qui, elles aussi, en subissant la seconde métamorphose textuelle examinée plus haut (objet réel objet textualisé), métamorphosent, si elles ont jamais pu les posséder à nos yeux, leur épaisseur naturelle, leur objectité originelle. N'étant plus différentes des mirages inventés par nos textes, nos vies se mêlent à ces derniers. Tous les échanges, toutes les substitutions, tous les mécanismes de transposition imaginables deviennent alors possibles. Mais ces confusions, aussi fréquentes que subtiles, resteraient cependant inconcevables et gratuites si l'on n'admettait pas en même temps que l'homme est leur premier et leur plus fidèle complice.

Doit-on s'étonner dès lors que, dans nos consciences inquiètes, le monde réel s'efface si spontanément derrière nos textes ? Dans le premier, pour reprendre une idée chère à Bertrand RUSSELL, existe une pluralité d'objets hétéroclites que n'unit, ajoutera-t-on avec résignation, aucune loi unique, si ce n'est celle, peu rassurante, de leur commune impermanence. Dans nos textes, au contraire, on observe que tous les objets, mais ils sont ici sélectionnés et rangés, contribuent à créer l'image d'un cosmos intelligible, fût-il tragique ou absurde, ce qui représente probablement une ultime et désespérée tentative pour lui donner encore de la cohérence ainsi qu'une certaine densité ontologique (comme si un univers uniformément absurde était malgré tout préférable à un monde disparate et discordant).

Nous pouvons donc considérer que la quasi-totalité des textes composés jusqu'à ce jour ont inlassablement cherché à répondre à cette caractéristique générale, de nature métaphysique : construits autour d'un point nodal et en fonction d'une fin (achèvement, terme, résultat, but, effet...), ils ont nécessité l'organisation et l'homogénéisation d'une matière composite (thèmes, lexiques, personnages, actions, idées, motifs, morales, descriptions...) et permis ainsi la création d'ensembles complexes, des cosmographies, globales ou locales, plus ou moins réussies, mais toujours paraphrasables à l'infini, dans d'autres textes. Par nos textes, et par eux seuls, s'opèrent donc les métamorphoses successives du monde en compositions textuelles homogènes, ordonnées et finalisées.

Aux philosophies idéalistes, aux religions, aux idéologies les plus diverses, à tous les messianismes, aux utopies, aux croyances et aux convictions de toutes sortes, c'est-à-dire en définitive à l'homme, ces mondes factices, entièrement construits par des textes, sont indispensables. Or, sans ces textes, sans ces constructions incomparables, ces mondes ne pourraient même pas être imaginés, mais parce qu'ils leur empruntent leur forme même et leurs caractères constitutifs. Là seulement, dans ces univers artificiels, c'est-à-dire dans nos textes, le Beau, le Vrai, le Juste, le Mal, l'Amour, mais aussi la Démocratie, la Justice, peuvent apparaître comme des essences, des idées pures et immuables. Partout ailleurs, et d'abord dans notre pauvre monde, ne surviennent que des phénomènes humains. Incomplets, imparfaits et éphémères, comme tout ce qui y apparaît et y disparaît. Il est inutile d'insister sur ce point, puisqu'il a déjà été dit plus haut que l'*anthropologie du texte* poursuivait la tâche critique d'un certain nominalisme en reprenant l'analyse, au niveau de leur “environnement textuel”, de quelques superstitions métaphysiques associées à l'usage du langage.

Si la confusion entre ces deux là, le monde et le texte, tourne toujours à l'avantage du second, ce n'est pas seulement parce que le premier est muet, c'est surtout parce que l'homme trouve dans le second un apaisement et une consolation. Comme si le texte était :

> *capable de donner au moins l'apparence d'un sens, d'une raison d'être, à ces êtres sans raison d'être que sont les êtres humains, de leur donner le sentiment d'avoir une fonction ou, tout simplement, une importance, de l'importance et de les arracher ainsi à l'insignifiance*[20].

Le texte, dans sa matérialité même (que l'on ne confond pas un instant avec celle du livre, puisque l'on ne retient délibérément de celui-là que son

---

20 Pierre BOURDIEU, *Ce que parler veut dire*, Paris, Fayard, 1982, p. 133 (mais l'expression s'applique, chez BOURDIEU, aux rites d'initiation).

aspect majeur d'entrelacs verbal), est en lui-même un cosmos, une totalité signifiante homogène, parce qu'il est un système complexe, mais en même temps unifié et ordonné, composé de connexions, d'articulations, d'assonances, d'équivalences..., parce qu'il est en un mot une cohérence nouée et renouée. Or, l'individu parlant, parlant de lui, des autres, de la vie, du monde, peut, et par sa seule parole, pénétrer dans cet entrelacs, s'y rattacher ou s'y glisser par mille fils invisibles.

CHAPITRE TROIS

"Il faut confesser qu'une oeuvre est toujours un faux" (Paul VALÉRY).

POÉTIQUE DU TEXTE

De plein droit, mais aussi pour la commodité de la démonstration, on continuera de considérer ici que le texte n'est pas l'expression "naturelle" ou spontanée prolongeant mécaniquement l'activité de la langue. L'étude de celle-ci, de ses grammaires et de ses lexiques, ne nous permet guère en effet de rendre compte de ce qui se passe au-delà de la phrase complexe. On peut s'amuser, on l'a vu plus haut, à imaginer un monde inhumain, privé de textes, où les usages de la langue se résumeraient à des échanges de questions, d'ordres et de réponses, exclusivement liés à un nombre limité de circonstances ponctuelles qui se juxtaposeraient dans le temps. C'est donc qu'au domaine de la langue et de ses productions typiques, les phrases, se superpose, pour les transfigurer, l'activité d'une *fonction textuelle.* Grâce aux compositions caractéristiques qu'elle lui permet de réaliser, l'homme s'approprie le monde et le métamorphose en totalités ordonnées et homogènes, qui créeront un univers pour sa personne et pour sa vie.

Ni le type ni la grammaire d'une langue naturelle quelconque ne permettent d'expliquer ni même de deviner la vocation cosmographique et les caractères *métaphysiques* du texte. Ceux-ci ne doivent rien d'essentiel non plus aux lexiques et aux syntaxes; ce qui prouve que la forme textuelle dégagée plus haut se situe en deçà des différences et des critères morphologiques qui nous permettent de distinguer ou de classer les langues naturelles. Celles-ci, malgré leur incroyable diversité, ont toutes permis la composition de textes qui, tous, à leur tour, possèdent au même point les mêmes caractères fondamentaux. Il existe donc bien, sous la variété infinie des langues naturelles, une *forme textuelle invariable*, un objet anthropologique. Le plus anthropologique de tous peut-être, puisqu'il ne cesse de nous ramener aux plus indispensables créations intellectuelles de l'homme vivant.

Un texte, fût-il une description brève ou un court récit rectiligne, n'est pas une longue phrase, un fil fragile que romprait la première maladresse ou le premier oubli. Lui correspond au contraire un réseau complexe constitué de phrases solidement nouées et subordonnées à une fin qui en transcende les composants immédiats; c'est pourquoi la métaphore du tissu textuel a été judicieusement utilisée à son propos et est restée si vivace jusqu'à aujourd'hui. Finalement, l'organisation textuelle est un phénomène spécifique, qui intéresse plus l'anthropologue ou le psychologue que le linguiste. Pas plus que le tableau ne se trouve en puissance dans le tube de couleur ou dans la toile, le texte n'est réductible aux signes isolés et aux règles de grammaire. Même si ceux-ci contribuent évidemment, mais à un autre niveau, instrumental, à son existence.

Toutes ces raisons doivent nous inciter à considérer le texte comme un objet singulier, à le considérer, soyons clair, comme un objet d'étude original, dans la singularité même qui le constitue. Dès lors que l'on a accepté cette hypothèse très générale le concernant, il convient sans doute de (tenter de) définir, au moins à grands traits, la poétique spécialisée qui permettra de le décrire. À cette fin, ne faut-il pas sans plus tarder se demander jusqu'où peut ou doit aller cette nouvelle acception du mot *texte ?*

Jusqu'à présent, et avec une certaine insouciance (d'aucuns diraient plutôt "avec une certaine maladresse"), nous n'avons utilisé que le seul mot "texte" pour désigner tous les types possibles de production verbale auxquels ce texte-ci renvoyait implicitement. Ce choix catégorique, qui pourrait en même temps passer pour une facilité, peut-il être partout maintenu et admis ? Ne faut-il pas justifier sans tarder, non sans doute le choix de l'appellation elle-même, mais qu'à ce qu'elle désigne correspond effectivement un objet ou un ensemble singulier ? Ses expressions connues et attestées, les textes, tous les textes connus ou connaissables, devant présenter les traits communs qui furent examinés dans le chapitre précédent.

Répondront par la négative à cette première question tous ceux qui pensent (ou penseront) que le mot "texte" ne devrait dénommer que les éléments des *corpus*, c'est-à-dire les productions savantes et monumentales, les oeuvres achevées et originales destinées à la conservation autant qu'à des emplois collectifs et solennels : religieux, juridiques, universitaires, politiques... À ce titre, ils s'opposeraient aussi bien au monologue intérieur qu'à la conversation ordinaire et banale.

Mais ne voit-on pas aussitôt que l'on admettrait là une définition beaucoup trop étroite du texte, susceptible d'en amputer toute l'originalité ? L'homme, l'homme de la rue, parle et pense toujours, fût-ce dans ses propos les plus anodins, en composant un texte et puise, pour ce faire, dans sa *mémoire textuelle*. Vaste ensemble vivant, différent chez chaque individu et virtuellement ouvert à tous les types de textes, présents ou passés, savants ou quelconques. Il est clair par conséquent que cette mémoire se joue des obstacles disposés par le temps et l'histoire et que, en théorie tout au moins, n'importe quel individu peut entrer en contact avec n'importe quel élément de l'*hypertexte* (même si, en fait, et on le vérifiera dans la troisième partie, une *poétique du pouvoir* règle l'économie de ces échanges et de ces rencontres). Interviennent sans cesse dans cette mémoire des fragments plus ou moins fidèles et brefs des *corpus* traditionnels ainsi que la *doxa* (les opinions, les idées reçues, l'idéologie d'un milieu ou d'une époque), texte minimal et anonyme refermé sur ses préjugés et ses mots d'ordre. Il faut encore leur adjoindre toutes les rumeurs et les fictions, tous les souvenirs et les espoirs, toutes les craintes et les haines, tous les préjugés et les superstitions qui ont pris consistance et forme dans nos textes et dont se nourrit notre esprit. Car c'est cet ensemble composite, engendré et retravaillé sans cesse par la *fonction textuelle*, qui offre à l'individu les ingrédients nécessaires à la composition de ses propres textes. Et qu'importe si ces derniers apparaissent parfois décousus, maladroits, lacunaires ou contradictoires aux yeux des lecteurs autorisés, des spécialistes des *corpus*. L'*anthropologie poétique* n'est préoccupée par aucune vocation normative. Elle ne peut que se placer aux côtés de l'homme, de l'homme tel qu'il est et tels qu'apparaissent ses aspirations, ses craintes, ses idéaux, ses besoins manifestés au travers de ses propres textes.

En ce sens, s'agira-t-il moins pour nous de tenter ici d'établir une hiérarchie ou de relever des oppositions que de souligner (en reprenant une expression de Louis DUMONT, mais détournée de son contexte initial) une relation d'englobant à englobés : sous la *fonction textuelle*, l'ensemble de tous les textes, savants ou non, éphémères ou non, que cette fonction retravaille sans cesse.

D'ailleurs, si l'on est prêt à reconnaître que les échanges verbaux ordinaires possèdent eux aussi leurs genres, leurs thèmes, leurs topoï et leurs lexiques, codifiés par l'usage et reconnus par la tradition, sans doute voudra-t-on bien admettre qu'ils méritent également d'être appelés des textes. Qui prétendra, par exemple, qu'une poétique de la conversation de bistrot est impossible ? Ce que suggère ce dernier exemple, extrême et volontairement trivial, c'est avant tout ceci. La conversation la plus ordinaire, menée apparemment sans autre but que le plaisir de ceux qui y participent, qui passe sans cesse du coq à l'âne, qui se laisse guider par la fantaisie, l'imprévu et le calembour, qui semble donc se situer aux antipodes de ce que nous sommes enclins spontanément à faire figurer sous le nom de texte, n'est-elle pas aussi un texte ? Ne crée-t-elle pas un monde commun ? Ne relève-t-elle pas d'une cosmographie familière et simple, faite de textes semblables ou apparentés, dans laquelle chacun de ses participants aime à se replonger ? Ne possède-t-elle pas, malgré ses apparentes et soudaines ruptures, une unité de ton et de style, un nombre restreint de thèmes, de personnages et de situations traditionnels (peut-être même de figures rhétoriques) ? Ne représente-t-elle pas, en un mot, un genre textuel bien défini, facilement opposable aux autres ? Ne permet-elle pas à chacun de dire ce qu'il regrette, souffre, imagine ou rêve d'être ? Et ne commence-t-elle pas déjà à l'en convaincre ? Il suffit d'ailleurs d'imaginer les transpositions systématiques qu'il serait indispensable d'opérer afin de déplacer ce texte dans un autre lieu et à une autre époque pour que, rétrospectivement, sautent aux yeux son extraordinaire cohérence, sa singularité et son unité de ton.

S'il est évident, comme il fut proposé dès le début, que le texte ne devait pas être confondu avec le texte écrit, le livre, il est plus évident encore qu'il ne faut pas non plus en restreindre l'acception aux textes savants, sérieux, originaux, solennels et distingués. Les lettres privées, les confessions, les méditations solitaires, les débats professionnels, les préjugés d'une corporation, les modes d'emploi, les savoirs des techniques traditionnelles, les recettes de cuisine etc. sont également des textes. Sinon, ils seraient incommunicables et, comme les mondes qui leur sont associés, resteraient à jamais incompréhensibles.

Mais, nous objectera-t-on alors, vous ne pouvez nier au moins que ces textes, au nom même des principes que vous avez vous-même définis et choisi de retenir (l'unité, l'ordre, l'isotropie, etc.) sont plus ou moins bien tissés, "textualisés". Qu'on en rencontre de mieux construits, de plus durables, de plus facilement identifiables. Que la *Critique de la raison pure* ne peut être mise sur le même plan que telle conversation que vous eûtes aujourd'hui même avec l'un de vos amis. Que les entrelacs des réseaux textuels sont plus ou moins denses, plus ou moins bien organisés. Qu'il existe en un mot des degrés dans la hiérarchie de la textualité.

Entre le livre, minutieusement préparé, soutenu par une ferme argumentation, et la conversation détendue que tiennent deux amis au coin d'une rue, les différences observables sont évidentes. Il est indiscutable que l'unité et la cohérence de l'un sont plus amples, plus profondes et plus systématiques que celles que l'on rencontre dans l'autre. Néanmoins, cette distinction radicale doit être nuancée et corrigée. Au lieu de la retenir et d'imaginer deux types opposés (en un mot : une structure) entre lesquels se partageraient tous nos textes, les textes parfaits d'un côté et leurs ébauches de l'autre, mieux vaut, comme toujours, s'en tenir aux faits et observer qu'entre ces deux types extrêmes s'intercalent toutes les espèces possibles de textualisation.

Or, les variations infinies, les gradations aux nuances innombrables qui existent entre eux, sont précieuses. Elles ménagent des transitions, des passages incessants; et c'est cela qui importe en définitive. Entre la conversation la plus décousue et le livre le plus achevé s'interposent tant de types de textes différents qu'il nous est toujours possible de passer de l'un à l'autre et qu'il leur est à eux plus facile de se constituer en cosmographie globale : telle description locale prendra place dans telle autre, plus englobante, et ainsi de suite jusqu'au point de pouvoir persuader l'homme-de-la-rue que la place qu'il occupe *hic et nunc* dans l'univers est dépourvue de toute contingence, puisque cette position, contingente en fait, s'inscrit dans un ensemble infiniment plus vaste.

Autant dire qu'à la vision statique d'un monde fait uniquement de livres concis et, à l'opposé, de rumeurs inarticulées, il est préférable de substituer celle d'un univers où la production textuelle ne s'interrompt pas et n'introduit jamais en son sein d'abîmes infranchissables. Par les mécanismes paraphrastiques propres à la *fonction textuelle* (interprétations, traductions, amplifications, résumés, transpositions, etc.), capables de jouer sur tous les tons et dans tous les sens, cet univers de textes est transformé en un véritable continuum. Et c'est d'ailleurs cette plasticité infinie qui lui permet de coller, de s'adapter à chaque aspect de la vie des hommes. Quelle que soit la région de ce continuum que nous contemplons, il nous est toujours possible, par la composition d'un texte neuf, de nous déplacer en n'importe quel autre de ses lieux. Mais l'on se demandera alors pourquoi nous n'utilisons pas mieux ni plus souvent ces ressources et ces possibilités étonnantes...

Les degrés le long desquels on pourrait s'amuser à classer les divers textes en fonction de leur plus ou moins grande "textualité" ne modifient pas par conséquent cette évidence première. L'effet "texte" est unanimement et partout recherché. D'ailleurs, n'a-t-on pas déjà noté que le travail du "lecteur" était sur ce point identique à celui de l'auteur, établi sur les mêmes principes et guidé par les mêmes préoccupations ? Nos textes, ceux que l'on consulte dans un *corpus* comme ceux, imparfaits ou incomplets en apparence, présents dans notre *mémoire textuelle,* ne s'opposent entre eux que lorsqu'on les rapporte à des normes idéales, donc arbitraires, et qu'on les éloigne de leurs utilisateurs. Au contraire, dans la réalité textuelle vécue par n'importe lequel d'entre nous, ces deux séries sont complémentaires et largement imbriquées l'une dans l'autre. Elles contiennent l'une comme l'autre les présupposés, les informations, les conventions, les connexions auxquels renvoient tacitement tous nos textes ordinaires, qui ne sont donc pas aussi lacunaires ou incomplets qu'on pourrait le craindre. S'il nous est possible d'utiliser jour après jour des textes, qui ne sont en fait que des esquisses, des ébauches ou des fragments, c'est uniquement parce que ceux-ci sont immergés dans une masse textuelle, qui les complète et les enveloppe de toutes parts, et aux éléments de laquelle ils se rattachent, ou sont susceptibles un jour de se rattacher, par un nombre incalculable de connexions, de synapses, d'interfaces, lesquels dessinent d'indescriptibles réseaux. Mais sommes-nous capables d'imaginer un tissu qui serait exécuté simultanément sur *n* dimensions ?

Si l'on excepte la pure récitation, qui est de toute façon une autre forme d'hommage appuyée, la réaction la plus immédiate que le texte provoque à son endroit est la recherche de son sens, littéral ou non, et que l'on cherche par conséquent à redire, plus clairement ou sur un autre ton, à l'aide d'un autre texte. Ce qui obsède de manière plus ou moins explicite cette activité, spécialement lorsqu'elle devient *herméneutique*, c'est-à-dire lorsqu'elle tente de bloquer, d'interrompre le processus interminable de la paraphrase, c'est le célèbre "sens du texte", ce qu'il est censé vouloir dire. Mais, dans tous les cas, son résultat immédiat, visible, est encore un texte, qui re-dit à sa manière le premier texte avant d'être lui-même repris à son tour. C'est pourquoi, et cette différence fut signalée dès le début de cette étude alors qu'était examinée la célèbre métaphore du texte tissé, ce qui intéresse la *poétique du texte* ce n'est pas en premier lieu ce problème du sens, mais les relectures textuelles qui, à travers l'extrême variété de leurs points de vue, préservent une forme constante.

D'une part, et cela vient d'être rappelé, parce que cette *poétique* préfère de toute manière considérer que les lectures de textes engendrent, non *un* sens définitif, mais des *significations*, qui sont elles-mêmes des textes, paraphrasant ceux qui les précèdent et qui seront paraphrasables à leur tour. Et sans que l'on voie très bien quand et où peut cesser cet engendrement interminable, ni quels critères, si ce n'est une décision autoritaire ou une convenance générale, pourraient garantir que l'une d'entre elles, plus chanceuse, plus brutale ou plus ingénieuse que les autres, détienne enfin *le* sens exact.

D'autre part, parce que la même *poétique* entend privilégier l'étude de l'organisation transphrastique et transgénérique de ces *lectures*, c'est-à-dire la recherche de leur forme textuelle la plus générale. Celle qui résume et rassemble l'ensemble des caractères abstraits et dominants qui font du texte un tout homogène, perçu en tout cas comme tel par la conscience, mais non celle que lui confère, par exemple, son appartenance à tel genre, propre à telle culture ou époque. Cette forme que les hommes retrouvent spontanément lorsqu'ils ont à penser, c'est-à-dire à "textualiser" le monde, eux-mêmes ou leur propre existence. C'est donc moins ce que *dit* (explicitement ou non) tel texte singulier qui importe à cette *poétique* que ce qu'il *est* déjà, en deçà de toute détermination sémantique, son principe le plus pressant inscrit dans notre esprit. Les significations d'un texte ne sont pas pour elle un but ou une fin absolue; elles ne représentent qu'un moyen, qu'une voie de passage pour parvenir à ce qui, avant elles, les autorise. Il convient par conséquent de ne jamais oublier que, dans sa perspective, le problème du sens ne représente jamais un but ultime, puisqu'il est indispensable que ce sens, pour se manifester, soumette les indications de toutes sortes qui le constituent à l'ensemble des principes directeurs qui règlent la composition de n'importe quel texte. L'attention trop exclusive que nous portons à ce problème du sens nous empêche de voir qu'avant lui le matériau verbal est déjà soumis à un projet savant qui possède ses propres modalités et finalités, plus importantes que toute manifestation sémantique particulière, puisque ce sont elles qui sont seules capables de l'exposer, de lui permettre d'être entrevue. Le principe du sens se trouve peut-être dans la forme du texte, comme s'il n'était qu'un effet provoqué par la disposition harmonieuse de ses éléments. La morphologie précède la sémantique et la rend seule possible.

De toute façon, et même si l'on prétendait qu'elle est incrustée dans la trame du texte d'où elle est extraite, une signification particulière n'est jamais elle aussi qu'un produit supplémentaire de la *fonction textuelle*, adoptant nécessairement à son tour la forme d'un texte. Puisque cette signification ne peut pas être autre chose, étant donné que la *lecture* d'un texte se fait, ne peut se faire qu'avec les règles et les principes qui guident à d'autres moments la composition de textes "originaux", il ne sera permis à aucune herméneutique traditionnelle, vouée à la recherche du sens (profond, originel, transcendant...), d'objectiver elle-même les mécanismes issus de la *fonction textuelle* qui l'ont de bout en bout suscitée, accompagnée et guidée. C'est pourquoi, à l'encontre de toute espèce de démarche de cette nature, la *poétique du texte* évite d'entrer dans ce cercle vicieux des paraphrases interminables. Seules l'intéressent l'architecture globale et les figures isomorphes de ces textes successifs

Ajoutons aussitôt, afin de ne pas entretenir une facile confusion, que la *poétique* qui dépend de l'*anthropologie du texte* ne doit pas être confondue non plus avec l'une des nombreuses variétés (et sous-variétés) d'analyses structurales[1] qui tentent, elles aussi, depuis une quarantaine d'années et avec des succès divers, de résoudre cette question du texte.

D'une part, parce que ces diverses approches se spécialisent souvent dans un genre textuel particulier (de préférence "littéraire" ou "religieux", le roman, la poésie, le récit, la description, le mythe, le conte...) et qu'ils émiettent, dispersent ou négligent ce faisant le fait textuel brut que l'on s'applique au contraire ici à saisir et à retrouver dans la plénitude transgénérique de sa singularité. D'autre part, et surtout, parce que ceux qui se reconnaissent dans les écoles correspondantes, en choisissant de n'étudier que des procédés ou des faits de composition, ignorent ou décident délibérément de ne pas voir qu'un texte, quelles que soient ses qualités, est aussi et avant toute chose une création cosmographique et un phénomène intimement liés à l'existence des individus. Or, à la question : pourquoi les hommes composent-ils des textes ? on ne trouvera jamais de réponse satisfaisante dans la seule analyse des procédés, des niveaux, des structures qui concourent à faire de ces textes ce qu'ils sont, simplement parce que ces aspects (linguistiques, stylistiques, rhétoriques, pragmatiques, etc.) sont eux-mêmes au service de projets cosmographiques dont l'origine se situe en l'homme et non en eux-mêmes. Si les éléments qui entrent dans la composition d'un texte sont de nature linguistique, sa forme en revanche n'obéit qu'à la nécessité où se trouve l'homme de se comprendre dans le monde. Le texte métamorphose les structures linguistiques en représentations cosmographiques intériorisées. Rien ne serait donc plus contraire aux méthodes et aux ambitions de ces analyses structurales que la *métaphysique du texte* qui a précédé le présent chapitre.

---

[1] Auxquelles on pourrait rattacher les recherches et analyses de la "Text linguistics" (cf., ci-dessus, n 16, p. 104). Afin de mieux mesurer ce qui nous sépare également de cette dernière, on se reportera, par exemple, à Robert DE BEAUGRANDE et Wolfgang DRESSLER, *Introduction to text linguistics*, London et New-York, Longman, 1981. Distinguer dans les textes différents niveaux (phonologiques, morphologiques, sémantiques, stylistiques, pragmatiques, etc.) puis, à l'intérieur de ceux-ci, tenter de reconnaître des structures est une démarche qui restera impuissante aussi longtemps que l'on n'aura pas compris comment ces niveaux et ces structures s'entrecroisent afin de "former" des textes et à quels besoins purement humains répondent ces derniers. La logique "cosmographique" de la composition est ici plus essentielle que l'analyse des éléments linguistiques.

Les définitions du texte proposées par les spécialistes contemporains de la rhétorique trahissent avec une indiscutable évidence un embarras et une impuissance au moins aussi grands. Considérons, par exemple, celle-ci :

> *Le terme de texte ne paraît pas, a priori, désigner une réalité rhétorique. On y voit en effet plutôt aujourd'hui un ensemble verbal structuré organisant une suite de propositions énonciatives groupées en systèmes, orientées vers une fin, avec un ensemble complexe de séquences, selon des modèles de régularités de divers ordres (lexical, syntaxique, thématique, narratif) qui régissent le tissu global*[2].

La vocation de la rhétorique antique était trop transitive, qu'elle cherchât à convaincre ou à évaluer, pour l'être vis-à-vis d'elle-même. Parce qu'elle s'intéressait à ce qui, dans un discours, le rendait convaincant ou conforme à une certaine norme esthétique, elle ne s'est pas préoccupée de ce qui, sous cet effet ou sous cette idée du beau, leur permettait d'exister. Aussi voit-on réapparaître ce désintérêt chez sa lointaine héritière du XXe siècle, qui, pas plus que son ancêtre, n'est en mesure de nous dire ce qu'est un texte et moins encore à quels besoins humains sa forme singulière répond.

Si le texte, en tant qu'objet anthropologique, est exclu des domaines de la rhétorique, de la grammaire, de l'herméneutique et de la linguistique, qui, dès lors, se chargera d'étudier les enjeux cosmographiques liés à "cet ensemble verbal structuré", à "cet ensemble complexe de séquences", en un mot ce à "tissu verbal" (il est à ce propos amusant de constater que la rhétorique elle-même, malgré ses siècles de tradition et de réflexion, ne parvient pas à se hisser au-dessus du niveau de notre vieille métaphore initiale) ? Abandonné par la plupart des spécialistes des discours et du langage, le sens métalinguistique de l'ordre textuel ne trouvera-t-il pas non plus ici, dans le cadre de la *poétique* qui lui est expressément consacrée, une type d'analyse susceptible d'en rendre enfin compte ?

Si elle n'est pas une nouvelle herméneutique ni un nouveau formalisme ni une héritière de l'ancienne rhétorique, quels peuvent être les objets et les méthodes d'une *poétique du texte* ? Rappelons d'abord que cette poétique devra retenir du texte, de tout texte, trois aspects solidaires que l'analyse distingue, mais qu'il ne conviendrait pas d'opposer, puisqu'ils concourent au même titre à définir le fait textuel.

Le premier, déjà examiné, est son caractère métaphysique (ou cosmographique). Il concerne l'ensemble des présupposés et des principes que l'étude du texte, considéré sous sa forme la plus générale, qui est aussi la plus contraignante et la plus universelle, permet de reconnaître et de distinguer. Provisoirement, car cette liste n'est sans doute pas close, nous avons retenu : l'unité, la cohérence, l'ordre, l'homogénéité et l'achèvement. Leur superposition,

---

2 Georges MOLINIÉ, *Dictionnaire de rhétorique*, Paris, Le livre de poche, 1992, p. 324.

leur entrelacement plutôt, et leur convergence confèrent au texte sa configuration si particulière en même temps que son isotropie. Ce mot résume ici ce qui distingue le texte et le caractérise par dessus tout. Il indique en effet qu'à ce dernier correspond un système complexe, mais toujours cohérent, d'articulations, de connexions, de redondances et de limites qui lui permettent en quelque sorte de se replier et de se refermer sur lui-même en tant que totalité homogène.

Le second aspect, qui nous a déjà retenus également, s'intéresse à l'homme en tant qu'utilisateur et en tant qu'auteur de textes ainsi qu'au rôle tenu par ceux-ci dans la constitution et la préservation de sa personne. Puisqu'il est impossible de déduire les principes majeurs du texte des propriétés lexicales et grammaticales des langues naturelles, et qu'il serait tout aussi arbitraire de vouloir les rapporter à un Esprit désincarné, c'est donc en l'homme, condamné à vivre, à penser et à achever son existence en ce monde, que se trouve l'instance explicative du texte. C'est à ce problème central que s'applique *stricto sensu* l'expression *anthropologie poétique.*

Le troisième aspect, plus technique peut-être, étudie les raisons pour lesquelles s'établissent tant de liaisons (crédulité, soumission, hypocrisie etc.) entre les hommes et les textes des autres, tous ceux en particulier qui possèdent ou s'attribuent une autorité sur leur corps, leur vie ou leur manière de concevoir le monde. Il dépend pour cela d'une *poétique du pouvoir*, qui n'annule aucun des deux aspects précédents, qui en complexifie plutôt le propos et les enjeux. Grâce à elle, c'est le système des textes prestigieux d'une culture renfermés dans des *corpus*, leur efficacité collective et leur relation aux différents pouvoirs qui deviennent l'objet d'une analyse spécifique.

En résumé, il semble indispensable d'admettre d'abord ceci : La présente *poétique* revendique pour finalité la connaissance des isotropies textuelles, depuis les modalités de leur constitution jusqu'aux tâches cosmographiques que l'homme leur impose parce qu'elles lui sont indispensables pour vivre.

Mais peut-on étudier pour elles-mêmes l'unité, la cohérence et l'homogénéité d'un texte ou d'une série de textes sans prêter attention à ce qu'ils disent littéralement ? De même que les diverses herméneutiques, comme les exégèses les plus traditionnelles, dégagent des significations partielles (celles des mots et des phrases) afin de restituer le sens, supposé par elles originel, donc exclusif, du texte considéré, la *poétique du texte* ici envisagée se propose également de se servir de ces significations partielles. Seulement, et conformément à la vocation qu'on lui a attribuée plus haut, elle les subordonne aux enjeux majeurs de la *fonction textuelle* et ne les retient par conséquent que pour confirmer la présence dans tel ou tel texte d'une orientation cosmographique générale dont l'*anthropologie poétique* et la *poétique du pouvoir* se chargeront ensuite, en ne considérant plus que l'homme cette fois, de préciser les rôles et les contenus singuliers. Il ne faut pas se cacher qu'un tel protocole de travail serait incomplet s'il ne mentionnait pas également les difficultés nombreuses qui lui sont attachées.

Si les principaux objets et les différents aspects du texte tel que le conçoit l'anthropologie correspondante sont aisés à nommer aussi longtemps que l'on s'en tient à une description générale, on ne peut manquer de se demander s'il existe une méthode susceptible d'en rendre compte, point par point et de manière systématique. Les principes d'ordre, d'unité, de cohérence et d'homogénéité que l'homme recherche spontanément lorsqu'il compose un texte obéissent-ils à des règles de construction qu'il serait possible d'identifier et de classer ?

Si l'on répond par l'affirmative, il semble inévitable qu'il faudra dire ensuite quelles sont ces règles et comment elles s'ajustent entre elles afin de produire les principes constitutifs mentionnés il y a un instant. En revanche, si l'on répond par la négative, il semble tout aussi évident qu'il sera impossible alors de ne pas admettre que la composition d'un texte résulte d'une série d'opérations mystérieuses dont il ne faudrait considérer que le résultat final, aussi fascinant que paradoxal.

Le problème ainsi posé néglige une difficulté supplémentaire qui présente tous les inconvénients d'une belle aporie. Comment, en effet, ne pas deviner que répondre "oui" à cette question décisive entraînera à son tour la composition d'un texte, chargé d'analyser et d'énoncer lesdites règles de fabrication, et qui aura donc été lui-même soumis aux mêmes contraintes ? Par conséquent, c'est la cohérence, l'unité et l'isotropie de ce second texte qui contribueront à justifier la pertinence de ses analyses consacrées au texte en général ! Or, il ne sera possible d'apprécier le bien-fondé de ces analyses que dans un autre texte. Et ainsi de suite, à l'infini. Car s'il est aisé d'analyser, de commenter ou d'interpréter un tableau ou une sonate (la qualité intrinsèque de la prestation importe peu ici), s'il est encore facile de concevoir différents procédés métalinguistiques (grammaticaux, rhétoriques, pragmatiques etc.) permettant réflexivement de comprendre les faits ou les événements linguistiques, on ne voit pas bien en revanche comment concevoir et définir un niveau métatextuel, susceptible de rendre compte des propriétés du texte, mais qui ne soit pas lui-même organisé sous la forme d'un texte. Dans ces conditions, et puisqu'il est impossible de ne pas parler du texte ou d'un texte sans en composer un autre, comment s'y résoudre finalement sans être ni le dupe ni la victime de cette sorte d'illusion circulaire ? En effet, le texte particulier qui tente d'analyser les propriétés les plus générales du texte ne se sert-il pas spontanément de ces mêmes propriétés, incluses en lui-même, afin de donner plus de force à ses propres analyses ?

D'autre part, et cette difficulté là n'est pas moins troublante que la précédente, il est tout aussi évident que la textualisation d'un texte, son achèvement en tant que tel, dépend également de la compétence textuelle du "lecteur" qui va de toute manière renforcer, terminer et parfaire le processus qui se trouve dans la trame du texte qu'il a sous les yeux ou dans la tête. La composition autant que la lecture d'un texte consacré aux faits textuels dans leur ensemble substitueront toujours les effets qu'elles produisent, en tant que texte, aux analyses qu'elles sont censées exposer. Or, il ne suffit pas d'avoir conscience de cette probable et constante confusion pour en éviter tous les effets pervers.

Loin de vouloir rechercher un effet facile fondé sur l'utilisation ingénieuse d'un paradoxe, nous serions pourtant tenté de conclure provisoirement par ce constat : tout texte est un ensemble, ou réseau, de règles de construction, paraphrasable seulement dans un autre texte obéissant aux mêmes règles. La finalité d'une telle définition est moins tautologique qu'existentielle, puisqu'un texte n'est un texte que lorsqu'il est conçu ou reçu comme tel; or, rien ne remplacera cette évidence première que chacun éprouve intérieurement lorsqu'il compose ou lit un texte. Cette intuition est antérieure et plus décisive (mais surtout plus infaillible) que toute analyse intellectuelle de ce processus créatif. C'est pourquoi il nous a semblé possible d'affirmer que les faits sémantiques lui sont toujours subordonnés, à elle qui les dépasse, et dont ils ne sont, même les plus importants d'entre eux, que l'élément second, l'embellissement éphémère.

Tout texte, on le sait maintenant, possède un destin ou une vocation cosmographique; les plus simples d'entre eux, telle description ou telle narration ponctuelles, étant de toute façon capables de s'associer à d'autres afin d'en composer de plus vastes et de plus ambitieuses. Tous les textes connus répondent aux mêmes principes constitutifs et sont, pour cette seule raison, topologiquement semblables. C'est pourquoi ils sont si facilement paraphrasables les uns par les autres. Dans ces conditions, les études ou les analyses particulières relevant de cette nouvelle *poétique* devraient examiner en premier lieu tous les procédés (descriptifs, narratifs, argumentatifs, linguistiques, rhétoriques) qui permettent à *ce texte-là* d'acquérir sa propre unité, sa propre ordonnance et sa propre isotropie. Mais, subordonnées aux faits sémantiques superficiels, de telles analyses n'expliqueront jamais par elles-mêmes la raison d'être de la forme textuelle; c'est pourquoi on rapportera ensuite leurs résultats à la fonction cosmographique de cette dernière. Et c'est bien entendu à propos de cette transgression, de son refus ou de son acceptation, que se jouera le destin futur de l'*anthropologie poétique.*

À l'aide des analyses qui précèdent, il serait sans doute déjà possible de modifier nos conceptions ordinaires du texte et de son rôle dans la vie des individus et des sociétés. Il leur manque cependant un complément indispensable. Certes, il eût pu figurer dans ce chapitre ou, mieux encore, dans le précédent, au titre de membre de la *métaphysique*. Mais les développements importants qu'il réclame nous ont conduit à le traiter à part. Le problème très général qu'il soulève est en effet considérable, puisqu'il concerne certaines relations complexes et quasiment insolubles qu'entretiennent les textes et la réalité. Autrement dit, il tentera de comprendre un peu mieux les rapports subtils qui se nouent entre le vrai et le faux dans nos textes, c'est-à-dire en nous-mêmes.

CHAPITRE QUATRE

"Nous sommes de l'étoffe dont sont faits les rêves" (SHAKESPEARE).

LE GRAND JEU

Il n'est guère possible de parler du vrai et du faux ainsi que de ce qui se passe dans l'intervalle incertain qui les sépare sans poser au préalable une question décisive, qui engage l'ensemble du débat. Nous situons-nous, lorsqu'on évoque ce problème, dans les textes ou hors d'eux ? Cette question embarrassante appelle d'abord en guise de réponse une simple et ferme mise au point, que l'on devra ensuite indéfiniment nuancer.

Le monde est. Il est toute la réalité, et il est cette réalité de manière uniforme et homogène. La réalité – faut-il le rappeler ? – ne possède ni centre, ni degré, ni mystère : partout identique à elle-même, son ontologie est aussi désespérément plate que triste. Puisque la réalité est telle qu'elle est, les choses n'étant que ce qu'elles sont, toutes les questions qui s'y rapportent, à commencer par celles qui s'interrogent sur la réalité de la réalité, n'appartiennent qu'aux textes. La réalité, imperturbable, reste indifférente à toutes ces interrogations : placide, immense, lourde de son seul poids, la réalité n'est rien d'autre que cela, c'est-à-dire réelle. Mais elle l'est pleinement, puisqu'elle ne possède aucun autre caractère que celui-là. Image parfaite de la quiddité, silencieuse et monotone. Tel serait donc le monde si les textes n'existaient pas : d'un côté, la réalité; de l'autre, rien; d'un côté le silence, de l'autre le néant. Mais l'irruption bavarde des textes complique et obscurcit ce pur et reposant tableau. Ils introduisent en effet une ambiguïté et une duplicité aussi polymorphes que décourageantes dont ne sont pas venus à bout des siècles et des siècles de spéculations.

Avant même de s'interroger sur leurs fonctions et leurs influences multiformes, il est indispensable de noter que les textes sont des objets réels, *a fortiori* lorsqu'ils se présentent sous la forme de livres ou de discours scrupuleusement préservés par une tradition collective. Seulement, ces mêmes textes sont des objets paradoxaux par leur manière d'être au monde, étant donné qu'eux seuls possèdent simultanément la double faculté d'être en ce monde et de le dire. Alors que de la réalité évoquée à l'instant, il avait fallu préciser aussitôt qu'elle était essentiellement muette et identique à elle-même en tous ses points, eux se présentent avec cette duplicité foncière : ils en font partie et la disent à la fois. Incrustés dans la réalité, même lorsqu'ils apparaissent sous la forme fragile d'un souffle éphémère, ils s'en distinguent radicalement, puisque leur seul destin consiste à la décrire et à se décrire éventuellement : elle-même par eux et eux-mêmes par eux-mêmes, exclusivement. Aucune réciprocité par conséquent n'existe entre eux et la réalité. Silencieuse et pour toujours aphone, celle-ci ne peut se dire elle-même et ne pourra jamais rien dire d'eux (ceux qui prétendent que la nature parle à l'homme n'hésitent pourtant jamais à transcrire ses propos dans leurs propres textes; là encore, ce sont eux qui en parlent et qui nous parlent, eux seuls que nous puissions comprendre).

L'étrange collaboration qui unit nos textes et le monde dépend de leur très inégal statut respectif : immergés dans la réalité, nos textes en même temps lui échappent sans cesse et n'en sont jamais solidaires, puisqu'ils sont capables, et ils ne s'en privent d'ailleurs jamais, d'en dire quasiment n'importe quoi. Toutes les métaphysiques, toutes les gnoses, toutes les Histoires sont toutes au même degré fantastiques. Dans l'univers global des textes (si tant est qu'on puisse se le représenter adéquatement en s'aidant de la notion d'*hypertexte*), dans ce qu'ils disent du monde (et non seulement dans ce qu'untel, catégorique, en affirme), rien n'existe de façon nette ou indiscutable à la manière de ce qu'essaie de nous faire croire l'opposition : Être/non-Être (dont il est facile d'évaluer ici la parfaite inanité, le statut purement verbal). Aucun objet n'y détient l'évidence ostensible de l'existence, mais rien non plus n'y semble totalement faux.

De plus, et dans la mesure où nous adhérons à nos propres textes, que nous sommes en grande partie constitués par eux, c'est nous-mêmes qui, entraînés à leur suite, héritons de leur encombrant statut : nés dans ce monde, nourris par lui, nous ne cessons pas pour autant de le regarder, de l'interroger, de le dire et de tenter de l'habiter. Mais toujours grâce à eux, c'est-à-dire en nous servant de leurs caractères constitutifs, ceux-là mêmes qui servent à l'édification et à la préservation de notre propre moi.

Du monde, l'homme est à jamais l'hôte insatisfait et inquiet. Si son propre corps, ses douleurs physiques, sa mort, ses besoins ordinaires (mais toujours pressants) lui rappellent quotidiennement qu'il appartient à ce monde, lequel le retiendra de toute façon en décomposant son cadavre, en même temps, par ses textes, ce même homme ne cesse de défier ce sort implacable (à moins qu'il ne s'y abandonne avec une certaine complaisance morbide), de remettre en cause la solidité des entraves qui l'attachent à son rocher. Cloué à ce monde par toutes les aptitudes et exigences de son corps, cet homme possède néanmoins la capacité de reconstruire mentalement ce monde qui le contient, d'en inventer d'autres, de les repenser partiellement ou en totalité à l'aide de ses textes. Bien entendu, ceux-ci, comme leur auteur, appartiennent à cette réalité qu'ils ne se privent pas de décrire, mais qu'ils ne peuvent décrire qu'à l'aide de leurs schèmes propres, lesquels n'appartiennent pas au monde mais au texte ! Or, de cette capacité, l'homme use sans cesse et non sans raison. N'oublions pas en effet qu'en dehors de cet infime fragment d'univers qui environne chacun de nous actuellement, tout le reste, c'est-à-dire tout le passé (celui de chacun de nous aussi bien que celui de l'univers), de même que l'invisible avenir et tout ce qui du monde contemporain nous échappe en ce moment, tout cela, qui est proprement démesuré, nous pouvons certes l'évoquer à l'aide de notre mémoire ou de notre imagination, mais cette "représentation" intérieure prendra nécessairement alors la forme d'un texte, construit le plus souvent avec les fragments d'autres textes.

Le grand problème posé par la réalité tient finalement à cette présence de l'homme en son sein, de cette créature bavarde qui en fait partie tout en ne cessant de réaffirmer par ses textes que son monde est ailleurs ou différent. Ce problème à peine posé, un autre apparaît aussitôt avec la même évidence. En théorie, peut-être importerait-il peu en définitive que la réalité-en-soi, *telle qu'elle est*, nous reste en grande partie inaccessible; seules importeraient en effet les "descriptions" de réalité, d'états de choses, contenues dans nos textes. Seulement, constitués nous-mêmes par nos propres textes[1], sommes-nous seulement capables de distinguer à coup sûr l'une de l'autre ces deux réalités : les choses réelles d'un côté, leur description de l'autre ? Probablement pas. En vérité, la réalité *telle qu'elle est* et les descriptions de réalité contenues dans nos textes ne sont que des abstractions déduites *a posteriori;* il faut leur ajouter nous-mêmes qui, grâce à nos textes, ne cessons jamais de les tisser l'une avec l'autre afin de nous glisser dans leur inextricable entrelacs. Nos représentations textuelles du monde appartiennent à ce lacis et en sont inséparables (comme appartiennent à nos propres existences les idées, les notions successives que nous nous en faisons). Cette *réalité enchevêtrée, composite*, dans laquelle nous vivons, la seule dans laquelle nous puissions vivre en tant que producteurs de textes, est pour cela complexe, ambiguë, mixte, à la fois réelle et fantastique. Elle représente le monde de l'homme vivant, mélange indescriptible d'objets (êtres, événements, situations) réels, de descriptions textuelles d'objets (réels ou non) et de leur imbrication.

On pourra complexifier à loisir l'image de cette *réalité composite,* qui, pour nous humains, est la seule qui compte et qui existe[2]. Des descriptions de réalité devenues elles-mêmes fragments de la réalité peuvent être prises en charge par des descriptions ultérieures dont le mode d'incrustation dans la réalité est susceptible de varier à l'infini. Et ainsi de suite, toujours à l'infini, jusqu'à ce

---

1 Sur ce point, voir la n. 12, p. 94.

2 Elle réclamerait donc une ontologie fondée sur les catégories sacrilèges du mixte et de l'entrelacs, replacées elles-mêmes dans la perspective grandiose d'une perpétuelle métamorphose.

que cette intrication, devenue à son tour si vertigineuse, ne nous permette plus de nous en échapper afin d'en comprendre les mécanismes ou d'en contempler l'organisation. Nous ne vivons ni dans la froide (ou pure) réalité ni de manière exclusivement verbale dans nos textes, mais dans cette zone intermédiaire, mixte, faite de contacts, d'interfaces, de mélanges, d'entrelacements. Simplement, dans la création de cette réalité mouvante, de cette synthèse complexe, il ne faut surtout pas oublier que la part des textes est toujours essentielle, primordiale : des choses parmi les choses, mais qu'ils redistribuent selon leurs exigences propres. De cette création, ils sont l'inusable moteur et l'architecte, puisque chacun d'eux est indéfiniment paraphrasable par d'autres textes (sans eux, au contraire, la réalité resterait à sa place et dans son état, placide). Par conséquent, cette *réalité composite* est également insaisissable : à chaque instant, un autre texte s'ajoute à elle afin d'en modifier l'équilibre précaire, l'éphémère configuration.

Aussi naïfs que les savants qui s'imaginent pouvoir décrire objectivement la réalité dans leurs textes, fût-elle, pour permettre le succès de l'opération, réduite à l'un de ses fragments, sont ceux, nombreux au XXe siècle, qui crurent possible de décrire les représentations que les hommes ont construites de la même (ou du même fragment de) réalité. En fait, toute description (nécessairement partielle) de la réalité est un texte qui la textualise et qui modifie par conséquent en même temps la représentation textuelle que nous nous en faisions jusque là. Or, nous le savons, de nous-mêmes et de nos textes nous ne pouvons également posséder que des descriptions textuelles. Par conséquent, cette description sera susceptible de modifier celles que nous avions de nous-même à cet instant là... Et ainsi de suite, encore une fois, à l'infini. À l'aide ce dernier exemple, simplifié pourtant à l'extrême, il est quand même possible d'imaginer comment se produit ce mixte monstrueux appelé plus haut la *réalité composite*. À aucun moment, on l'aura noté, la claire distinction entre nous-mêmes, le monde et nos textes n'est possible, puisque nous sommes constamment immergés dans cette zone intermédiaire, ambiguë, dans laquelle textes et réalité s'entremêlent.

À cause de nos propres textes et du rôle qu'ils tiennent dans notre existence, la saine et lumineuse relation que l'on serait tenté d'établir afin d'opposer la réalité *telle qu'elle est* aux réalités décrites devient donc impossible. Incapables d'accomplir ce geste discriminant et définitif qui réglerait à jamais tous nos problèmes métaphysiques, nous sommes en conséquence obligés d'errer entre l'absolument réel, qui est tout aussi absolument muet, et le totalement inexistant (qui n'existe pas du tout, à aucun degré, et surtout pas verbalement, puisqu'il est impossible d'en dire quoi que ce soit), là où s'étend l'immense domaine du ni-totalement-vrai ni-totalement-faux, qui est aussi le domaine illimité du *grand jeu textuel*.

En français, le "vrai" désigne à la fois ce qui est "réel" ("concret") et ce qui est "véridique". Mais le "faux", son contraire, signale plutôt ce qui est "mensonger" que ce qui est "irréel" ou "inexistant". "Faux" s'oppose donc bien plus à "véridique" qu'à "réel" (dont "irréel" n'est peut-être pas non plus l'exacte antithèse; mieux vaudrait en ce cas choisir le mot "inexistant"). Mais ce n'est là encore que la première et très grossière approximation d'une situation infiniment complexe dont, par chance, notre langage porte les traces (mais comment eut-il pu faire autrement, puisque nos propres textes, et à travers eux nos lexiques, ne peuvent qu'exposer leurs propres incertitudes et perplexités ?).

Ni le vrai ni le faux ne sont donc des notions simples. Parce qu'il existe plusieurs manières d'être "vrai" ou "faux", leurs limites respectives en deviennent incertaines.

Considérons d'abord le pôle occupé par le "vrai" qui, *a priori*, semblerait devoir présenter une unité et une homogénéité foncières. L'espace qui sépare l'objet "concret" posé là, à portée de la main, du théorème "exact" (encore faudrait-il qu'il le fût à la perfection) est pourtant si vaste et si discontinu qu'on ne peut songer l'appréhender avec le secours d'un seul regard. Y coexistent en effet des "réalités" de dimensions et de genres très différents. Car qu'y-a-t-il de commun entre cet objet domestique, qui se trouve actuellement sous mes yeux, et l'univers intergalactique, tout aussi "matériel" (admettons-en au moins le caractère probable), mais que je ne peux appréhender que par la médiation de visions nocturnes (et hébétées), de textes poétiques ou mythiques ou encore d'incomplètes théories scientifiques ? On notera au passage que cette pluralité et cette diversité des objets "concrets" sont si grandes qu'elles deviennent impensables tant ils sont eux-mêmes isolés, séparés et différents les uns des autres. C'est pourquoi, tout "réels" et "matériels" qu'ils sont, ils n'en seront pas moins rendus pensables qu'après avoir été textualisés au sein de cosmographies plus ou moins globales. À elles seules la matérialité de l'objet, la rigueur du protocole scientifique de l'analyse qui l'aborde ne constituent en aucune façon un argument susceptible d'inciter l'individu à abandonner ses vieilles cosmographies. Ne vérifie-t-on pas souvent d'ailleurs que plus la description d'un objet et la pensée qui l'anime sont précises et minutieuses, plus la réalité visée par elles semble perdre beaucoup de son intérêt; comme si cet objet devenait par là même "incosmographiable" ? Imagine-t-on d'ailleurs que les hommes pourraient survivre dans un monde dont chaque élément aurait été scientifiquement "traité", c'est-à-dire, pour commencer, détextualisé ? Comment s'y repéreraient-ils ? Le long de quels axes traceraient-ils les coordonnées de leurs existences ?

Ces divers types d'objets "matériels" avec lesquels nous entretenons des relations si contrastées se distinguent en tout cas des hypothèses "objectives", des lois "certaines" et "établies" dont personne ne songerait à remettre en cause l'existence ou la pertinence. Malheureusement, ces lois sont elles aussi trop nombreuses et hétérogènes et elles aussi par conséquent ne sont pensables en tant que totalité homogène qu'au sein de cosmographies dont l'unité, l'ordonnance, la cohérence, etc. empruntent leurs principes à la *métaphysique du texte.* Elle les choisit, les dispose, les associe en fonction de ses seules préoccupations et, pour cela, les mêle à des présupposés, des croyances, des préjugés, incomplets ou inexacts. Sur quels critères se fondera-t-on dès lors pour situer les frontières séparant les différentes sortes d'objets "réels" et de lois "véridiques" et celles qui permettraient d'isoler les premiers nommés de toutes les accrétions dont les enrobent nos textes ?

Encore ce tableau très provisoire, déjà singulièrement embrouillé pourtant, ne tient-il pas compte de notre inscription dans le temps. Ainsi, un fait "indéniable" et "certain", mais passé, possède-t-il plus de poids que l'immatérielle "chimère" qui nous occupe actuellement l'esprit ? Ou l'inverse ?

Serions-nous d'ailleurs capables d'établir la table dans laquelle seraient rangées par degré croissant de réalité toutes les "choses" dont nous reconnaissons l'existence (matérielle, mentale, logique, métaphysique etc.) ? Et cette table posséderait-elle une quelconque valeur scientifique ou ne ferait-elle qu'exposer à sa manière notre propre système de valeurs et de croyances, fondé sur des textes ? Il ne serait pas étonnant que l'on y rencontre, sur la même ligne, des "choses" tout à fait dissemblables. Ainsi cet objet placé sur mon bureau et ce souvenir obsédant. Comme si l'objet le plus incontestablement "tangible" pouvait coexister avec le plus "mythique".

Il n'est donc pas du tout paradoxal d'affirmer que le domaine du "vrai" n'est, pour chacun de nous, jamais différent de celui qu'il compose et, pour cette seule raison, croit vrai; ce qui prouve à sa manière, par une autre voie, ce qui fut dit plus haut, à savoir que les limites intérieures de la *réalité composite* dans laquelle nous sommes condamnés à vivre par la faute de nos textes ne sont jamais sûres, elle-même étant constituée par des enchevêtrements qui se modifient et se déplacent sans cesse, fût-ce avec une extrême lenteur.

Si l'univers du "vrai" n'est pas homogène, bien que nous possédions pourtant ce mot "vrai" qui semble affirmer le contraire de façon brève et tranchante, celui du "faux" l'est beaucoup moins encore. Il l'est si peu d'ailleurs que l'on serait tenté de penser, à partir du simple éventail de termes que possède la langue française pour en décrire les nombreux aspects, que l'homme a consacré une bonne part de son temps et de son génie à multiplier les degrés, les nuances dans un domaine où pourtant rien n'existe absolument.

En dehors du totalement "inexistant", qui ne dit rien et dont on ne peut rien dire, il semble possible de distinguer plusieurs espèces de "faux", encore que ces distinctions ne puissent prétendre à aucun caractère absolu, puisqu'elles ne sont toutes que des effets agencés par nos textes :

- le trompeur qui peut être mensonge, imposture, simulacre, mystification, pastiche, copie etc.
- l'incertain dont on connaît plusieurs visages : le douteux, l'apparent, l'équivoque, l'ambigu et l'indéterminé.

- le fictif qui regroupe l'utopique, l'imaginaire, l'illusoire, le fantastique, le mythique.
- l'erroné qui ne peut être qu'inexact ou incomplet.
- l'artificiel, enfin, où l'on reconnaîtra le feint, le simulé et le factice.

Aucune de ces catégories imprécises n'est elle-même homogène. Qu'ont en commun Mme Bovary, le Père Noël, le Surhomme et l'ange Gabriel ? Suffira-t-il de les classer ensemble dans la catégorie "êtres fictifs" pour s'estimer quitte ? Du point de vue ontologique (mais toujours dans le cadre de cette *réalité composite*), nos mondes imaginaires et les créatures qui les peuplent ne sont pas homologues. Pas plus que ne le sont les relations que nous entretenons avec eux ou avec le monde "réel" par leur intermédiaire.

Faut-il ajouter que, dans nos propres textes, les éléments (êtres, objets, événements) qui correspondent à chacune de ces pseudo-catégories sont encore capables de se mêler, selon des proportions variables et imprévisibles, avec leurs semblables ainsi qu'avec toutes les espèces de "vrai" ? Est-il possible de mieux rappeler que les pouvoirs cosmographiques des textes sont illimités, puisqu'il leur est permis de créer et d'entrelacer dans leurs trames tous les niveaux ontologiques concevables par l'homme ?

Si le vrai ni le faux ne présentent de critères précis permettant de les distinguer à coup sûr, que dira-t-on du domaine confus qui s'étend entre eux ? Ses limites ne peuvent être que plus incertaines encore. Domaine flou et imprécis, il est celui des nuances indiscernables, des glissements insensibles, des modalités, des ambiguïtés et, inévitablement, celui des paradoxes (le partiellement vrai, le tout à fait vraisemblable, le réel extraordinaire, le faux mais vraisemblable etc.). Ce monde insaisissable est également celui où s'épanouissent toutes les variétés de vraisemblance et d'invraisemblance (lesquelles peuvent être, selon les cas, insolites, anormales, surnaturelles, exceptionnelles, étranges, incroyables, prodigieuses...) qui compliquent un peu plus encore les rapports que l'homme est bien obligé d'établir avec ce qu'il serait peut-être plus exact d'appeler ses réalités, mixtes, ambivalentes et enchevêtrées.

Apparemment, ces réalités successives, juxtaposées et superposées que nous inventons grâce à nos textes, que nous entremêlons avec la réalité (*sic*) et dans lesquelles nous nous glissons, toujours grâce à eux, afin d'y vivre, loin de rassurer l'homme sembleraient plutôt vouées à lui imposer une existence pénible. Ne sont-elles pas remplies d'incertitudes, de conjectures, d'énigmes, d'apories, de confusions et de problèmes qui sont presque tous insolubles ?

En fait, nos textes, qui se trouvent à l'origine de ce tableau désespérant, car ce sont bien eux qui créent ces mondes multiples, incertains et fragmentaires au sein de cette fameuse *réalité composite,* sont aussi ceux qui sont capables de nous sauver. La raison de ce paradoxe est assez évidente, de même que sa solution.

Ce tableau ne paraît effrayant que parce que depuis le début de ce chapitre nous n'avons fait que considérer abstraitement l'ensemble des propositions et assertions contradictoires produites par tous les textes connus ou possibles. En fait, dans la vie, dans sa propre vie, aucun homme n'est jamais confronté directement à un tel état de choses (qu'il nous a semblé indispensable d'évoquer, de suggérer, mais qu'il nous serait bien entendu impossible de décrire effectivement). Cet homme n'a jamais présent à l'esprit qu'un seul texte, le sien à ce moment-là, quel que soit le nombre de textes duquel celui-là résulte et quels qu'en soient également les qualités formelles et le degré d'achèvement[3]. Par conséquent, la complexité et les innombrables incohérences que présenterait ce tableau qui résulterait lui-même de la juxtaposition de tous les textes utilisés à un moment *t* par l'ensemble de l'humanité importent peu; car il est certain qu'aucun individu n'en a jamais conscience, puisque, à ce même moment *t*, il est toujours lui-même occupé à composer le texte qui répond à la situation dans laquelle il se trouve, lequel présuppose justement une cosmographie plus ou moins détaillée qui exclut par principe un tel relativisme. Et cet effort présent le dispense d'essayer d'imaginer à quoi ressemblerait la production textuelle globale composée à la même heure par l'ensemble de l'humanité (si son esprit était capable de cette contemplation universelle, il en perdrait aussitôt l'envie de composer ce texte qui, jusque là, lui paraissait si indispensable).

Si notre ignorance et nos incapacités nous protègent de cette vision désespérante, il semble également indiscutable que les individus, comme les groupes, dans le cadre de leur propre existence, de leur propre *mémoire textuelle*, sont néanmoins condamnés, comme on l'a vu plus haut et comme l'avait déjà si bien compris NIETZSCHE, à cette "tâche infinie", interpréter, qui n'est elle-même que l'une des modalités de la l'activité paraphrastique qu'anime sans cesse la *fonction textuelle* :

> *Jusqu'où va le caractère perspectif de l'existence ? a-t-elle même un autre caractère ? une existence sans explication, sans "raison" ne devient-elle pas précisément une "déraison" ? et, d'autre part, toute existence n'est-elle pas essentiellement "explicative" ? c'est ce dont ne peuvent décider, comme de juste, les analyses les plus zélées de l'intellect, les plus patientes et minutieuses introspections : car l'esprit de l'homme, au cours de ces analyses, ne peut s'empêcher de se voir selon sa propre perspective et ne peut voir que selon elle. Nous ne pouvons voir qu'avec nos yeux; c'est une curiosité sans espoir de succès que de chercher à savoir quelles autres sortes d'intellects et de perspectives peuvent exister; si, par exemple, il y a des êtres qui sentent passer le temps à l'envers, ou tour à tour en marche avant et marche arrière (ce qui changerait la direction de la vie et renverserait également la conception de la cause et de l'effet). J'espère cependant que nous sommes aujourd'hui loin de la ridicule*

[3] Il est peu probable de toute façon que ce même homme puisse donner de tous les textes mobilisables par sa mémoire une version qui soit *effectivement* unique, harmonieuse et définitive; ses programmes de vérité, ses désirs, ses connaissances et ses responsabilités contradictoires sont trop nombreux pour cela.

> *prétention de décréter que notre petit coin est le seul d'où l'on ait le droit d'avoir une perspective. Tout au contraire le monde, pour nous, est redevenu infini, en ce sens que nous ne pouvons pas lui refuser la possibilité de prêter à une infinité d'interprétations...*[4]

Le problème de l'interprétation, c'est-à-dire en définitive celui de la *fonction textuelle* sont indifférents à ce qui est "vrai" ou "faux", ne serait-ce que, comme l'a très bien vu WITTGENSTEIN, parce qu'une proposition "fausse" n'a pas moins de sens qu'une proposition "vraie". Ce ne sont pour elle que des catégories malléables et subordonnées à quelque chose qui les domine entièrement, à savoir la composition d'un texte, lequel décidera souverainement en assignant aux "choses" l'une ou l'autre qualité. Jugement que nous nous empresserons de ratifier, puisque ce texte, qui est le nôtre à ce moment là, nous est indispensable pour vivre. Entre cette nécessité pressante, cette exigence vitale et les décevantes distinctions "objectives" que la science nous invite à reconnaître, nous n'hésitons (presque) jamais. Jamais en tout cas lorsque (le sens de) notre propre existence est en jeu, ce qui est presque toujours le cas. Si nous nous en remettons toujours à nos textes, c'est parce qu'eux finalement, mieux que les vérités de la science, nous sont indispensables pour vivre.

La perspective générale dans laquelle nous oblige à nous situer l'*anthropologie du texte* est donc celle d'un flux textuel ininterrompu. Tout ce que l'on peut dire à son propos, c'est qu'au sein de ce processus interminable, d'un texte à l'autre, d'un type de paraphrase à l'autre, le *coefficient de textualité* restera pratiquement toujours identique et donc, avec lui, les possibilités illimitées de l'interprétation et de la transposition. Ce que l'on n'a pas suffisamment souligné jusqu'à présent c'est donc que, dans tout problème de "traduction", le critère décisif était celui de la forme, de la forme textuelle qu'il convenait de préserver.

N'existe-t-il donc aucun point fixe et stable en dehors de ceux que nous édifions dans nos cosmographies textuelles ? se demandera-t-on peut-être avec quelque perplexité à la fin de la lecture de ce chapitre. Quelque chose qui soit capable de s'opposer et de résister à ce flux ininterrompu qui ne cesse de se modifier, tout en préservant la même forme, et de nous entraîner avec lui.

Malheureusement, poser cette question "métaphysique" c'est en même temps y répondre, puisqu'elle révèle la présence inquiète d'une nostalgie, d'un manque que seul un texte sera en mesure d'apaiser ou de combler (même si lui-même, en fait, se coule dans ce flux changeant). Si l'on a choisi, plus haut, de parler d'une *métaphysique du texte*, c'était à la fois parce que ses caractères fonciers (unité, cohérence, isotropie etc.) semblaient conformes à une telle vocation et parce que ces mêmes caractères répondaient aux aspirations intellectuelles les plus constantes de l'homme. D'où l'on déduira sans grand

---

4 *Le gai savoir*, trad. Alexandre VIALATTE, Paris, Gallimard, 1939, § 374.

risque de se tromper que ce dernier ne se résigne pas facilement à vivre dans un monde désuni, éparpillé et changeant.

De même, est-il peu probable que les hommes soient prêts (et moins encore aptes) à partager l'optimisme de NIETZSCHE et à considérer que la beauté du monde est inépuisable, étant donné cette "infinité d'interprétations" auxquelles il peut prêter. Ce que l'histoire de l'humanité nous enseigne se situe plutôt aux antipodes de ce point de vue libérateur. Toutes les visions du monde connues se présentent avec arrogance, persuadées chacune d'être la meilleure et la plus exacte d'entre elles[5]. Curieusement, les hommes semblent ne pas avoir été troublés par ce paradoxe : Puisque tous les points de vue se prétendent justes, qu'est-ce qui distingue le mien ? Que possède-t-il de plus que les autres, alors qu'il est déjà facile de remarquer qu'il se présente pourtant sous une forme qui est également la leur ? Ne faut-il pas en conclure que, contre toutes les évidences, l'homme privilégie la relation intime, constitutive et rassurante qu'il entretient avec ses propres textes (et ceux de la communauté à laquelle il appartient) ?

Quelque peine ou quelque déception que l'on ressente face à cette désagréable vérité, il est pourtant impossible de ne pas admettre que le fait de la paraphrase est central à l'intérieur d'un domaine, l'*anthropologie du texte*, qui est lui-même situé au coeur de l'homme et de son existence. Elle représente un processus interminable qu'aucune force ne pourrait interrompre, si ce n'est la disparition du dernier homme. De plus, et pour ne rien arranger, ce processus, considéré à son niveau le plus général, est de toute façon "refermé" sur lui-même : des textes engendrent d'autres textes construits selon les mêmes principes. Ce qui signifie également qu'ils nous disent eux-mêmes comment les lire, c'est-à-dire comment leur donner la seule forme qui leur convienne.

L'homme ne peut sortir de ce *grand jeu textuel* et il ne peut pas non plus se dispenser d'y jouer.

---

[5] Bien qu'elles reconnaissent la tolérance et l'égalité parmi leurs principes fondateurs, les cosmographies composées par les démocraties occidentales modernes ne peuvent pourtant s'empêcher de penser que ce sont ces mêmes principes qui leur valent d'être supérieures aux autres systèmes; mais que reste-t-il alors de la tolérance et de l'égalité ? Un principe moral, politique, scientifique..., ne devrait jamais être dissocié de son utilisation cosmographique.

TROISIÈME PARTIE

Poétique du pouvoir

"Tout ceci indique un plus vaste contexte" (Ludwig Wittgenstein).

CHAPITRE PREMIER

"Le corpus : quelle belle idée ! A condition que l'on veuille bien lire dans le corpus le corps... (Roland BARTHES).

LE CORPUS BRAHMANIQUE

Il serait aussi naïf de chercher à déterminer les origines et, plus encore, l'origine du pouvoir que de prétendre connaître celles du langage ou de la société. À ces préoccupations, auxquelles peuvent seules répondre d'improbables reconstructions mythiques, il est préférable de substituer le repérage de solidarités fortes et constantes, telle celle qui regroupe *corpus*, individus et pouvoirs. Leur intrication est si profonde et, là où on l'observe, s'accompagne de tant de ramifications et de tant de synapses, que l'on peut sans doute considérer que tous les trois nouent à la surface des choses humaines d'exemplaires configurations.

Nul ne contestera que détient du pouvoir toute personne, tout groupe ou toute institution capable d'imposer ses textes, ses *corpus*, en un mot sa cosmographie, à un ensemble d'individus et qui reçoit d'eux en échange (car l'on verra plus loin qu'il s'agit effectivement d'un échange, et probablement de l'un des plus essentiels parmi tous ceux qui concourent à la cohésion et à la pérennité des groupes sociaux) leur assentiment, leur adhésion et leur soumission, lesquels se traduisent par le fait que les choix que feront quotidiennement ces mêmes individus se conformeront désormais aux prescriptions de toutes sortes contenues dans ladite cosmographie. Il n'en existe aucune qui soit une innocente description du monde, composée à seule fin de combler nos préoccupations esthétiques; toutes celles que nous connaissons définissent toujours de manière plus ou moins explicite un ensemble de règles, de disciplines, d'injonctions dont le statut métaphysique est indéniable, puisque ces différentes prescriptions ont bien pour finalité le monde, mais tel qu'elles le décrivent. Or, nous savons maintenant ce que nous devons penser de telles descriptions. Tout en elles est subordonné à l'élaboration de cette vision globale dont l'homme, parce qu'il y vit et en vit, est justement le plus fidèle demandeur.

La force, qui contraint et qui fait céder, apparaît ici secondaire. Ne savons-nous pas d'ailleurs que les adhésions les plus solides, les plus profondément enracinées, sont celles qui répondent à des aspirations qui, pour être diffuses, n'en sont pas moins pressantes et même vitales ? Lorsque la force seule subsiste, lorsqu'elle est devenue l'unique moyen de domination, il n'y a plus à proprement parler de pouvoir, puisque celui-ci, du fait de sa vocation cosmographique, implique de nombreux échanges et même une certaine harmonie, une certaine coopération entre les individus et les *corpus* (ce qui ne signifie pas qu'en résultent des situations justes et équitables, bien au contraire). Au dernier stade de sa dégradation, le pouvoir, qui n'était déjà plus représenté que par l'usage de la contrainte brutale, est remplacé par la violence, qui ne recherche plus l'adhésion des hommes, mais leur asservissement. À un tel pouvoir, dénaturé et dément, ne peut répondre avec quelque chance de succès qu'un nouveau projet cosmographique dans lequel se reconnaîtront à défaut du plus grand nombre les plus actives et les plus résolues des victimes.

S'il était imprudent de l'affirmer à propos du principe même qui fonde toute forme de pouvoir, puisque cette notion de principe fondateur est elle-même incertaine, on peut en revanche admettre que tous nos *corpus* sont imprégnés de pouvoir, qu'ils en supposent l'existence et l'efficacité. *Corpus* et pouvoir partagent des destins similaires et leur coopération est aussi constante qu'indispensable, inscrite dans le coeur même des sociétés humaines. Une cosmographie dominante définit ou redéfinit toujours les règles majeures de la communication (Qui est autorisé à parler ? De quoi ? Où ? Avec quelle autorité ? etc.); en contrepartie, aucun pouvoir ne peut se dispenser d'imaginer, ou d'adopter, une description globale du monde.

La vocation la plus générale de tout *corpus* (religieux, juridique, politique...) coïncide très exactement avec l'ambition la plus ordinaire de tout pouvoir : maîtriser le monde. Ce que fait l'un en le textualisant, en le convertissant en une composition cohérente, l'autre s'en empare et "incite" (exhorte, engage, presse etc.) les hommes à y conformer leurs gestes, leurs paroles, autrement dit leurs textes, leurs corps et leurs vies. Grâce à ce pouvoir, la cosmographie décrite dans un *corpus* s'incarne dans des existences particulières, acquiert un destin véritablement humain. À ce titre, les *corpus* les plus fascinants sont ceux aux prescriptions et aux descriptions desquels des hommes ne se contentent pas de soumettre leurs vies, mais les leur sacrifient.

Pourquoi observe-t-on si fréquemment chez les hommes de telles adhésions, sincères et si entières, à des ensembles qui, pour être bien conçus et soigneusement composés, n'en restent pas moins des créations arbitraires ? Qu'y-a-t-il de plus artificiel au fond qu'une cosmographie ? Mais existe-t-il quelque chose qui nous paraisse plus indispensable ? Ne touche-t-on pas là le ressort le plus intime de la condition humaine ? Pourquoi, pour exister, éprouvons-nous de manière si impérieuse le besoin de nous métamorphoser, souvent au prix des plus pénibles efforts, en l'un des signes que tolère telle cosmographie inscrite dans tel (ensemble de) *corpus ?* Probablement ne serait-il pas possible de répondre à ces questions si l'on ne devinait pas déjà que les voies qu'empruntent les injonctions des pouvoirs pour parvenir jusqu'aux "conduites les plus ténues et les plus individuelles"[1] rencontrent en chemin nos préoccupations et nos aspirations les plus vitales.

Les pouvoirs et les *corpus* satisfont les instincts cosmographiques des individus, condamnés à tout jamais à devenir quelqu'un en faisant quelque chose de leur vie, en leur fournissant des modèles du monde aussi complets et cohérents que possible dont ils s'inspireront dans la composition de leurs propres textes (peu importent le nombre de relais, d'interfaces, qu'implique cette diffusion, qui peut partir du plus lointain pouvoir pour atteindre le plus humble des hommes, et les traductions successives qu'elle-même suppose).

En échange, par leur soumission et leur obéissance, ces mêmes individus permettent à ces pouvoirs de *réaliser* dans les choses et dans le monde les principaux éléments de la cosmographie correspondante, la rendant par là même beaucoup plus convaincante, ce qui permet symétriquement à ces mêmes pouvoirs de s'imposer plus aisément dans la conscience des hommes : comment faire pour ne pas être chrétien lorsque l'on vit quotidiennement dans une société, c'est-à-dire dans une cosmographie chrétienne ?

Tout ordre et toute prescription émanant d'un pouvoir renvoient sans exception possible à une vision générale du monde, toujours susceptible d'en justifier le contenu en l'inscrivant en elle-même, dans son propre univers. Réciproquement, l'exécution de cet ordre ou de cette prescription permet à cette cosmographie de s'incarner en ce monde, dans l'existence même des individus. Songeons au nombre incalculable de règles, de préceptes (physiques, mentaux, sociaux, intellectuels, etc.) auxquels devaient se plier les chrétiens du XIIe siècle (par exemple) afin de posséder la certitude, si réconfortante, de vivre dans un monde conforme à cette cosmographie chrétienne dont nous parlions à l'instant.

Une oeuvre cosmographique de cette ampleur n'en reste pas moins pour autant une construction arbitraire, mais parce que s'y associent les réseaux capillaires des pouvoirs, les *corpus* et les individus elle n'apparaît plus telle à tous ceux qui y collaborent. De cette hallucination on ne dira pas simplement qu'elle se substitue à la réalité, puisqu'aucune société n'existe préalablement à cette "substitution", de manière purement factuelle, privée de toute cosmographie, mais plutôt qu'elle contribue à établir le seul type de réalité susceptible de convenir aux sociétés *humaines* (lesquelles, comme ce dernier mot le rappelle opportunément, sont et ne sont faites que d'hommes). Car, sans doute, ces sociétés n'apparaissent-elles et ne survivent-elles qu'à la condition de partager

1 Michel FOUCAULT, *Histoire de la sexualité, 1, La volonté de savoir*, Paris, Gallimard, p. 20.

ou plutôt d'être au plus profond d'elles-mêmes cette création et cette illusion collectives. Les pouvoirs, les *corpus* et les êtres humains coopèrent sans cesse à ces incroyables réalisations qui métamorphosent (ou qui tentent en tout cas de le faire) les cosmographies en réalités vécues. Car c'est bien là que se trouve le terme final du processus, dans la simple existence des individus qui conforment leurs vies aux innombrables prescriptions contenues dans les textes du *corpus*. Ces vies qui ne trouvent un sens, une raison d'être, qui ne s'écartent de leur contingence native qu'à la condition d'incarner, de devenir elles-mêmes l'élément d'une cosmographie qui, sans elles, resterait une simple curiosité intellectuelle. Et combien de dieux, de mythes, de croyances, d'êtres et de mondes imaginaires, d'histoires, d'idéaux, de statuts, de règles morales ne faut-il pas inventer pour parvenir à cette fusion du texte et de la vie ? Voilà pourquoi l'on pourrait dire que toutes les sociétés sont des créations métaphysiques qui ne peuvent apparaître et subsister qu'à la condition de devenir elles-mêmes des cosmographies vivantes, vivantes parce que vécues[2].

Les *corpus* s'accordent trop bien avec les textes que composent les individus pour que nous ne soyons pas tenté de reconnaître dans cette convergence l'un des faits anthropologiques les plus dignes d'intérêt. Comme le font à titre personnel les individus, les civilisations, les sociétés ou les simples collectivités humaines cherchent obstinément, par leurs textes, à se constituer comme êtres réels et à survivre au sein de cette réconfortante illusion. Et pour cela il leur faut créer un monde d'où sera d'abord exclue l'idée qu'elles ne sont rien d'autre en fait qu'un assemblage provisoire d'éléments éphémères. À elles aussi, la question primordiale qui se pose est de nature métaphysique. Toute société, de la plus inégalitaire à la plus respectueuse des droits humains, ne vise rien d'autre que la réalisation (ou la préservation) d'un projet cosmographique global[3].

On se tromperait par conséquent si l'on imaginait que les *corpus* n'étaient que les créations machiavéliques d'une élite cupide et brutale ou, pire encore, l'expression sublimée de rapports sociaux fondés sur l'inégale propriété de la fortune. Car quelque chose de plus essentiel existe, qui intervient dans toute vie collective. Dans la société la plus libre et la plus juste, de tels *corpus* et leurs cosmographies ne seraient pas moins nécessaires; peut-être même le seraient-ils

---

[2] La fameuse crise contemporaine des sociétés occidentales ne peut donc qu'être accompagnée par une crise textuelle, cosmographique, qui réduit les individus à se situer dans le monde "désenchanté" des rapports factuels immédiats ? Privés de toute perspective globale capable d'accueillir leurs interrogations, leurs souffrances, leur existence et leur mort, ces mêmes individus ne sont-ils pas renvoyés à tout instant vers leur *moi* solitaire et fragile ?

[3] Une fois de plus, on vérifie que la perspective ouverte par l'anthropologie poétique est indifférente à toute préoccupation morale. Mais c'est bien parce qu'elle trace elle-même ses propres limites et reconnaît son impuissance en ce domaine qu'elle en sauvegarde dans le même mouvement l'absolue autonomie. L'acte éminemment moral ne relève que de sa propre sphère. Les textes qui traitent de morale ne sont que des textes; en revanche, le geste moral, même lorsqu'il est accompli en suivant l'une de leurs prescriptions, n'est et ne sera jamais un texte.

plus encore, puisque la disparition de tous les soucis matériels ne ferait que rendre plus évidentes et plus pressantes encore les interrogations métaphysiques auxquelles nous condamne notre immuable condition d'homme, laquelle reste fondamentalement la même, quelles que soient la société ou l'époque considérées.

Comme le reste trop souvent la civilisation indienne dans son ensemble, le *corpus* brahmanique, auquel seront empruntés les exemples qui illustreront les différents chapitres de cette troisième partie, est trop peu familier à beaucoup de lecteurs pour qu'on puisse se permettre de ne pas lui consacrer quelques lignes de présentation.

Il est d'usage, dans les manuels, de commencer par le *Rigveda*, le plus ancien (en tout cas pour ses parties les plus archaïques) et le plus prestigieux des textes védiques, dont la composition a sans doute commencé il y a plus de trois mille ans. De ce recueil, riche de plus de mille hymnes différents, on connaît plusieurs recensions, à peine différentes selon les écoles. Ces *Rigveda* représentaient eux-mêmes les éléments les plus vénérables d'un genre particulier (la *samhitâ*, littéralement la "composée") qui, avec d'autres (*brâhmana*, *âranyaka*, *upanishad*), à l'orientation métaphysique de plus en plus accusée, formaient la révélation védique (ou *çruti*). Cette dernière est assez bien connue de nous en définitive, puisqu'elle fut composée en sanskrit et soigneusement transmise de génération de brahmanes en génération de brahmanes jusqu'à nos jours (cet exemple devrait nous inciter à relativiser l'opposition écrit/oral qui semble ignorer que la mémoire humaine est capable de préserver intacts, pendant des millénaires, des dizaines de milliers de strophes).

Ces textes de la révélation ont été complétés par ceux de la *smriti* (le "mémorial"). Composés en *sûtra* (aphorismes), ils ont pour objet soit la description des rites, domestiques ou solennels, soit la "Loi" (cosmique, religieuse, sociale, rituelle, etc., en fait tout ce qui concourt à maintenir l'Ordre de l'univers, le *dharma*[4]). Les *dharmasûtra*, qui s'intéressent à tous les aspects de la vie humaine (sociale, juridique, politique, religieuse) afin de les assembler en une totalité cohérente, ont été ensuite développés pendant des siècles dans des recueils plus vastes, les *dharmaçâstra*, dont on tira ensuite des abrégés et des commentaires innombrables.

Il est impossible de dire avec quelque certitude quand furent composées les deux grandes épopées indiennes (le *Mahâbhârata* et le *Râmâyana*[5]) telles que nous les connaissons aujourd'hui. D'autant moins que leurs "noyaux" sont probablement fort anciens. Ce qui est sûr en revanche c'est qu'elles marquèrent la transition entre le monde védico-brahmanique et l'univers de l'hindouisme proprement dit.

---

4 Dont l'acception est très voisine de celle du vieux mot védique *rita*, déjà rencontré (ci-dessus, p. 70).

5 Pour le premier, voir Georges DUMÉZIL, *Mythe et épopée I*, Paris, Gallimard, 1974 (2e éd.), et, pour le second, notre *Légende royale dans l'Inde ancienne, Râma et le Râmâyana*, Paris, éd. Economica, 1986.

Les incertitudes nombreuses, chronologiques en particulier, dont sont grevées nos connaissances du *corpus* brahmanique n'auront pas d'incidences fâcheuses sur nos prochaines analyses. Nous avons d'ailleurs choisi d'extraire de ce corpus quelques textes remarquables (cosmogonique, juridique, historique, métaphysique), choisis uniquement pour leur caractère exemplaire. Ce *corpus*, malgré ses dimensions et sa longue histoire, est ici quasiment conçu à la manière d'un unique dispositif cosmographique, décrivant à ce titre le monde *symbolique* que les individus étaient appelés à réaliser par l'ensemble de leurs activités, privées ou publiques, individuelles ou collectives, physiques ou mentales. On pourra et l'on nous reprochera sans doute cet artifice qui sacrifie apparemment les problèmes liés à sa constitution et à son histoire. En contrepartie, peut-être voudra-t-on bien reconnaître que de tels textes présentent de toute manière plusieurs caractères généraux dignes d'intérêt. Or seule nous importe encore pour le moment la valeur heuristique qu'à ce titre ils détiennent.

CHAPITRE DEUX

"Disons alors que le but de l'action politique, qui est le croisement des caractères forts et des caractères modérés dans un tissu régulier, est atteint, quand l'art royal, les unissant en une vie commune par la concorde et l'amitié, après avoir ainsi formé le plus magnifique et le meilleur des tissus, en enveloppe dans chaque cité tout le peuple, esclaves et hommes libres, et les retient dans sa trame, et commande et dirige, sans jamais rien négliger de ce qui regarde le bonheur de la cité" (Platon).

LE CENTRE DU MONDE

Tout texte, et nous avons longuement développé ce point[1], possède ou tend à acquérir un objectif central (thème, idée, intrigue, personnage, thèse, diégèse[2], argument, description, opinion, etc.) autour duquel, point, ligne ou domaine, il se rassemble en déployant son unité et son ordre propres, éventuellement jusqu'aux confins du monde (ou plutôt de son monde).

---

1 Cette expression spontanée est révélatrice. De même, n'avions-nous pas écrit plus haut, toujours aussi spontanément, que la notion d'unité se trouvait au *centre* de la *Poétique* d'Aristote (n. 15 p. 100) ?

2 Grâce à Gérard GENETTE, ce terme est devenu indispensable puisqu'il désigne "l'univers spatio-temporel d'un récit", l'espace-temps à l'intérieur duquel il se passe quelque chose d'unique, qui mérite d'être raconté. Mais, bien entendu, il n'apparaît nécessaire que dans la mesure où chacun de ses éléments contribue à fonder cet *univers*.

La présence de ce noyau est indispensable car, sans elle, aucun texte ne parviendrait à disposer harmonieusement ses différentes parties : le début, le milieu et la fin d'un récit; les raisonnements et la conclusion d'une argumentation; les épisodes et le dénouement d'une intrigue; les aventures d'un héros de roman; ou encore L'Être chez HEIDEGGER ou le Capital chez MARX... Souvent, sinon toujours, le choix d'un genre, lui-même facteur d'homogénéité, renforce cette impression : le héros d'un récit, le sujet d'une dissertation, le thème d'un poème, l'objet d'une description, l'idée maîtresse d'une philosophie, la morale d'une histoire, etc.

Cette caractéristique architectonique des textes acquiert une efficacité supplémentaire (et une singulière duplicité...) lorsque ce point nodal qui les anime est lui-même le principal foyer d'une cosmographie explicite, qui se donne pour telle. Par là, nous suggérons que les véritables cosmographies, les descriptions, toujours normatives, du monde tel qu'il doit être (plutôt que tel qu'il est) ne font qu'exploiter cette qualité commune (il s'agit néanmoins d'un résultat difficile à atteindre, puisqu'il exige une vaste synthèse mêlant le droit, la religion, la morale, la vie sociale, l'esthétique, etc., etc.). C'est en tout cas la leçon qui semble s'imposer à l'esprit lorsque l'on examine nos connaissances, pourtant incomplètes, du *corpus* brahmanique[3].

La très savante culture brahmanique de l'Inde ancienne, telle qu'elle s'est épanouie à l'époque des *dharmaçâstra*, représentait un ensemble vaste et complexe. S'y côtoyaient d'innombrables pratiques rituelles – beaucoup parmi elles sont perdues pour toujours, les autres n'existent plus pour nous que sous la forme de sèches descriptions – et une grande diversité de textes. Sachant qu'ils furent composés par un groupe relativement homogène de clercs, les brahmanes, qui partageaient les mêmes connaissances et les mêmes valeurs, peut-on dire en outre de ces textes qu'ils présentaient une sorte de référence commune par rapport à laquelle chacun devait se situer ? Autrement dit, la notion (ou le concept) que leurs auteurs intégraient nécessairement dans leur travail de réflexion et de composition ou le point de fuite vers lequel les éléments de ce vaste *corpus* semblent rétrospectivement converger.

La notion pan-indienne de *dharma*, omniprésente et insaisissable à la fois, mérite sans doute que l'on se pose la question à son sujet tant elle semble faite pour tenir ce rôle nodal et fédérateur de référent nécessaire. Car, de manière explicite ou de façon plus allusive, tous les textes du *corpus* brahmanique la présupposent, qu'ils évoquent des sujets philosophiques difficiles ou qu'ils réglementent de simples détails de la vie quotidienne.

Chacun sait qu'il est toujours dangereux et frustrant à la fois de donner aux mots clés d'une civilisation étrangère et passée un ou des équivalents trop précis choisis dans nos langues modernes. Leurs champs sémantiques ne

---

[3] Ce qui suit reprend, développe ou modifie la matière de notre article, "Le dharma brahmanique : anatomie d'une concept total", *Ollodagos,* Bruxelles, I, 5, 1990, pp. 185-197.

coïncident jamais puisque leurs valeurs sont relatives, engendrées par leurs environnements textuels successifs. La même remarque vaut pour les recherches étymologiques. Détachée de ses contextes vivants, de son paradigme habituel, de ses suffixes et de ses désinences, une racine verbale ne reçoit trop souvent qu'une acception générale et vague, désincarnée, laquelle pourra d'ailleurs être métaphoriquement utilisée pour soutenir des interprétations opposées. Et sommes-nous toujours sûrs, lors d'un tel travail de restitution, de ne pas accorder à la racine archaïque les sèmes dont nous aurons besoin pour telle autre démonstration ? De ne pas nous ménager à l'avance une marge interprétative confortable en choisissant des acceptions très lâches et idéologiquement peu marquées ?

C'est apparemment ce qui se passe avec le mot *dharma* dont on ne donne jamais que des équivalents très vagues – l'Ordre, la Loi, la Norme – que l'on ennoblit en contrepartie par une majuscule destinée à en fixer typographiquement le caractère solennel et hiératique. Cette fois néanmoins, l'imprécision est sans doute justifiée. Elle rejoint ou retrouve celle qui caractérisa le mot sanskrit *dharma*, riche, lui aussi, de multiples aspects complémentaires, susceptibles de se fondre dans une *totalité* englobante. Nous soulignerions volontiers l'importance de ce fait en ajoutant même qu'il nous paraît être la condition *sine qua non* pour qu'un concept puisse tenir un rôle aussi essentiel que celui que nous présupposons pour *dharma* dans la civilisation brahmanique. Pour s'en convaincre, il suffit de regarder ce que les traités en dirent.

Traditionnellement, il est affirmé que la matrice ou la racine de *dharma* est la *çruti*[4], c'est-à-dire le volumineux et archaïque *corpus* des textes védiques révélés. On sait qu'il se compose de recueils d'hymnes religieux et magiques, de volumineux traités d'exégèse ritualiste, ces derniers préparant l'austère et hautaine spéculation upanishadique. Or Max WEBER[5] avait déjà remarqué en son temps que les *veda*, ou *çruti*, ne contenaient pas grand-chose qui correspondît exactement[6], mot pour mot, aux propos des traités – *dharmasûtra* et *dharmaçâstra* – qui exposent le *dharma*. Ces derniers, tel Manu, affirment donc tirer leur autorité d'une vieille collection de textes qui, si l'on s'en tient à leur contenu littéral, parlent de tout autre chose !

Certes, et l'on en a fait également la remarque depuis longtemps, nous sommes là devant une attitude fréquente et connue. L'autorité d'un texte normatif et didactique paraît plus assurée s'il s'appuie lui-même sur une

---

4 *"Quelque règle (dharma) qui a été proclamée par Manu pour quiconque, elle se trouve toute entière dans le veda qui est omniscient"* (*Mânavadharmaçâstra* ou, comme il est d'usage en français, Lois de Manu , II.7).

5 *The religions of India*, Toronto, 1958, pp. 26-27. Voir aussi J. C. HEESTERMAN, "Veda and dharma" in W. D. O'FLAHERTY et J. D. M. DERRET, éd., *The concept of Duty in South Asia*, Columbia, 1978, pp. 80-95, et B. K. SMITH, "Exorcising the Transcendent : Strategies for Defining Hinduism and Religion", *History of Religions*, XXVII, 1986-87, pp. 50-51.

6 La nuance qu'introduit cet adverbe est importante car les *veda* possèdent, on l'a noté, une notion, le *rita*, dont la fonction est analogue à celle du futur *dharma*.

collection de textes, traditionnelle et vénérable. Les exégètes sont là de toute façon pour limer les contradictions, masquer les disparités, combler les vides et donner un sens allégorique aux assertions les plus banales ou les plus incongrues. Ce qu'affirme littéralement ce *corpus* ancien importe souvent moins que son prestige dans l'imaginaire collectif et que son statut réel : inaccessible au plus grand nombre (n'oublions pas que le sanskrit védique ne devait déjà plus être compris que par une infime minorité), impensable et mystérieux (les exégètes orthodoxes de la *çruti* la qualifient à la même époque d'autonome et d'éternelle).

Si, déçus par la définition lexicale trop imprécise du mot *dharma* ainsi que par la nature trop lâche de ses liens avec la *çruti*, censée en fonder l'autorité, nous nous tournons vers ce qu'il est dit qu'il recouvre ou regroupe, la déception cède le pas à la perplexité. Les domaines qui relèvent explicitement de la sphère dharmique, ceux qu'exposent méthodiquement les traités, sont nombreux et, de notre point de vue au moins, disparates[7]. Jugeons-en :

- Procédures et topiques (dix-huit traditionnellement) judiciaires.
- Devoirs du roi sur les plans intérieur (la "protection" de l'ordre social) et extérieur.
- Devoirs (le mot *dharma* sera ici employé au pluriel) de l'individu déterminés par son statut social ou *varna* (qu'il soit brahmane, kshatriya, vaiçya ou çûdra) et par son stade de vie ou *âçrama* (étudiant, maître de maison, ermite ou renonçant).
- Rites ou sacrements de passage (conception, naissance, initiation, fin des études, mariage, funérailles).
- Rites domestiques quotidiens (les cinq *mahâyajña*) et rites propitiatoires destinés aux mânes des ancêtres.
- Oeuvres pies (dons, voeux, pèlerinages) et expiations.
- Prescriptions minutieuses concernant la purification des êtres et des choses.
- Exposé de la loi de l'acte qui conditionne le destin de l'individu en cette vie et dans les suivantes (*karmavipâka*).

Quel rapport existe-t-il entre le roi réglant un différent entre un débiteur et son créancier, l'heure et la manière de se brosser les dents quotidiennement, les obligations domestiques du maître de maison et la métaphysique qui sous-tend la rétribution de l'acte ? Certes, il est toujours possible de répondre que tous ces gestes et activités, scrupuleusement et ponctuellement exécutés, concourent à préserver l'ordre social et, à travers lui, l'Ordre, le *dharma*. Mais ce faisant ne s'enferme-t-on pas dans un cercle vicieux ? Celui-là même que bouclerait cette notion : le *dharma*, ou l'Ordre, ne pouvant être qu'universel, tout en relève d'une manière ou d'une autre.

---

[7] Mais pas plus que le sont ceux (politique, social, juridique, religieux) que traversent nos notions contemporaines de "solidarité", de "personne humaine", de "justice", etc.

Faut-il pour autant renoncer à comprendre et reconnaître en définitive que nous nous trouvons devant un concept omnivore et flou que seules une tautologie paresseuse et une exégèse intéressée auraient doté après coup de quelque consistance ? Certainement pas. Seulement, au lieu de l'aborder idéalement en essayant de saisir en lui quelque signification absolue ou originelle, ne vaut-il pas mieux tenter plutôt de rendre intelligible le processus multiforme qui mène à son incarnation dans les existences humaines ?

Sont pour cela nécessaires les résultats d'une étude synthétique du *dharma* qui aura pour tâche de retrouver, non plus le sens d'un mot, mais, parce que les textes d'un *corpus,* obéissant en cela à leur nécessité la plus profonde, se sont organisés autour de lui, la configuration cosmographique qui lui permit d'animer et de soutenir la construction de cette chose si réelle et si fantastique à la fois, une culture. La culture brahmanique.

L'apparente hétérogénéité signalée plus haut, lorsque furent énumérés les domaines qui relèvent directement de la juridiction dharmique, s'estompe dès que l'on admet que la notion de *dharma* implique plusieurs types de textes auxquels elle renvoie sans cesse et globalement, fût-ce de manière implicite. On retiendra surtout :

- Une cosmogonie, ou création providentielle de l'univers, telle celle sur laquelle s'ouvrent les Lois de Manu.
- Une socio-anthropologie, les théories complémentaires des *varna* et *âçrama*, qui définissent elles-mêmes l'orthopraxie d'un grand nombre de gestes touchant tous les aspects de la vie, des plus quotidiens (manger, se baigner, déféquer) aux plus solennels (les rites publics, le gouvernement royal, etc.).
- Une morale exigeante et implacable, la loi de l'acte et sa rétribution.
- Une sotériologie, la croyance corrélative en une âme transmigrante et en sa réincarnation dans des existences successives.

Cette notion s'inscrit donc dans une vision globale du monde conçue autour d'elle comme totalité nécessaire, cohérente, capable de justifier chaque geste ou chaque pensée humaine. C'est pourquoi ces différents textes sont mutuellement dépendants et semblent s'emboîter les uns dans les autres. Ainsi tel acte accompli par tel individu à tel moment renvoie-t-il directement à sa position sociale (le lui permet-elle ?) et met-il en jeu le destin de son "âme", puisque celle-ci en recueillera infailliblement le fruit (*phala*) dans cette vie-ci ou dans la suivante.

Pour *ego*, caractérisé par toute l'anthropologie indienne comme sujet agissant mû par ses désirs (louables ou grossiers), tout acte marquera sa destinée post-mortem, parce qu'il devrait être conforme à ce que son statut actuel (*varna* + *âçrama*) prescrit. Ce mécanisme implacable s'inscrit lui-même dans un dessein providentiel fixé une fois pour toutes. Il est clair par conséquent qu'à ces cycles interminables l'organisation et la hiérarchie sociales servent de pivot, puisque le fruit de l'acte réalimente sans cesse la division des hommes en *varna* et *âçrama*. En somme, pour *ego*, emprisonné dans ce *corpus* de textes qui le subsume entièrement, chaque aspect de sa vie dépendra du *dharma*, puisque chacun relèvera à un titre ou à un autre de l'une de ses prescriptions.

Ou, pour le dire plus nettement, cette cosmographie complète, qui culmine et s'achève dans l'individu, a celui-ci pour enjeu premier, plus exactement même la conformité de ses activités à une norme intangible qui, *en apparence*, sert *d'abord* les intérêts immédiats de l'ordre social tel qu'il est.

Mais ce sont cette *apparence* et ce *d'abord* qui se révèlent ici trop catégoriques ou trop exclusifs. En fait, ce sont avant tout les postures adoptées face à la vie, les formes d'existence, les manières d'être[8] qui sont façonnées par le respect des règles dharmiques, lesquelles sont intériorisées et incorporées par l'individu, non simplement parce qu'elles sont originairement ou ontologiquement "sociales", mais parce qu'ensemble elles composent une cosmographie, laquelle lui est indispensable pour agir, pour y inscrire sa propre existence. Parce qu'elles sont faites d'hommes, toutes les sociétés, toutes les cultures restent fondamentalement, comme nous le disions plus haut, des "créations métaphysiques qui ne peuvent apparaître et subsister qu'à la condition d'avoir été elles-mêmes métamorphosées en cosmographies vivantes, et vivantes parce que vécues".

Quelles que soient les nuances profondes de leur inévitable coloration sociale, la vocation cosmographique la plus générale des textes et des *corpus* procède malgré tout de ce que l'on serait tenté d'appeler une "déduction existentielle"[9]. Aussi dira-t-on plutôt, par exemple, que les intérêts des classes dominantes détournent simplement à leur profit l'ordre du *corpus* (comme le font, par d'autres voies, les opprimés), mais que celui-ci existerait de toute manière, sous cette forme ou sous une autre, là même où les classes dominantes travailleraient au bien-être général : les sociétés peuvent se modifier, évoluer, devenir plus prospères et plus équitables; en revanche la condition humaine restera, elle, obsédée à jamais par les mêmes problèmes (être dans le monde, comprendre ce dernier, mourir, etc.). Dans tous les cas, quels que soient l'état des "forces productives" et celui des "rapports de production", l'âpreté de la compétition entre les groupes, la complexité de la structure sociale, la nature du pouvoir politique, le niveau intellectuel moyen de la population, ces problèmes existentiels immuables réclament invariablement une solution cosmographique. Or, aucune n'est concevable en dehors des textes d'un *corpus* qui en offrent l'expression la plus intelligible et la plus facile à intérioriser.

---

[8] Expression à laquelle il faudrait ici donner sa plus forte acception métaphysique.

[9] Qu'on opposera à la fois à la "déduction sociologique" et à la "déduction transcendantale". Sur ces deux dernières, voir Ernst CASSIRER, *La philosophie des formes symboliques*, II, Paris, éd. de Minuit, 1972, pp. 227-228.

La notion de *dharma* exige et suscite une telle cosmographie, c'est-à-dire pratiquement le *corpus* de textes qui l'expose et l'illustre, et, ensemble, en devenant le monde dans la conscience des individus, offrent-ils à ceux-ci un vaste système de repères valables pour chaque aspect de leur vie. Dès lors, les textes et les existences se rejoignent, s'entrelacent et finissent par se confondre dans un univers original, aussi artificiel qu'ordonné, qui tend à ne présenter ni faille ni résidu.

La nature paradoxale du *dharma* provient de ce qu'il est à la fois le signe de cette Totalité pleine de sens et n'importe laquelle de ses parties, la somme incalculable et l'élément. Omniprésent, sans commencement ni fin, sans limite ni centre (il l'est lui-même), il ne peut être défini que de façon tautologique. Paraphrasant LÉVI-STRAUSS, nous ajouterions volontiers que la terre du *dharma* est non seulement ronde mais creuse. D'où la difficulté à dire ce qu'il est, essentiellement, ou ce qu'il recouvre, exhaustivement. Sa fonction cosmographique, dans le *corpus* comme dans la vie des hommes, implique aussi bien la plus lointaine transcendance que la plus triviale immanence. Comme l'Absolu, comme le pouvoir royal, il est partout présent, l'essence même des choses, de leur destin.

L'enjeu capital du *dharma* reste cependant l'individu vivant en tant qu'élément actif d'un ordre cosmique dont l'expression la plus raffinée se trouve exposée dans le *corpus*, mais qui tend en même temps à s'incarner dans la réalité vécue, quotidienne de chacun. Comment s'opère ce transfert, cette incarnation ? Pourquoi et comment les individus (modestes ou puissants), les pouvoirs (politiques, religieux, familiaux), les autorités (morales, intellectuelles), les institutions, etc., collaborent-ils à cette oeuvre collective inlassablement reprise, la métamorphose de ce monde silencieux en un univers débordant de sens ?

À côté d'une analyse visant à retrouver les différents types de textes que la notion de *dharma* rassemble, coordonne et unifie, il convient surtout de réfléchir à ce qui, empiriquement, favorisa son succès et ce en délimitant un plan où l'on ne retiendrait que les forces, les intérêts, les besoins qui s'y engrenèrent. Certes, ce plan ne peut être reconstruit qu'hypothétiquement puisque nous n'avons et n'aurons jamais plus la possibilité de l'observer directement; au moins peut-on tenter d'isoler les instances individuelles, sociales, politiques qui n'ont pas pu ne pas intervenir. Les principaux actants qui collaborent ici sont au nombre de trois : l'individu, le *corpus* composé par les brahmanes et le pouvoir royal. Quelles sont leurs caractéristiques et leurs influences respectives ?

Un individu, quel qu'il soit, est confronté toute sa vie à deux questions inéluctables, si capitales même qu'elle peuvent devenir angoissantes : qu'être ? Que faire ? Ces question sont-elles trop "métaphysiques" et déplacées dans un exposé consacré à la vieille culture brahmanique ? Nous ne le pensons pas. Puisque notre référence principale doit rester celle d'hommes vivants (qui l'ont été en tout cas), au nom de quelle étrange pudeur, de quelle excessive prudence épistémologique, de quelle ruineuse conception de l'homme devrions-nous exclure de notre réflexion ce qui représente sans doute le ressort de sa vie : sa soif de sens et son besoin d'être ? D'ailleurs, l'infinie variété de ces objets inutiles, ses compositions textuelles et ses productions symboliques, n'est-elle pas là pour nous rappeler sans cesse et instamment que l'homme est avant tout un créateur de signes, leur interprète et un cosmographe infatigable.

Cette homme ordinaire est donc fondamentalement une aspiration à être, à être autre chose qu'un terne agrégat de moments, de qualités ou d'actes disparates, puisqu'il ne cesse obstinément de les rassembler afin de leur trouver une cohérence, donc un sens, c'est-à-dire à la fois une orientation exclusive (ou dominante) et une valeur. Or ce n'est que par ses textes que ce même homme peut espérer atteindre durablement ce résultat. Eux seuls sont capables de sélectionner, de remodeler, de hiérarchiser ces discontinuités, ces hétérogénéités, en un mot de substituer aux morcellements de la vie une Réalité à l'ordonnance (plus ou moins) impeccable.

Face à cet homme inquiet et soucieux, le *corpus* est là qui lui offre une cosmographie qui métamorphose le monde et l'histoire en un ensemble ordonné, une sociologie et une anthropologie qui lui disent ce qu'il est et ce qu'il vaut, une praxéologie et une morale qui lui intiment ce qu'il doit faire et une métaphysique qui lui offre d'autres vies, une autre Vie. Comment cet homme mortel et ses pairs ne se glisseraient-ils pas dans cet univers rassurant où la mort est apprivoisée, même s'il ne leur offre d'être que ce que le *corpus* leur permet d'être ?

Le pouvoir de persuasion et la fascination qu'exerce ce dernier tiennent dans cette polyvalence remarquable : la cosmographie qu'il expose sert en même temps à décrire l'univers, à justifier l'ordre social et à apaiser les craintes individuelles. Comme si, pour trouver une réponse socialement acceptable à un problème métaphysique, il était indispensable de donner une valeur ontologique à la différence sociale (ce qu'a toujours fait l'Inde brahmanique en refusant la confusion des *varna* et en exaltant au contraire leurs différences irréductibles[10]).

Si l'aspiration fondamentale de l'homme pour l'ordre et pour le sens (ce qui revient souvent au même) rejoint les descriptions et les injonctions du *corpus*, elle se transforme elle-même alors en conviction. Conviction plus ou moins profonde et sincère, mais qui débouchera presque toujours à son tour sur une réalisation. Derrière ce mot, nous rangeons toutes les disciplines, toutes les règles, toutes les ritualisations, toutes les expiations par lesquelles l'homme transforme son corps et son existence en objet signifiant, apte à prendre place dans la cosmographie du *corpus*. "Être", quelque chose ou quelqu'un, ne veut souvent dire qu'être dans le *corpus*, signe toléré par le pouvoir.

Mais cette harmonie ne se réalise pas à chaque fois et spontanément. C'est ainsi que, dans leur grande prudence, les traités dharmiques ont confié aux rois l'usage exclusif de la force : la coercition qui s'abat sur les corps, enjeux

---

[10] Les champs sémantiques de ces notions ont été finement analysés par Jean-Marie VERPOORTEN, "Unité et distinction dans les spéculations rituelles védiques", *Archiv für Begriffsgeschichte*, XXI-I, 1977, pp. 59-85.

involontaires et endoloris de ces controverses socio-métaphysiques, et les plie brutalement à ses mots d'ordre, relaie ainsi le *corpus* dans son effort de persuasion.

Aspirations, convictions et réalisations du côté de l'individu, persuasion et injonctions de la part du *corpus* et coercition, privilège du pouvoir, convergent donc pour constituer cet étrange lieu géométrique où le dharma s'incarne, arrimant à lui un univers de sens, commun et vécu par le plus grand nombre, sinon par tous[11].

Il serait naïf de croire pour autant que l'on puisse attribuer à l'une ou l'autre de ces trois instances une quelconque antériorité : l'histoire de l'humanité fut autant la longue histoire de la socialisation des cosmographies que l'homme s'inventa successivement pour se donner des raisons de vivre, de croire, de rêver, d'attendre, qu'elle fut également la longue histoire de la textualisation des pratiques, des différences, individuelles ou sociales. En revanche, il est indispensable d'admettre que seule la "déduction existentielle", comme nous nous sommes autorisé à la nommer, semble capable de donner une raison d'être à la forme métaphysique du texte (cohérent, centré, uniforme, etc.) et une explication suffisante à la fonction cosmographique des *corpus*.

Notion indéfinissable, intraduisible littéralement, qui recouvre un domaine illimité, le *dharma* semble être une notion plus fonctionnelle, topologique même, que strictement conceptuelle. Les sociétés, comme les individus, ont besoin, pour se constituer et durer, d'imaginer leur être et leur destin, puis de les inscrire dans le cadre d'une cosmographie globale, coextensive à leur domaine du pensable. Or, tout ensemble de cette ampleur réclame un concept "total"[12], transcendant, inaccessible, noeud et centre de gravité à la fois, susceptible en même temps d'ordonner par rapport à lui-même tous les domaines du savoir (le *corpus*), toutes les pratiques, de fonder la cohérence et la pérennité du groupe et de s'incarner enfin en chaque point et en chaque instant de la vie des individus (gestes, pensées, rêves, désirs, etc.) :

> *Dharma est ainsi appelé parce qu'il protège* (dhâranât) *tout; dharma maintient tout ce qui a été créé. Dharma en conséquence est bien ce principe qui est capable de maintenir l'univers*[13].

Transcendant et immanent, vécu autant que conçu, normatif mais en même temps très subtil (*sûkshma*), personnellement vécu et collectivement reconnu, *dharma* accomplit cet autre exploit de faire être ce qui n'est pas (l'Ordre ou totalité cosmographique signifiante) en faisant faire à celui qui a besoin d'être : l'homme.

---

[11] Des cosmographies concurrentes peuvent bien s'opposer, elles ne pourront jamais ruiner le principe même qui les inspire.

[12] Cet adjectif est naturellement un hommage à Marcel MAUSS.

[13] *Mahâbhârata* 12.109.59, cité par Robert LINGAT, *Les sources du droit dans le système traditionnel de l'Inde*, Paris, 1967, p. 17.

Peut-être mesure-t-on mieux désormais l'exploit prodigieux accompli par le *corpus* brahmanique et sa notion centrale[14]. Comment en effet ne pas trouver admirable cette métamorphose d'un monde purement factuel en un univers intelligible où chaque chose (individu, parole, geste, etc.) acquiert la possibilité de recevoir une place, une fonction ou un sens absolu ? Même si cet exploit repose en fait sur une ingénieuse composition en abîme. Nous savons maintenant que les textes, tous nos textes, sont par essence dominés par des caractères cosmographiques (ce sont toujours des descriptions ordonnées d'actes, d'objets, de raisonnements, etc.) et, à ce titre, qu'ils sont toujours organisés de manière centripète autour d'un thème, d'une idée, d'un héros... Or, c'est la notion même d'ordre, dans son acception la plus générale, qui a été placée au centre de la cosmographie construite dans le *corpus* brahmanique afin d'être reconnue et intégrée par les individus dans leur propre vie ! Comment, dans ces conditions, ces mêmes individus n'auraient-ils pas confondu dans le même mouvement l'ordre textuel, présent dans leurs propres compositions, l'ordre dharmique, placé au centre du *corpus* dominant, et l'ordre du monde qui les entourait ? Existe-t-il un seul processus symbolique dont l'effet soit plus radical que celui-là ?

[14] Ainsi que la portée de l'énigmatique paragraphe 6.41 du *Tractatus logico-philosophicus : "Le sens du monde doit se trouver en dehors du monde. Dans le monde toutes choses sont comme elles sont et se produisent comme elles se produisent : il n'y a pas en lui de valeur - et s'il y en avait une, elle n'aurait pas de valeur. S'il existe une valeur qui ait de la valeur, il faut qu'elle soit hors de tout événement et de tout être-tel. Car tout événement et être-tel ne sont qu'accidentels. Ce qui les rend non-accidentels ne peut se trouver dans le monde, car autrement cela aussi serait accidentel. Il faut que cela réside hors du monde"*. Il est impossible de ne pas citer à ce propos KANT, op. cit., p. 471 : *"(les concepts de la réalité, de la substance, de la causalité, même ceux de la nécessité dans l'existence) peuvent donc servir, sans doute, à l'explication de la possibilité des choses dans le monde sensible, mais non à celle de la possibilité d'un univers même, parce qu'il faudrait que ce principe d'explication fût en dehors du monde et que, par conséquent, il ne saurait être un objet d'expérience possible"*.

CHAPITRE TROIS

> *"Le tisserand, penché vers ses trames fragiles,*
> *Renoue adroitement les fils rompus et tors"* (Émile VERHAEREN).

DIRE-VRAI ET DEVOIR-ÊTRE

Probablement trouverait-on dans tout *corpus* des textes (cosmogonies, chroniques, épopées, annales, Histoire) spécialement chargés de rapporter les événements passés (ou imaginés comme tels) en y introduisant une hiérarchie et un ordre séquentiel. Un individu peut difficilement abandonner son existence au seul hasard, puisque ce qu'il est (ou veut être) aujourd'hui doit lui apparaître comme l'achèvement provisoire de tout ce qui a précédé, et qu'il ne peut atteindre ce résultat (qui suppose une sélection des "épisodes", une mise en perspective, une tonalité dominante, un mouvement d'ensemble, des fins homogènes ou convergentes, etc.) qu'à l'issue de la composition d'une Histoire, la sienne désormais; de même, mais en s'aidant de moyens plus considérables et en visant des buts plus ambitieux, certains textes du *corpus* remodèlent le passé qui les a précédés. Ainsi le soumettent-ils à un déroulement qui paraîtra déboucher sur l'ordre présent tel que le décrit idéalement la cosmographie, et offrent-ils une caution supplémentaire à l'ensemble de leurs prescriptions : dans tous ces textes Historiques, le dire-vrai semble aussi indifférent au problème de la véridicité (comment dire le "monde qui fut" avec objectivité ? Comment trouver l'adéquation entre les propositions verbales et leurs référents factuels ?) qu'intéressé à énoncer des devoir-être.

Si l'on admet que peuvent être considérés comme historiques tous les récits qui soutiennent simplement rapporter "des événements qui ont effectivement eu lieu"[1], sans aucun égard pour nos critères historiographiques modernes, on doit sans trop hésiter classer le *Râmâyana*[2] parmi eux.

Considérons pour commencer ce qui semble le plus événementiel en lui, c'est-à-dire la succession d'exploits, d'épreuves, de rencontres qui jalonnent la carrière du héros, Râma, et qui représentent la matière même de sa geste. Ces aventures, qui semblent provoquées par d'imprévisibles coups du sort, s'organisent en fait autour d'un thème qui se développe progressivement. En simplifiant à peine, on peut affirmer que la partie centrale du récit équivaut à une longue quête initiatique pendant laquelle le héros mène une existence austère, frugale et chaste au coeur du monde sauvage. Ce long exil, situé en marge des lieux où s'exerce habituellement la fonction royale, se révèle être une période probatoire qui permettra à celui qui en triomphe de monter un jour sur le trône.

Il est évident que l'Histoire, le récit, est alors très peu fidèle à une quelconque réalité historique. Outre qu'elle est centrée sur le sort d'un seul personnage, elle n'est même pas purement événementielle, puisque les événements stéréotypés (combats, épreuves, etc.) qu'elle décrit s'inscrivent en outre le long d'un parcours codifié à la finalité prévisible, le triomphe du héros et le retour d'un pouvoir royal juste. Mais rien ne permet de dire que cette forte organisation interne n'a pas renforcé paradoxalement la véridicité du récit épique, surtout si l'on admet, avec RICOEUR, que l'homme ne parvient à faire sien qu'un temps narrativisé, c'est-à-dire un temps recomposé, succession d'épisodes sélectionnés avec soin, fermement articulés entre eux et orientés vers une fin intelligible, qui peut être en même temps juste, rassurante. Car l'Histoire, même dans ses productions scientifiques modernes et par une double fatalité qui tient à la fois au caractère aporétique du temps et à notre perception narrativiste de l'action, est soumise à l'empire de la narration, c'est-à-dire à l'acte homogénéisant et rationalisant qui transfigure des états de choses et des événements discontinus en les inscrivant dans un texte cohérent. L'historiographe renouvelle d'autant plus facilement le geste des cosmographes anciens que le temps historique est toujours pour l'homme celui d'un *faire*, fût-il métaphorique (songeons à "l'action du temps"), or toute action (décrite, prescrite, louée...) n'existe que pour s'inscrire dans un monde ordonné.

Le récit râmaïte est à cet égard explicite, car il naît sur fond de crise et même, plus précisément, de crise politique. L'exil du héros dans la forêt et la mort consécutive du vieux roi, son père, déclenchèrent une crise grave où se joua le sort du *dharma*, de l'Ordre cosmique. Dans toute la littérature indienne, le roi en est le protecteur exclusif et lui seul jouit du privilège d'utiliser la force pour le restaurer. De plus, en deçà de cette crise et au-delà de son dénouement heureux, il n'existe en apparence aucune histoire. Le temps paraît inimaginable et impensable en dehors de ce fragment épique dont la relation repose

---

1 Paul RICOEUR, *Temps et récit*, I, Paris, Seuil, 1983, p. 123. Ce qui suit reprend pour la repenser la matière de notre article, "La parole de l'histoire : l'exemple du Râmâyana", *Cahiers de littérature orale*, 17, 1985, pp. 47-69.

2 *Op. cit.*

entièrement sur certains schèmes narratifs canoniques (exil, rencontres, exploits, victoire, retour). Le passé semble n'exister que pour accueillir le déploiement d'une action idéale, conforme au *mythos* aristotélicien avec son début (la crise initiale), son milieu (les drames, les rebondissements et les exploits) et son dénouement heureux qui voit le rétablissement de l'ordre.

Ainsi, et si l'on veut bien admettre qu'une certaine historiographie apparaît avec le *Râmâyana,* il faut ajouter aussitôt qu'elle n'est en définitive que l'agencement, sur le mode de la narration la plus classique, de schèmes initiatiques ou mythiques qui sont eux-mêmes le fruit de textualisations antérieures. Mais en respectant, ou plutôt en créant une certaine vraisemblance (psychologique, institutionnelle, etc.) et en ménageant certains effets de réel, tel que l'ancrage dans une géographie familière, cette légende est parvenue à proposer une image vivante et crédible (puisque des millions d'Indiens y ont cru) du passé qu'elle décrivait.

La narration permet une textualisation de la réalité temporelle passée, puisqu'elle possède la faculté de simuler l'histoire, d'en faire une Histoire. Mais, arrivés à ce point, nous devons encore observer avec Louis Marin[3] que le récit historique ne se contente pas de construire cette configuration idéale du passé. Il l'impose tout autant en devenant une référence obligée, normative, pour toute activité ou comportement : la parole de l'Histoire se mêle au devoir-être des hommes à la condition de devenir elle-même un fragment de la cosmographie du *corpus.* Or, pour atteindre cette efficacité, la textualisation du passé sous la forme d'un récit historique ne suffit pas tout à fait (elle pourrait être reçue comme fictive, simple oeuvre de divertissement). Avant de gagner l'adhésion du lecteur ou de l'auditeur, il est nécessaire de le convaincre et d'élaborer à cette fin une véritable stratégie énonciative, dont l'examen nous révélera quelques-uns des pouvoirs illocutoires du texte.

Alors que tout texte qui présente un fait comme authentique laisse entendre que cette authenticité est indépendante de lui, puisqu'elle ne concerne que son référent externe, il faut bien voir que le plus souvent nous sommes loin, très loin, d'observer une telle transparence. En effet, si l'on exclut les énoncés constatifs simples, qui affirment d'une manière presque ostensible ("la fenêtre est ouverte"), ainsi que certaines démonstrations scientifiques dotées d'un apparat critique très complet, tous les autres, et spécialement les énoncés de nature cosmographique dont le référent n'est justement concevable qu'à travers eux, sont obligés de produire eux-mêmes les preuves de leur acceptation en tant que dire-vrai.

Cette situation vaut également pour le récit historique traditionnel, puisque la véracité d'un tel récit est finalement appréciée en fonction de sa vraisemblance générale et de ses conditions d'énonciation, elles-mêmes liées à son pouvoir de persuasion, à la personnalité de son auteur, à la qualité de ses sources. Or, s'il est légitime de traiter séparément la question de la

---

[3] "Pouvoir du récit et récit du pouvoir", *Actes de la recherche en sciences sociales*, 25, 1979, pp. 41-42.

vraisemblance, qui est commune à de nombreuses formes de textualisation, on ne peut manquer de remarquer que les modalités suivantes, ces fameuses conditions d'énonciation, sont fonctionnellement apparentées, puisqu'elles renvoient moins au contenu du récit proprement dit qu'à l'affirmation solennelle de son authenticité. Cette véritable mise en scène du *dire* est d'ailleurs présentée par le récit lui-même dans son introduction ou sa préface.

C'est pourquoi l'expression *protocole énonciatif* nous semble convenir pour caractériser les trois premiers chapitres du *Râmâyana* où sont rapportées plusieurs informations destinées à convaincre l'auditeur de l'authenticité du récit qui suit immédiatement. La situation de ce protocole est claire, tout comme le sont ses fonctions les plus immédiates. Placé en tête du récit, mais en position extradiégétique[4], le protocole énonciatif du *Râmâyana* remplit un cahier des charges volumineux. En effet, il nous précise l'identité de l'auteur, qui est aussi le premier conteur (Vâlmîki a composé la geste de Râma avant de la rapporter aux fils de ce dernier), quels sont les "sources" du récit, son contenu manifeste, sa forme stylistique et, partant, il se prononce sur sa valeur. En s'acquittant de ces différentes tâches, ce protocole énonciatif expose implicitement, mais avec insistance, la seule clause possible d'un contrat de véridicité : je vous demande (ordonne, conseille, implore...) de me croire.

Puisque le récit historique traditionnel se présente comme un dire-vrai et qu'à ce titre il ne peut se passer d'un protocole chargé d'en exposer et d'en justifier les prétentions, ce protocole s'offre à lui-même pour prétexte une question qui, outre qu'elle présuppose une réponse sincère, fait naître chez celui qui en est témoin, auditeur ou lecteur, le désir d'en connaître plus. Le désir du texte répond souvent à un (micro)texte où est astucieusement énoncé un désir : *Quel est actuellement en ce monde l'homme vertueux... ?*. C'est par cette interrogation de Vâlmîki que s'ouvre le *Râmâyana*. Nârada, sage omniscient, lui raconte alors l'histoire de Râma, réduite pour nous à un synopsis de quelques dizaines de strophes. Peu après apparaît Brahmâ, le dieu qui se distingue par sa sagesse et son savoir. Il prie Vâlmîki de *faire* un récit, celui que nous connaissons, conforme aux paroles de Nârada, et où il exposera ce qui est effectivement survenu, secret ou public. D'ailleurs, avec l'aide du dieu, tout ce que le poète ignore lui deviendra connu; ainsi, dans son poème, ne trouvera-t-on aucune parole qui ne soit pas juste. En plus du récit de Nârada et du secours de Brahmâ, Vâlmîki est encore aidé par ses pouvoirs de yogin, grâce auxquels il "voit" tout le passé aussi distinctement qu'une fleur posée dans sa main. Et c'est dans ces conditions extrêmement favorables que Vâlmîki "fit la geste entière de Râma" (*râmasya cakâra caritam kritsnam*).

Trois mots ou expressions sont importants dans ce passage, car ils trahissent ce que l'on pourrait appeler l'idéologie textuelle du *Râmâyana*, c'est-

[4] La transition entre le protocole et le récit lui-même a dû être assurée par la strophe 1.2.43 : "Écoutez"...", avant de l'être par le chapitre IV, interpolé, où deux personnages, les propres fils de Râma, prennent en charge le récit de la narration.

à-dire le type de valeurs qu'un texte est capable, par divers procédés (énonciatifs, génériques, rhétoriques...), de s'attribuer à lui-même. Ce *Râmâyana* se présente comme un récit exhaustif, fidèle à ce qui s'est produit, à ce qui eut lieu effectivement, et censé ne contenir aucune parole qui ne soit pas juste (*anritâ*, c'est-à-dire contraire au *rita*). Par conséquent, il affirme que la réalité passée forme un ensemble homogène que le langage est capable de décrire intégralement dans un récit dont l'authenticité est garantie de son côté par sa conformité avec le *rita* ou *dharma*, lequel trouve justement sa meilleure attestation dans cette vision panoptique de l'univers ! Peut-on mieux faire pour résumer de façon plus ramassée la fonction cosmographique du texte historique et pour montrer qu'elle repose en définitive sur un emploi astucieux de ses plus efficaces procédés illocutoires ?

Le texte épique crée en réalité le monde qu'il prétend simplement décrire avec fidélité; ce faisant il lui attribue une "complétude" et une ordonnance qui lui sont absolument indispensables sur un autre plan que nous devons maintenant examiner. Parce qu'elles contribuent à faire du monde une totalité réglée, dépourvue de manques ou d'excès, tout se passe comme s'il semblait "naturel" que toutes les créatures qui y vivent et tout ce qui y survient devaient concourir à en maintenir l'équilibre et la cohérence (n'oublions pas que d'autres textes du *corpus* sont chargés d'énumérer ces prescriptions diverses ainsi que les sanctions qu'appellerait leur transgression).

Loin de proposer une simple description du monde, qui séduirait l'esprit humain par sa cohérence et son harmonie, toute (partie de la) cosmographie possède une vocation normative qui est présente dans le pacte tacite qu'elle passe avec ses "lecteurs" et qui pourrait s'expliciter sous la forme : vous devez vous conformer à ma description du monde, puisque celle-ci est vraie (sous-entendu : elle est donc également juste). Voyons maintenant d'un peu plus près comment s'y prend notre texte pour obtenir ce résultat enviable.

Peut-être aura-t-on noté que le protocole énonciatif ne possède pas lui-même d'auteur (son énonciateur est anonyme, comme celui du mythe), alors qu'il présente celui du récit et qu'il semble indiscutable alors que, toujours à la différence du récit qu'il précède, il ne possède pas lui-même de protocole destiné à l'authentifier. Cette situation curieuse s'explique certes, anecdotiquement, par l'autorité que la tradition indienne reconnaît à ceux qui s'expriment dans ce protocole (Nârada, Vâlmîki et Brahmâ), mais il faut surtout se souvenir du privilège que lui confère sa situation extradiégétique[5] et envisager toutes les implications de sa fonction énonciative.

---

[5] GENETTE, *Figures III*, Paris, Seuil, 1972, pp. 238-240, a montré qu'un texte pouvait situer l'une de ses parties hors de sa propre diégèse et ainsi s'attribuer à lui-même une sorte de caution historique. Reste que la création et l'utilisation d'un niveau extradiégétique sont des artifices parmi d'autres, qui n'échappent pas plus que les autres à l'empire de la "fiction verbale".

Si l'on veut bien admettre que cette dernière l'aide à proclamer et à garantir la vérité du récit qu'il présente, on devra admettre qu'il possède une force illocutoire spécifique. En effet, affirmer qu'une chose est vraie, fût-ce par les voies indirectes d'un protocole qui est lui-même un petit récit, c'est dire une chose, mais c'est aussi accomplir un certain acte, à savoir "affirmer". Un tel protocole ne se réduit pas à l'information qu'il véhicule (Vâlmîki a rencontré untel, qui lui a dit ceci, etc.) et qu'il est censé transmettre scrupuleusement à un certain auditeur. Il vise en outre l'adhésion de ce même auditeur. En affirmant qu'une chose est vraie, je n'informe pas simplement celui qui m'écoute, je lui demande surtout de me croire et, presque toujours, d'accorder désormais ses actes ou ses opinions à cette nouvelle croyance.

Parmi les énoncés illocutoires, les plus simples et les mieux connus sont les constatifs et les performatifs. Un énoncé est constatif lorsque ce qu'il relate est indépendant de l'énonciation elle-même ("la fenêtre est ouverte"); en revanche, ce qui est relaté par un énoncé performatif n'existe qu'à cause de son énonciation même ("la séance est ouverte")[6]. Notre protocole énonciatif n'est donc ni un constatif, puisque "affirmer" étant un acte n'est ni vrai ni faux, mais ce n'est pas non plus un vrai performatif puisque le simple fait d'affirmer ne peut avoir pour effet "la réalisation de l'état de choses représenté par l'énoncé"[7], ce que produit un véritable performatif lorsque toutes les conditions requises sont réunies.

Si la distinction entre constatif et performatif est bien connue, on n'a peut-être pas suffisamment souligné que leur simple traduction au passé ("la fenêtre était ouverte"; "la séance fut ouverte" ou "j'annonçai : la séance est ouverte") précisément parce qu'elle neutralise leur force illocutoire respective, les fait basculer dans la problématique du dire-vrai : "je vous assure, affirme que...". Or chacun sait que si le contenu d'un énoncé se rapportant à un fait passé ne devient pas vrai parce que l'on affirme qu'il l'est, le crédit qu'on lui accorde est cependant proportionnel à la qualité et au nombre des procédés utilisés à cette fin. Ne faut-il pas admettre dans ces conditions que notre protocole et ses semblables possèdent une force illocutoire particulière que l'on pourrait, après J. SEARLE, appeler "assertive" ?

Au-delà de ce petit problème de définition, ce qu'il faut retenir c'est que le rôle d'un tel protocole est considérable, puisque c'est lui qui confère le label "Histoire authentique" au récit qui le suit. Ne faudrait-il pas faire un pas de plus et ajouter que *l'écriture de l'histoire* (Michel DE CERTEAU) est inconcevable sans lui, étant donné que la vérité d'un fait passé est toujours liée à son assertion, et non à sa simple relation, puisque l'Histoire, de par sa nature même de récit, ne se distingue pas formellement des autres fictions ?

Comme nous l'avions pressenti, le problème de la véridicité, spécialement lorsqu'il concerne des récits intégrés dans des cosmographies

---

6 Ces deux exemples canoniques sont empruntés à Émile BENVENISTE, *Problèmes de linguistique générale*, I, Paris, Gallimard, 1966, p. 273.

7 François RECANATI, *Les énoncés performatifs*, Paris, éd. de Minuit, 1981, p. 166.

traditionnelles, mérite sans doute d'être repensé afin d'être élargi à l'étude de la parole fondatrice contenue dans leur protocole énonciatif. Il est certain que cette parole assertive qui précède l'Histoire est, pour ses auditeurs, aussi réelle qu'actuelle. Or cette proximité ne rejaillit-elle pas sur l'ensemble du récit, c'est-à-dire sur l'ordre qui le fonde ? L'ayant reconnu et authentifié, ne contribue-t-elle pas aussi à le présenter comme un modèle immuable à ces mêmes contemporains ?

C'est d'autant plus probable qu'en Inde le concept de vérité, lui-même indissolublement lié au concept de réalité (littéralement : "ce qui est", *satyam*), est toujours associé à la notion de *dharma*. Leur assimilation est ancienne et connue :

> *Ce qui est dharma est vérité. D'où l'expression, pour qui dit la vérité : "il dit le dharma", pour qui dit le dharma : "il dit la vérité". C'est que, en vérité, les deux ne font qu'un* (BrihadâranyakaUpanishad 1.4.14, trad. E. SENART)

Or le *dharma*, et il suffit de se reporter aux traités qui l'exposent pour s'en convaincre, concerne essentiellement le respect des prescriptions traditionnelles attachées aux différents *varna* et *âçrama*, c'est-à-dire aux prescriptions qui, si elles étaient correctement suivies, permettraient à la cosmographie contenue dans le *corpus* brahmanique de s'incarner en ce monde et, ainsi, de la parachever. Sans doute faut-il ajouter à l'intention de ceux qui seraient tentés d'inverser le sens de cette relation et de voir uniquement dans cette cosmographie une expression sublimée de l'ordre social, que la raison cosmographique de l'homme, si parfaitement exprimée dans la forme intemporelle de ses textes, est trop universelle, trop intimement liée à sa propre condition, pour qu'on lui refuse le privilège de procéder d'une "déduction existentielle". D'ailleurs quelle "déduction sociologique" parviendrait à expliquer simultanément la pérennité de cette forme textuelle, le besoin de sens si constamment exprimé par l'homme, la richesse et la minutie infinies de ses productions cosmographiques (dont le nombre et la qualité outrepassent les exigences qu'impose toute espèce de compétition ou de domination sociale) ainsi que leur ambivalence (n'ont-elles pas aussi souvent contribué à justifier tel ou tel pouvoir qu'à le subvertir ?), sans être obligé finalement de reconnaître qu'une société, capable pour cela de transfigurer toutes les pressions matérielles qui pèsent sur elle, est contrainte, et parce qu'elle est composée d'individus, de trouver des raisons d'être et de vivre, et pour cela de concevoir et d'incarner un projet cosmographique qui l'arrachera à l'insignifiance ?

Les éléments et les réflexions rassemblés jusqu'à présent nous permettent de saisir le type de fonction cosmographique tenu par le *Râmâyana* dans le *corpus* brahmanique. D'une part, nous savons que c'est un récit historique que son protocole présente comme incontestable. Sur un plan un peu différent, nous savons que l'objet qui se trouve au coeur de ce récit n'est autre que le *dharma*, c'est-à-dire l'ordre général du monde par rapport auquel sont évalués tous les éléments qui le constituent (êtres, objets, activités, paroles, etc.). Nous voyons mieux maintenant comment se sont opérées simultanément cette narrativisation du temps historique et cette Historicisation du *corpus*. Par le mouvement même qui lui permit de "naturaliser", d'incarner, en un mot de faire vivre (et triompher !) le *dharma* en le déployant dans le temps fictif de l'intrigue, le texte du *Râmâyana* authentifie le référent par rapport auquel il se définit lui-même comme vrai et la norme immuable par rapport à laquelle toute activité humaine doit être évaluée[8]. Dans ce récit historique émergent d'ailleurs deux sortes d'activités archétypes, celles du pouvoir (le roi lui-même) et celles des sujets. Les unes et les autres étant systématiquement rapportées au *dharma*, elles contribuent en retour à l'objectiver dans le monde réel lorsqu'elles sont reprises comme modèles et répétées par les hommes, dans leur existence et leurs activités de tous les jours; or, ce faisant, c'est à eux-mêmes, à leurs projets, à leurs activités, qu'ils confèrent une cohérence et une valeur. Là encore, la seule issue se trouve dans la plénitude de sens et d'ordre qu'offre, et elle seule, la réalisation des différents aspects cosmographiques du *corpus*.

N'oublions pas non plus que pour dissimuler ses éventuelles faiblesses et ses procédés, le texte épique a imaginé la figure de son poète, de celui qui est pourtant censé l'avoir composé ! Celui qui parle, nous le savons, c'est Vâlmîki; nous savons aussi (et nous devrions croire sur la foi de ses affirmations) que sa parole est digne de confiance et aussi peu triviale que possible tant ont été nombreux les dieux et les talents qui l'ont entourée.

L'origine du texte est ainsi (mais par lui-même exclusivement) localisée, inscrite dans un temps et un lieu singuliers. Vâlmîki est le type même de ce "témoin ultérieur" (G. GENETTE), assez proche du passé qu'il décrit pour en parler sans conteste et assez éloigné en même temps pour en donner une vision globale et sereine. Mais là encore (identité de l'auteur, proximité des événements, statut et fonctions de l'oeuvre, etc.) nous ne nous sommes toujours qu'en présence de constructions poétiques : un texte n'engendrera jamais que du texte. L'auteur ou l'énonciateur d'un récit peut être (et toujours en nous plaçant du point de vue de ces procédés) connu, anonyme, incontestable, il n'en reste pas moins une créature fictive, purement verbale, engendrée par un texte afin de se donner à lui-même tel genre ou telle autorité. Il faudrait donc apprécier l'effet produit par le *Râmâyana* par rapport à tous ces possibles textuels.

En s'installant (poétiquement) hors diégèse, le protocole énonciatif installe à bonne distance le récit proprement dit, conférant à ce dernier, et au

---

[8] Il serait facile de généraliser la portée de cet exemple et de se demander ce que seraient l'Amour, la Justice si n'existaient pas des histoires d'amour et de justice. L'extraction des concepts est une opération textuelle qui porte exclusivement sur des textes. C'est pourquoi ils sont nets, intelligibles, épurés. Serait-il exagéré de dire qu'au contraire les objets, les faits bruts, avant leur textualisation, sont amorphes, incompréhensibles, dotés d'une épaisseur qui les rend impénétrables ? L'existence, la factualité pures sont indicibles.

regard porté sur lui, un caractère Historique indéniable. Or l'effet qui résulte de cette situation singulière rejaillit à son tour sur le protocole lui-même : s'il est vrai que la présence d'un tel protocole historicise et authentifie le récit qu'il précède, ce dernier, en tant qu'il répond au programme développé dans ce protocole, semble en confirmer le propos. Quelles que soient la richesse et la finesse de ses procédés, un texte Historique ne pourra jamais jouer que sur le jeu d'emboîtements et de perspectives qu'il crée autour de sa diégèse principale et sur les relations qu'il est capable d'introduire entre son énonciation et son énoncé.

Aussi insoupçonnable que le poète lui-même, il y a enfin sa langue. Car cette dernière n'est pas ici un ornement gratuit, surajouté, destiné simplement à embellir l'objet qu'elle évoque ou à séduire le lecteur; elle représente l'équivalent, sur le plan linguistique, de cet objet même, le *dharma*, en tant qu'ils sont tous les deux, et dans un sens très large, homologues. Entre leurs agencements respectifs, dans le texte et dans le réseau de relations qu'il tend à établir hors de lui, dans le monde, il serait possible de découvrir un certain nombre d'analogies et de correspondances symboliques. Ici, *les mots et les choses* coïncident et sont symétriquement ordonnés. Cette situation faite à la langue n'est peut-être que l'expression extrême d'une loi universelle suivant laquelle :

> *le dire droit, formellement conforme, prétend par là même, et avec des chances non négligeables de succès, à dire le droit, c'est-à-dire le devoir-être*[9].

À cet égard, faut-il s'étonner que le texte de l'Histoire soit aussi peu nominaliste ? Car comment prétendre restituer fidèlement un fragment de temps, de ce temps dont l'historien et nous-mêmes sommes faits, sans laisser entendre en *même temps* qu'il est cohérent, qu'il y a de l'Être en lui et sans revendiquer le privilège de nommer celui-ci ? Comme s'il était impossible d'énoncer ce qui a été, sans proclamer ce qui Est et montrer ce qui devrait être. L'Histoire, elle aussi, n'étant peut-être au départ que l'utilisation ingénieuse à des fins cosmographiques d'une qualité latente du texte.

---

[9] BOURDIEU, *Ce que parler veut dire*, Paris, Fayard, 1982, p. 20.

CHAPITRE QUATRE

"Tout notre langage est tissé d'espace" (G. GENETTE).

LA FABRIQUE DES DIEUX

Au terme de réactions et de synthèses chimiques complexes, surgissent dans nos textes d'étranges créations qui ne possèdent aucun équivalent dans le monde naturel. On y compose des lois, des règles, des héros, des systèmes de l'univers, des histoires, des mondes utopiques, des vérités absolues, des fables ontologiques, des croyances, des morales, etc., que des *corpus*, à leur niveau, enchevêtrent aussi harmonieusement que possible afin que s'en dégagent "une discipline, une autorité, une cohésion"[1]. La plus étonnante de ces créations reste néanmoins celle des dieux, car un dieu, on le sait intuitivement, n'est pas un être fictif comme les autres[2]. Car c'en est un en l'existence duquel des hommes croient, auquel ils s'adressent volontiers, pour le louer, le prier, le maudire ou lui rendre grâce.

Le présent chapitre[3] s'appuie sur cette ambivalence. Dans sa première partie, consacrée au dieu védique Vishnu et à son geste cosmogonique central,

---

[1] Sur cette notion d'enchevêtrement, on se reportera aux remarques irremplaçables de Marcel MAUSS, "La cohésion sociale dans les sociétés polysegmentaires" in *Oeuvres*, vol. III, Paris, éd. de Minuit, 1969, p. 20.

[2] Ce qui prouve que l'espace ontologique peuplé par nos créatures fantastiques n'est pas homogène, qu'il superpose ou juxtapose sans difficulté plusieurs régions différentes, parfois même à l'intérieur de la même catégorie.

[3] Il résume la matière des deux articles suivants : "Un thème poétique : la représentation de l'espace dans la pensée védique", *Uranie*, 3, 1993, pp. 9-29 et "Ontogenèse divine et structures énonciatives", *Revue de l'histoire des religions*, CCXI/2, 1994, pp. 225-245. Leur apparat critique a été considérablement allégé dans cette version.

c'est la fabrication textuelle d'un dieu en tant surtout qu'être fictif qui retiendra l'attention. En revanche, dans la seconde partie, consacrée au dieu Agni, seront examinés les procédés illocutoires employés par une collection d'hymnes afin de rendre leur destinataire vivant dans la conscience de ses utilisateurs.

L'espace est né d'un geste. Il a un créateur qui n'est autre que Vishnu. Cela le *Rigveda* (RV) le dit très nettement :

> *Il a fait une large résidence (urukshitim cakara;* RV.7.100.4)[4].

En fait la racine "faire", *KR*, n'est pas fréquemment utilisée, on lui préfère un verbe, ou plus exactement une série de verbes qui décrivent mieux l'acte créateur dans la mesure où ils renvoient à l'espace créé. "Étendre", "franchir", "enjamber" doivent en effet s'entendre comme faisant naître ce qui a été franchi, enjambé ou étendu. C'est donc finalement l'objet, c'est-à-dire les différents types d'espaces, qui ont déterminé la nature de l'acte créateur alors que le récit cosmogonique, et plus précisément ici sa configuration grammaticale, laisse entendre le contraire puisque l'objet apparaît comme la conséquence d'un procès exécuté par un sujet anthropomorphe :

> *(Vishnu) qui a franchi au loin (uruKRAM) les espaces terrestres en trois enjambées, afin qu'il y ait liberté-de-mouvement (pour l'homme), afin que (l'homme) vive* (1.155.4).
> *Trois fois ce dieu a enjambé (viKRAM) cette terre-ci...par sa grandeur* (7.100.3).
> *Il a enjambé (viKRAM) cette terre-ci, ce dieu, afin (qu'elle soit) domaine foncier (pour l'homme)* (7.100.4).
> *Vous (Indra. et Vishnu.) étendîtes (PRATH) les espaces pour nous (permettre d'y mieux) vivre* (6.69.5).

Si l'on admet, ainsi qu'il a été proposé il y a un instant, que tous ces verbes renvoient au prédicat cosmogonique fondamental (disons "créer" pour l'instant et pour simplifier), c'est uniquement sur la base qui vient d'être suggérée, à savoir que c'est l'objet qui aurait déterminé la nature du prédicat verbal par une sorte de métonymie de l'effet. Car, s'il existe bien une affinité, vérifiable d'ailleurs empiriquement, entre la notion d'espace et celles de franchissement ou d'enjambement, la relation supplémentaire (enjamber un espace équivaut à le créer, à l'étendre) demande à être éclairée. Car le problème que posent ces textes a des allures très paradoxales : on en retire le sentiment que le dieu-marcheur fait naître l'espace sous ses pas, qu'il lui suffit de se

---

4 La traduction française des hymnes à Vishnu est empruntée à Louis RENOU, *Études védiques et paninéennes*, 15, E. DE BOCCARD, Paris, 1966. En deux autres circonstances (7.99.4 et 6.69.5) l'action de faire, de créer (racine *KR*) est attribuée à Vishnu associé à Indra; mais il faut admettre avec RENOU que la formulation dépend de Vishnu, qu'elle dérive de lui. De même est-elle parfois attribuée au seul Indra (6.17.7) selon un type de glissement fréquent dans l'hymnaire.

déplacer pour qu'aussitôt les espaces, toutes les sortes d'espaces naissent et s'étendent.

Précisons tout de suite que ce paradoxe n'en est pas vraiment un en sanskrit dans la mesure où l'accusatif y note à la fois "le trajet effectué" (différent de l'accusatif de but) et "l'objet effectué" et qu'il existe une affinité entre les deux puisque l'un "est à un verbe aller" ce que l'autre "est à un verbe opératif quelconque" et que c'est même "l'accusatif de l'objet effectué qui dans certains de ses emplois, qu'on peut décrire comme l'expression de l'activité exercée, sort de l'accusatif du trajet effectué..."[5]. Il est encore possible de réduire l'aporie en prenant en compte deux données complémentaires.

Nous savons que Vishnu est capable de s'accroître (*VRDH*) "en son corps au-delà de (toute mesure)" (7.99.1), de s'étendre, étant "doué de vaste-expansion" (*saprathah*) (1.156.1); c'est pourquoi on dit de son éclat qu'il est *diffus* (*vibhûtadyumna; ibid.*) et que lui-même est répandu partout : *vyâpaka*. Ce que confirme l'insistance avec laquelle il est associé au préfixe *vi-* dont on a noté depuis longtemps la présence dans son nom même : "*vi-* est particulièrement fréquent avec les acceptions de : dispersion, extension, séparation, écart"[6].

Or, nous savons aussi que les mêmes textes, ou des textes voisins, considèrent les espaces comme extensibles (RV. 6.69.5). Cette donnée dérive probablement de spéculations très archaïques[7]. En effet, le mot sanskrit qui désigne habituellement la terre, *prithivî*, et qui servit d'abord à la qualifier sous un autre nom (comparer le *kshâm...urvîm* de 6.17.7 au *kshâm...prithivîm* de 10.31.9), doit être rattaché aux idées d'extension, d'élargissement, présentes dans la racine *PRATH* qui a été citée il y a un instant (6.69.5), mais qui s'appliquait là aux seuls espaces intermédiaires.

Dans ces conditions, ne doit-on pas admettre que la notion d'espaces extensibles a entraîné celle d'un dieu à l'ample démarche et "doué de vaste expansion" alors que, suivant la chronologie du récit cosmogonique, c'est l'espace qui est engendré dans la foulée du dieu ? Seule l'ambiguïté fonctionnelle du récit, *post hoc ergo propter hoc*, permet d'opérer ce renversement de perspective. Il reste que le geste de Vishnu dépasse, tout en les intégrant, les notions de *création* ou de *prise de possession active*, puisqu'il consiste à créer

---

5 Jean HAUDRY, *L'emploi des cas en védique*, Lyon, 1977, p. 147.

6 RENOU, *Grammaire de la langue védique*, Paris, 1952, p. 136. À propos du comparatif *vitaram* (plus outre, pour aller plus loin) attribué également au *viKRAM* de Vishnu (RV. 4.18.11 et 8.89.12), Georges DUMÉZIL a écrit : "Le comparatif, qui éclaire aussi le sens de l'action du dieu, rappelle que Vishnu peut en effet faire un pas toujours "plus loin", tant qu'il y a une partie d'espace à arpenter, et, mystiquement – par son troisième pas – au-delà même de l'espace", "Le dieu scandinave Vidarr", *Revue de l'Histoire des Religions*, 1965, 1, p.12. Voir également Jan GONDA, A*spects of early visnuism*, Delhi, 1969, p. 61 et suiv. Dans *Mythe et épopée I*, Gallimard, Paris, 1968, p. 234 n. 1, DUMÉZIL insistera à nouveau sur la notion de dilatation propre à l'activité et à la nature de ce dieu.

7 Cf. Rüdiger SCHMITT, *Dichtung und Dichtersprache in Indogermanischer Zeit*, Wiesbaden, 1967, §§ 362-368.

en étendant, à étendre en marchant et à enjamber en créant. Si l'on dresse le paradigme des verbes et de leurs "expansions", on remarque que leurs différentes acceptions s'articulent toutes autour de la notion de "mobilité créatrice par extension". Ce concept complexe affleure partout, mais il ressort surtout du paradigme tout entier dont l'un quelconque des éléments n'est pas dissociable des autres. Il apparaît ainsi dans le verbe lui-même (*PRATH*), dans le verbe et son préverbe (vi*KRAM*, *uruKRAM*), dans le verbe et un adverbe (*variyo KR*), dans le verbe et l'instrumental qui l'accompagne (*tribhir padebhih*), ou encore dans le verbe et l'adjectif accolé à l'objet (*KR uru*...).

La confrontation de deux mythes indiens, qui mettent en scène Vishnu sous la forme du nain, vont maintenant nous permettre d'affirmer que le déplacement et l'expansion du dieu créateur furent pensés conjointement.

Suivant la version du *Çatapathabrâhmana*, les *asura* se sont emparés de la terre et se préparent à la partager lorsque les dieux, qui ont placé Vishnu à leur tête, surviennent pour en réclamer une part. De mauvaise grâce, les démons leur accordent autant d'espace que le dieu est capable de recouvrir en s'allongeant (1.2.5.5). Et en étendant Vishnu (*niPAD*), qui est ici identifié au sacrifice, les dieux obtiennent cette terre entière (1.2.5.8). La version contenue dans la *Maitrâyanîsamhitâ* dit exactement la même chose, à cette différence près qu'ici Vishnu traverse la terre en marchant :

> *Les dieux amenèrent Vishnu métamorphosé en nain : Autant il couvre en trois pas, dirent-ils, autant à nous. Or il couvrit d'abord d'un pas ceci, puis ceci, puis cela, et les dieux gagnèrent tout ceci*[8].

Ces deux textes confirment que le déploiement horizontal par extension aboutit au même résultat que le triple enjambement; car ce qui importe, dans les deux cas, c'est la capacité du dieu à dilater son corps jusqu'à le faire coïncider avec les limites de l'espace terrestre (il s'agit ici de le récupérer, non de le créer; mais les deux opérations reposent sur la même technique). Dans la mesure où celui-ci est lui-même extensible à l'instar des autres espaces, on en vient naturellement à penser que le dieu ne fait que traduire activement, anthropomorphiquement, une qualité attribuée à l'espace, que la nature de son geste et les compétences qu'elle suppose dépendent en dernière analyse de la représentation qu'on se faisait de celui-là.

On constate en d'autres termes que toute spéculation concernant l'espace exploite la structure sémiotique de l'objet qu'elle est censée décrire comme si les processus dans lesquels est engagé l'espace n'étaient pensables qu'à partir de sa conception même : puisque l'espace terrestre est extensible et franchissable, sa création ou sa conquête se feront par dilatation et/ou par enjambement. La genèse est donc bien pensée en fonction des qualités prêtées à l'objet. Aussi faut-il reconnaître dans tous ces textes la présence d'une isotropie diffuse en ce

---

[8] 3.8.3, cité et traduit par Sylvain Lévi, *La doctrine du sacrifice dans les brâhmanas*, 2e éd., Paris, PUF, 1966., p. 48.

sens que les mots qui servent ici à désigner ses divers composants, actants et prédicats, renvoient uniformément aux notions de franchissement et d'expansion. L'étude d'un énoncé quelconque est inséparable du paradigme formé par les énoncés comparables.

Mais la présence de cette isotropie, si elle renforce la cohérence du récit cosmogonique en en harmonisant les divers éléments, ne peut rendre compte à elle seule de ce dernier, puisque le passage des mots à la phrase n'est pas une simple sommation. En effet, il ne suffit pas de remarquer qu'entre tels mots formant tel syntagme existe un certain air de famille pour s'estimer quitte, car ce syntagme résulte aussi de contraintes particulières et de choix spécifiques : la répartition des actants entre les différentes fonctions syntaxiques est *a priori* imprévisible, de même que le choix du verbe. Rien n'est donc moins évident qu'un énoncé cosmogonique; c'est pourquoi il nous faut continuer à l'interroger afin de découvrir les mécanismes qui permirent que l'on y crût.

Dans une expression telle que "il (Vishnu) a enjambé cette terre-ci..." (7.100.4) seul l'objet possède un semblant de référent extralinguistique, puisque nous savons à présent qu'il est largement indépendant de l'espace empirique, qu'il n'en est qu'une représentation symbolique conçue au terme d'une savante création textuelle. Dans ces conditions, et *a fortiori* si l'on reconnaît le pouvoir d'évocation et de persuasion de l'énoncé cosmogonique, ne doit-on pas se demander comment et pourquoi ce dernier s'affranchit aussi aisément des pesantes contraintes du réel ? Pour comprendre ce phénomène il semble nécessaire de tenir compte à la fois de ces trois facteurs, décomposés ici par l'analyse :

a) du rôle sémantique et logique joué par le verbe,
b) de la répartition des actants entre les principales fonctions syntaxiques, sujet et objet,
c) et de l'influence de l'isotropie précédemment mentionnée.

a) D'un point de vue logique, la phrase très simple citée il y a un instant, et composée de S(ujet) + V(erbe) + O(bjet), peut être réduite à "deux rapports d'implication réciproque", puisque, si "la fonction sujet et la fonction prédicat apparaissent comme les deux faces d'une seule relation"[9], il en va de même pour le V. et pour l'O. puisque "un verbe transitif et son objet (ou ses objets) forment une construction si étroite qu'il est impossible de traiter du sens de la relation objet sans toucher au sens du verbe lui-même"[10]. La chose est particulièrement vraie ici. Si l'énoncé cosmogonique parvient à associer trois éléments discrets et hétérogènes tout en produisant un syntagme crédible, c'est parce que le V. (déduit métonymiquement de l'O. comme on l'a déjà noté) sert à lier le S. (déduit lui aussi de l'O.), qu'il verrouille leur coprésence.

---

9 Guy SERBAT, *Cas et fonctions*, Paris, PUF, 1981, p. 171.
10 HAUDRY, *op. cit.*, p. 27.

b) Si l'espace parvient à occuper la fonction O., c'est parce qu'il est intégré dans un cadre syntaxique à vocation narrative (c'est-à-dire où le S. préexiste au *faire* d'où résulte l'O.). Mais cette promotion, qui n'a rien d'évident ni de naturel (rien dans l'espace empirique, c'est-à-dire aucune de ses qualités intrinsèques, ne le prédestine à devenir l'O. d'un *faire* cosmogonique), a été payée préalablement.

c) C'est en effet parce que cet énoncé a été rendu homogène par la présence d'une isotropie sémantique qui lui offre en quelque sorte un dénominateur commun, que l'espace, a acquis ce statut d'actant au sein d'une structure syntaxique et narrative.

On aura remarqué au passage que la structure narrative est progressive (le S. créateur est logiquement antérieur au geste et lui-même à l'objet créé) tandis que la structure syntaxique est articulée autour du verbe qui médiatise la relation entre le S. et l'O. À l'opposé, l'isotropie est régressive : elle part de la représentation de l'objet pour investir le S. et le V. Mais pour le lecteur ces trois parcours se fondent en un effet de sens particulièrement frappant. La lisibilité de l'énoncé cosmogonique résulte donc de la superposition d'une structure grammaticale simple, articulée autour du V., et d'un système narratif élémentaire, deux actants et un prédicat, unifié sémantiquement; cette rencontre permet de passer du discontinu au continu puisque les sèmes discrets "créateur", "espace" (en tant qu'objet effectué) et "faire" sont dès lors "appréhendés successivement, selon l'ordre d'une "histoire artificielle" (G. CHARACHIDZÉ). C'est donc par l'analyse des niveaux grammatical, sémantique (qui dévoile l'ensemble des procédures d'homogénéisation grâce auxquelles cet énoncé est rendu isotrope) et narratif (qui comme toujours joue sur les rapports ambigus qu'entretiennent la consécution et la conséquence) que nous parvenons à comprendre la constitution de l'énoncé cosmogonique.

Ce dernier est aussi étroitement lié à une autre caractéristique de la langue qui le véhicule et que l'on pourrait appeler la transcendance du S., étant donné que c'est par rapport à lui que "se situent les autres constituants"[11]. C'est donc Vishnu qui est le grand bénéficiaire de cette opération. En effet, son nom et sa promotion au rang de créateur, c'est-à-dire son existence même, il les doit finalement à une double nécessité, grammaticale et anthropologique, que l'on retrouve dans le programme narratif élémentaire suivant lequel tout objet résulte d'un geste accompli par un créateur, et au caractère isotrope et tautologique du discours mythique. Ces divers facteurs sont en fait indissociables. Il en résulte un texte poétique, l'énoncé cosmogonique, qui ne retire sa cohérence que de lui-même dans la mesure où l'objet qu'il évoque est par lui *seul* dénommé et authentifié. Dans ces conditions, on comprend qu'un tel énoncé soit irréfutable; par quelque biais qu'on l'aborde, il ne renvoie, encore et toujours, qu'à lui-même.

---

[11] HAUDRY, *ibid.*, p. 26.

Ces remarques destinées, à partir d'un énoncé très simple, à en montrer la complexité, n'épuisent pas le rôle cosmogonique joué par Vishnu. Le geste fondateur, outre qu'il étend l'espace, le rendant ainsi vaste et accueillant, permet également de passer de l'instable au stable, de l'inordonné à l'ordonné. Extension donc, mais aussi fixation. L'espace, les espaces créés par Vishnu deviennent délimités, sûrs, solides, hiérarchisés (Terre, atmosphère et ciel) soumis à l'Ordre, le *rita*, dont le dieu est lui-même issu (RV. 1.156.3). La cosmogonie est, ici aussi et au sens fort du mot, naissance d'un cosmos. La mobilité créatrice débouche sur son antonyme : l'assise et la cheville.

Ici encore, l'étude du paradigme est peut-être aussi intéressante que l'étude de chaque racine verbale. Elle en est en tout cas inséparable. Si l'on considère le groupe d'hymnes déjà mis à contribution, on voit apparaître : *viMÂ* (1.154.1 et 3); *DHÂ* (1.154.4, 1.155.3 et 7.99.3); *SKA(M)BH* (1.154.1); *viSTA(M)BH* (7.99.3).

Si la racine *viMÂ* assure en quelque sorte la transition entre le groupe des prédicats "créateurs" et ce groupe-ci dans la mesure où elle évoque à la fois l'idée d'un mouvement créateur par déploiement et celle de la construction stable en résultant, les autres racines renvoient à la phase qui a suivi le geste fondateur. Cette articulation apparaît clairement dans 1.154.1 :

> *(Vishnu) qui a étayé le séjour-en-commun (sis) au-delà, après avoir enjambé triplement (l'univers, ce dieu) qui marche au loin.*

Ces verbes suggèrent les images d'un monde stable, solidement arrimé, d'une assise ferme, d'un étai solide placé entre terre et ciel. RV. 7.99.3 est sur ce point explicite :

> *Tu as en étayant séparé les deux mondes que voici, ô Vishnu; tu as maintenu la terre tout autour avec des chevilles.*

Cet effort titanesque, ce charpentage du cosmos semblent avoir plusieurs buts et bénéficiaires : l'exploit d'Indra (c'est-à-dire le meurtre de Vritra; 4.18.11 et 8.89.12), l'homme oppressé (6.49.13), "la liberté de mouvement" (1.155.4), la vie (1.155.4), "le domaine foncier" (7.100.4) et le sacrifice (7.99.4). Et, par là, nous revenons à notre point de départ. Si l'espace fut conçu à l'image du développement des êtres vivants, représentation que renforça la description du dieu créateur se dilatant lui-même, cet espace, une fois arrimé, devient à son tour le lieu où s'épanouit la vie sous toutes ses formes (combat, mouvement, agriculture...).

Étant donné que le second problème abordé dans ce chapitre est celui de l'existence des dieux conçus et perçus à travers les actes de parole qui leur sont adressés, il a paru évident de ne retenir que des textes avec lesquels des hommes avaient effectivement parlé aux leurs. Afin d'éviter un éparpillement qui aurait vite provoqué la confusion et l'illisibilité, l'enquête a été limitée à une courte série (tout à fait arbitraire) d'hymnes védiques. Elle s'ouvrira même modestement par l'un d'entre eux (Rigveda 1.1), qui a permis, à un moment donné, il y a presque trois mille ans, qu'un homme interpellât un dieu et se tournât avec confiance vers lui.

Sans trop s'interroger, c'est-à-dire de manière empirique et intuitive, on a reconnu et admis depuis longtemps[12], que le contenu de la plupart des hymnes védiques comportait trois parties ou plutôt trois aspects distincts, soit : a) l'invocation, qui permettait d'appeler le dieu et d'entrer en contact avec lui, b) la louange dans laquelle étaient évoqués les qualités et les exploits du dieu en question, et, enfin, c) la prière proprement dit, c'est-à-dire les bienfaits et les avantages que l'invocateur attendait de la bienveillante activité divine. On peut vérifier, en se reportant à l'hymne védique annoncé plus haut et adressé à Agni, le Feu du sacrifice (privé ou solennel), à quel point cette nomenclature et les catégories qu'elle désigne sont inaptes à rendre compte de ce qui est sans doute aussi essentiel qu'elles, à savoir leur répétition, leur entrelacement et leur ordre d'apparition :

1. *J'invoque Agni (en tant que) préposé (au culte), dieu du sacrifice, officiant, / oblateur conférant les trésors par excellence.*
2. *Agni est digne d'être invoqué par les Prophètes antiques ainsi que par ceux de maintenant : / qu'il convoie les dieux ici !*
3. *Grâce à Agni puisse (le sacrifiant) atteindre richesse (et) prospérité jour après jour, / (richesse et prospérité) honorable, très abondante en hommes d'élite !*
4. *Ô Agni, le sacrifice, le rite que tu environnes de toutes parts, / celui-là seul va chez les dieux.*
5. *Agni, oblateur ayant le pouvoir-spirituel d'un poète, (Agni) réel au renom très éclatant, / dieu (lui-même), qu'il vienne avec les dieux !*
6. *En vérité, quand tu décideras toi(-même), ô Agni, de faire du bien à l'adorateur, / C'est à toi (qu'en reviendra le mérite) réel, ô Angiras.*
7. *Nous t'approchons jour après jour, ô Agni, grâce à la vision-poétique, ô toi qui éclaires durant les nuits, / nous-mêmes, en t'apportant l'hommage,*
8. *toi qui régis les rites (comme) gardien de l'Ordre-sacré, (dieu) éclatant, / qui prends croissance en ta propre maison.*
9. *Tel (étant), sois nous d'accès facile, comme (l'est) un père pour le fils, ô Agni; / tiens toi à nos côtés, pour (notre) salut !*[13]

Par une simple lecture cursive de ces quelques strophes, il est déjà permis de constater que la distinction entre invocation, louange et prière n'est pas toujours facile à établir ni à tracer. Les mêmes strophes mêlent à la fois invocation et louange (1), louange et prière (2, 5). L'ordre de ces trois

12 Voir, par exemple, Jan GONDA, *Vedic literature*, Otto HARRASSOWITZ, Wiesbaden, 1975, p 100.

13 Cette traduction ainsi que toutes les suivantes sont empruntées aux *Études védiques et paninéennes* de Louis RENOU, Tome XII, E. DE BOCCARD, Paris, 1964.

catégories n'est pas lui-même stable et arrêté selon un modèle canonique (invocation, puis louange et enfin prière, par exemple), puisque l'on voit au contraire qu'après l'invocation (rappelée ensuite par plusieurs vocatifs) s'entrelacent louanges et prières. Il faudrait enfin se demander quel est le statut des strophes 6 et 7 (hommage ?, louange ?).

On n'oubliera pas non plus qu'un tel hymne présuppose une conception particulière de la langue poétique. Parce qu'elle est aussi souffle, la parole est vitale, capable d'accroître elle-même, par le seul pouvoir de sa manifestation[14], la puissance du dieu, ainsi qu'il est dit par exemple dans un hymne voisin, également adressé à Agni :

> *Fortifie toi, ô Agni, de cette Énergie-formulée que nous t'avons fabriquée ou par (notre) pouvoir ou par (notre) savoir !* (1.31.ab).

Une telle conception de la langue poétique, puissante, créatrice, dotée de pouvoirs illimités, n'a pu être engendrée que par ces textes eux-mêmes. Ce qui prouve qu'ils détiennent eux-mêmes, vis-à-vis d'eux-mêmes, une forte relation réflexive et transitive : seul un texte est capable d'énoncer ses propres pouvoirs, d'en imaginer d'autres, plus exorbitants encore, ou de les prêter éventuellement à l'un de ses semblables. Cette fois encore, la principale énigme réside au fond dans l'homme qui, bien qu'étant le seul auteur de ses textes, parvient néanmoins à se persuader que leurs fictions, qui sont en fait les siennes, détiennent quelque vérité et surtout une puissance capable d'agir dans le monde.

Malgré ses évidentes imperfections et insuffisances, on empruntera néanmoins provisoirement ce modèle descriptif (invocation, louange et prière), puisqu'il s'agira de montrer de toute façon que son fonctionnement est ici plus proche, métaphoriquement parlant, de la texture, de l'entrelacement que de la simple juxtaposition. Mais pour cela, il aura été nécessaire au préalable d'entrevoir la complexité des modalités énonciatives présentes dans une (pourtant bien brève) sélection d'hymnes védiques. Jusqu'à présent, ces dernières ont été négligées par les historiens des religions. Dans la série : invocation, louange, et prière, ils ont réservé leur attention et leurs soins à ce qui était *dit* dans la louange (ainsi que nous l'avons fait nous-même dans la première partie de ce chapitre). Les "tu es", schématiquement, fournissant la matière de la théologie et les "tu as fait" celle de la mythologie. En revanche, ces mêmes historiens ont négligé à la fois ce qui était *dit* dans l'invocation et la prière et surtout le fait que toutes les trois, invocation, louange et prière, étaient en même temps des espèces particulières de *dire*. La raison majeure susceptible d'expliquer la première de ces négligences est assez évidente. L'invocation proprement dire se résume souvent à peu de choses : une brève et banale interpellation ("J'invoque Agni"), un nom propre employé au vocatif, quelques fois même un simple pronom personnel ou un impératif, seules traces visibles de la présence d'un interlocuteur

---

[14] Sur ce point, on se reportera aux études classiques de Louis RENOU, Lilian SILBURN, André PADOUX, Charles MALAMOUD etc.

céleste. De même, et bien qu'elles soient beaucoup plus développées, les prières se résument presque toujours à la banale énumération de désirs qui étaient déjà bien ordinaires à cette haute époque : la richesse, la santé, la victoire, etc.

Ces prières et ces invocations, au même titre que les louanges, sont donc aussi des *dire*, des actes de langage, des types singuliers d'expression, qui concernent ici à la fois des divinités et les relations que les hommes établirent avec elles. Or, si l'on prend en compte ce fait, il devient tout à fait légitime d'ajouter à la traditionnelle philologie de l'énoncé (la traduction, l'interprétation, le commentaire, l'exégèse etc.) une approche supplémentaire, centrée sur l'énonciation, et qui aura pour vocation de décrire les figures et les enjeux de cette dernière. Comparons, pour nous convaincre de son importance, ces trois énoncés fictifs, mais vraisemblables : a) *Agni est le prêtre divin.* b) *Je loue Agni, le prêtre divin.* c) *ÔAgni, toi qui es le prêtre divin.*

L'information qu'ils contiennent semble partout identique, spécialement pour l'historien des religions. Chacun d'eux nous apprend la même chose, à savoir qu'Agni est le dieu voué à occuper, parmi ses pairs, la fonction sacerdotale. Mais les perspectives ouvertes par chacun de ces énoncés sont en revanche différentes si on les envisage cette fois d'un point de vue pragmatique. Le premier énoncé n'est qu'une simple assertion, seules lui conviennent par conséquent les questions auxquelles on répondra, au choix, par vrai ou faux. Dans le second énoncé, c'est moins la personnalité ou la fonction d'Agni qui importent que mon propre geste d'adoration ou de respect, lequel implique un vaste système de croyances et de représentations dont j'admets tacitement, par le seul choix du verbe "louer" conjugué à la première personne du présent de l'indicatif, partager la plupart des dogmes et des conclusions. Par le troisième énoncé, c'est, en plus de l'existence, la proximité existentielle d'Agni lui-même qui est en quelque sorte (ré)affirmée. Par ma seule parole, le contact avec le dieu y devient en quelque sorte immédiat. Naturellement, ceux qui utilisent de telles formules, loin de croire ou de penser qu'ils créent leurs interlocuteurs divins en employant cet ensemble de procédés énonciatifs (vocatif, apostrophe, nom propre, deuxième personne du singulier, impératif ou présent de l'indicatif, style direct, etc.) s'imaginent sincèrement qu'ils cherchent à capter l'attention et la bienveillance d'un être qui préexiste à leurs propos, qui est indépendant d'eux.

L'usage conjoint de tous ces procédés crée un type d'énonciation qui ne présente en fait aucun caractère original. C'est le style de la conversation familière ou simplement respectueuse, mais qui, dans ce contexte religieux et étant donné la personnalité de l'interlocuteur, permet un véritable coup de force métaphysique. Associé au nom du dieu, le rôle du vocatif, ce cas dont il n'y a pas grand chose à dire et dont les grammairiens ne disent d'ailleurs presque jamais rien, est pourtant capital; c'est lui qui en définitive crée un autre monde et, simultanément, annule la distance infranchissable qui tient *a priori* éloignés l'un de l'autre ce monde des dieux et celui, ici-bas, de l'interlocuteur humain.

Ces usages du vocatif et des formes linguistiques qui lui sont associées exploitent une distinction connue (énoncé *vs* énonciation), bien que ce soit pour en confondre astucieusement les aspects respectifs. Il est indispensable que cette distinction soit présente à l'esprit, car c'est grâce à elle et aux jeux très subtils qu'elle permet que se déroule cette passionnante partie métaphysique.

Dans le premier énoncé cité plus haut ("Agni est le prêtre divin"), cette distinctions est claire, non ambiguë; on la retrouve d'ailleurs dans sa facile transcription dans le langage des logiciens :

$$\text{“}P\,a\,p\text{”} \in \mu \quad \text{et} \quad p \in \mu'$$

Effectivement, l'énonciation ("*P a p*"), le fait de dire *p*, appartient à notre monde (μ), alors que *p* (l'objet de l'assertion, le fait qu'Agni soit le prêtre divin) appartient à μ'. C'est pourquoi "*P a p*" est un événement indiscutable (quelqu'un a effectivement affirmé *p*), tandis que *p* appartient à un monde alterne de μ, μ' ou monde possible, dans le vocabulaire de Jaakko HINTIKKA[15]. Au contraire, le troisième énoncé ("Ô Agni, toi qui es le prêtre divin"), parachevant le travail du second ("Je loue Agni, le prêtre divin), cherche à effacer définitivement cette distinction. Pour y parvenir, il lui suffit d'employer un vocatif et le tutoiement, c'est-à-dire le style direct, qui, parce qu'il introduit un interlocuteur, rend en apparence le contenu de l'énoncé coextensif et contemporain de son énonciation. L'un et l'autre paraissent ne plus pouvoir être distingués par nous (*p* semble ne pas être autre chose que "*p*"). Cette confusion ou cette indistinction tiennent au fait qu'en style direct l'énoncé *p* perd toute valeur véridictionnelle (en disant : "Ô Agni, toi qui es...", celui qui prononce cette phrase ne se demande pas un instant si Agni existe et s'il est effectivement le prêtre divin). En devenant mon interlocuteur, Agni appartient désormais au même monde que "*P a p*", c'est-à-dire le mien, celui dans lequel je suis en train de dire *p*. Pour être plus clair encore : Agni existe maintenant dans μ et μ' n'a plus de raison d'être en tant que tel, puisqu'il contredirait l'usage expérimental, manifeste, vécu, du vocatif et du tutoiement; or entre cette expérience immédiate, subjective, du dialogue et les subtilités des logiciens et métaphysiciens pour lesquels μ et μ' sont ontologiquement différents, une sorte d'évidence s'impose souvent très vite en faveur de la première.

Il semble acquis dès à présent que l'existence (avant tout verbale et textuelle de toute façon) du dieu est d'abord fondée sur l'emploi astucieux et répété de formules variées, d'invocation en particulier, dans lesquelles la distinction entre énoncé et énonciation est en quelque sorte effacée par l'emploi d'un style direct où abondent les vocatifs et l'usage de formes verbales conjuguées à la deuxième personne du singulier. Grâce à eux, s'impose alors la double évidence d'un interlocuteur, aussi réel que divin, auquel il est loisible de

---

15 Voir, sur ce point précis, Jaakko HINTIKKA, *L'intentionnalité et les mondes possibles*, Lille, PUL, 1989, p. 23.

s'adresser sans détour comme on le ferait en présence d'un ami ou d'un protecteur, fidèle et dévoué. En ce sens, on peut affirmer que les hymnes les plus solennels présentent des expressions stéréotypées qui ne devaient pas être très différentes de celles utilisées dans la langue de tous les jours. L'originalité des hymnes védiques tient également à ce mélange surprenant d'une langue savante, fréquemment obscure, et de manières de parler presque familières. La rencontre de ces deux aspects contraires (énoncés savants et énonciations familières) permet de créer un écart par rapport à la langue ordinaire tout en préservant la possibilité de repérer et de comprendre l'hymne (même s'il est vrai aussi que celui-ci, lors de cérémonies solennelles, finit souvent par être récité de manière mécanique, sans que son contenu fût littéralement entendu).

Les réflexions précédentes, menées à partir de l'hymne 1.1 du *RigVeda*, vont être enrichies en prenant cette fois pour témoin une courte série de textes, soit les quinze premiers hymnes à Agni de ce même recueil. Naturellement, il serait en théorie possible de choisir un corpus beaucoup plus vaste et beaucoup plus varié, mais il est bien évident qu'un tel accroissement de la masse documentaire la rendrait rapidement immaniable. Puisque l'un des buts de cette étude est de montrer la richesse et l'importance des modalités énonciatives dans toute fabrique de dieux, puis de réfléchir à leur organisation, et qu'un petit corpus de quinze hymnes permet déjà d'y parvenir en autorisant quelques conclusions générales qu'un corpus beaucoup plus vaste ne pourrait que confirmer, on a considéré qu'il était possible de s'en tenir à ces quelques cas. Méritent en particulier d'être retenus les faits morphologiques suivants :

a) L'invocation, la louange et la prière donnèrent lieu chacune à un très grand nombre d'expressions ou de figures, parfois à l'intérieur du même hymne.

Considérons, pour simplifier, quelques types d'invocation afin de prendre conscience de leur extraordinaire variété. Celle-ci est d'autant plus surprenante que l'invocation, brève, rapide et fonctionnelle, ne semblait pas permettre *a priori* que s'y manifestât la virtuosité ou l'invention des poètes. Il faut pourtant constater que sur un thème aussi codifié et peu exaltant, les poètes védiques découvrirent plusieurs combinaisons.

L'invocation la plus explicite et la plus littérale est sans doute celle que l'on trouve au tout début de l'hymne 1.1 déjà cité (adressé à Agni, le dieu initial, il est donc aussi le premier du *Rigveda*) :

J'invoque Agni (en tant que) préposé (au culte...).

Cette invocation initiale est assez vite confirmée (str. 4 et suiv.) par plusieurs emplois du nom du dieu au vocatif, qui ressemblent beaucoup à la fonction phatique décrite par Roman JAKOBSON. Ils servent à maintenir le contact avec le dieu. Avec eux, qui sont de véritables apostrophes, l'adresse se fait directe, puisqu'ils coïncident avec le passage au "tu", lequel n'exclut pas cependant un retour ultérieur de la troisième personne ainsi qu'on le voit, dans le même hymne, à la strophe 5.

L'hymne 1.12 commence par évoquer Agni, et, très humblement, déclare d'abord :

> *Nous élisons Agni pour messager, pour oblateur omniscient / de ce sacrifice-ci, (oblateur) riche en pouvoir-spirituel.*
> *(Les hommes) appellent Agni (et encore) Agni toujours par des appels, (Agni) le maître des tribus, / le convoyeur d'offrandes, le (dieu) très aimé.*

Après cette entrée en matière très respectueuse, dans laquelle le nom du dieu n'apparaît qu'à l'accusatif et à la troisième personne, suivent plusieurs expressions au vocatif destinées à exécuter le programme général annoncé dans les deux premières strophes. Désormais, à partir de la troisième, c'est au dieu lui-même que s'adressent les paroles du poète :

> *Ô Agni... Ô toi qu'arrose le beurre fondu... ô (dieu) brillant... ô toi Agni... ô dieu... ô (Agni) clarifiant... ô brillant Agni...*

L'hymne 1.44 commence au contraire par une formule de ce genre, éclatante, avant de passer à la troisième personne, dans les strophes 3 et 4, puis de revenir au tutoiement personnel dans la cinquième :

> *Je vais te louer, moi, ô immortel, ô nourricier de tout (être)...*

Dans l'hymne 1.58, la première adresse directe au dieu, sous la forme d'un modeste vocatif, n'apparaît discrètement qu'au milieu d'une longue louange, dans la quatrième strophe :

> *Mû par le vent, il se répand dans les fourrés à son gré avec ses langues (comme si c'était) avec une faucille, en bruissant fortement. / Quand, ô Agni, tel-un-taureau-tu-saillis les arbres avec avidité, noire est ta marche, ô (dieu) dont brillent les vagues (enflammées), ô (dieu) exempt de vieillir.*

b) Si l'invocation est souvent première, encore qu'il ne s'agisse pas là d'une règle absolue (puisqu'elle peut apparaître après une ou plusieurs strophes de louange formulées à la troisième personne, ainsi qu'il apparaît dans l'hymne 1.59.4), la louange et la prière alternent ensuite, une ou plusieurs fois, et dans n'importe quel ordre, avec d'éventuelles reprises de l'invocation, qui en rythment en quelque sorte l'alternance. Moins qu'ailleurs encore est-il possible ici de dégager un modèle canonique ou même simplement caractérisé par sa fréquence : toutes les combinaisons semblent avoir été employées par les poètes védiques.

Si elles présentent une grande variété d'expression, si elles se suivent dans n'importe quel ordre, il est tout aussi évident que l'invocation, la louange et la prière s'entrecroisent sans cesse, et souvent même coexistent dans la même strophe ou dans deux strophes successives. Comme dans l'hymne initial, le début de l'hymne 1.26 mêle adroitement la louange à l'invocation :

Revêts donc tes vêtements (de flammes), ô (Agni) digne du repas-rituel, ô maître des vigueurs nourricières ! Tel (étant), célèbre ce rite de nous ! Prends place (en qualité de) notre oblateur, digne d'être élu (tel), ô Agni le plus jeune (des Agni), / (ayant été attiré ici) par les évocations poétiques, par le brillant de la parole !

L'invocation qui ouvre l'hymne suivant, 1.27, commence par une comparaison enthousiaste avant d'interpeller en le flattant son destinataire attendu :

Comme (on célèbre) un cheval porteur de trésors, (ainsi vais-je) te célébrer, toi Agni, par des hommages, / toi qui régis entièrement les rites. Puisse donc cet (Agni), fils (de la Force, dieu) à la vaste avancée, le très bienveillant, le libéral, / être à nos côtés avec (sa) force !

La prière sur laquelle se clôt cette seconde strophe se poursuit à la troisième (*garde nous du mortel qui (nous) veut du mal, / (garde nous) toujours, pour la durée-de-vie entière !*) avant qu'un vocatif ne vienne, dans la strophe quatre, entamer une nouvelle série de souhaits interrompue par un éloge très intéressé de la générosité du dieu.

Ce procédé, l'intrication ou l'enchevêtrement, est si fréquent qu'à moins d'admettre que l'invocation se limite strictement à l'emploi du nom du dieu au vocatif précédé ou non d'un verbe signifiant invoquer ou appeler, il est préférable de penser que les trois "formes simples" (invocation, louange, prière) ne valent que comme modèles conventionnels, des types idéaux et abstraits destinés à préparer et à présenter l'analyse de faits complexes bien plus qu'à les décrire adéquatement. Ce sont des références commodes et non des normes intangibles par rapport auxquelles devrait être évaluée la réalité des modalités énonciatives.

L'hymne 1.31 présente une organisation tout à fait différente. L'expression "toi, ô Agni" sert anaphoriquement à introduire les quinze premières strophes, remplies de louanges à l'adresse du dieu, avant que ne tombe, dans la seizième, la prière suivante :

Fais en sorte, ô Agni, que nous soit pardonnée cette infraction, ce trajet (par) lequel nous sommes venus de loin ! / Tu es l'ami-intime...

Après trois vocatifs, la strophe dix-sept reprendra une formule d'appel dans sa deuxième partie :

.../ viens (de même aujourd'hui) vers (nous), convoie la gent divine, fais la s'asseoir sur la litière-rituelle et sacrifie pour (elle qui t'est) chère !

c) L'importance de chacune de ces instances, l'invocation, la louange et la prière, est variable (comme l'est d'ailleurs la longueur des strophes et des hymnes védiques). Si la prière est souvent la partie la plus développée et l'invocation l'élément le plus bref, on rencontre aussi des hymnes qui sont d'un bout à l'autre une longue louange, ainsi l'hymne 1.66 ou l'hymne 1.65. Dans celui-ci, une seule expression, présente dans la première strophe, s'adresse directement à la divinité en employant le pronom de la deuxième personne.

Partout ailleurs, comme dans l'hymne voisin, la troisième personne est employée seule. Plus fréquemment, louanges et prières, tout en représentant la plus grande partie de l'hymne, occupent des espaces variables. Dans l'hymne 1.60, la prière, très brève, survient *in extremis* :

...Qu'arrive de bon matin bien vite (le dieu) riche en vision-poétique

Parfois au contraire, comme dans l'hymne 1.36, la prière, compacte, occupe plusieurs strophes centrales (12-16), après une première amorce dans la strophe 8 et avant le finale de la strophe 20 :

Les (êtres) au pouvoir destructeur, dotés de sorcellerie, tout démon, toujours consume les !

De ce bref survol d'une toute petite partie de l'hymnaire védique une conclusion se dégage, incontestable pourtant. La morphologie énonciative s'y présente avec une richesse extrême, si grande qu'il semble impossible d'en décrire toutes les nuances et toutes les expressions. À l'inépuisable variété des formules, à leur ordre et à leur poids relatifs s'ajoute encore leur entrelacement imprévisible. S'entrecroisent dans ce vaste ensemble textuel différentes figures, qui engendrent un véritable *tissu énonciatif*, comme si avaient été systématiquement exploitées toutes les ressources de la métrique, du lexique, de la grammaire et de l'illocution afin de produire un entrelacs aussi riche et vivant qu'harmonieux.

La description et la compréhension de ce *tissu énonciatif* supposent que l'on abandonne les conceptions rigides et transcendantales de la structure qui ont été en vogue au cours des années soixante. Celle qui caractérise ce "tissu" n'est pas de nature binaire ou oppositive; elle n'est pas non plus l'expression de catégories innées, symbolisables sous la forme d'algorithmes. Elle utilise au contraire toutes les ressources de la nuance et de l'entrelacement. Elle reprend indéfiniment les mêmes thèmes, enrichissant au passage chaque accord, modulant chacune des notes de l'harmonique qu'elle crée en la jouant. Aucun hymne n'est exactement identique à un autre, mais leurs différences ne sont pas non plus telles qu'on serait tenté de ne pas les regrouper dans le même ensemble.

Les relations logiques qui régissent l'organisation de ce *tissu énonciatif* ne sont pas celles que l'on rencontre habituellement. Se répondent, se superposent et s'entrecroisent plutôt les règles souples d'une morphologie qui doit plus au modelage et à la plasticité. Ici, les mots et les formules qui les contiennent se diversifient à l'infini, se transforment et se paraphrasent, découvrent mille nuances, deviennent malléables comme s'il s'agissait moins pour eux d'atteindre *une* expression idéale ultime que de composer une série interminable de variations. Loin de s'y dissoudre, la vivante personnalité du dieu y trouve au contraire la confirmation de sa réalité. Pourquoi ?

De l'énigme de l'ontogenèse divine qui a servi de point de départ à cette étude, le principal problème théorique qui reste en suspens réside dans la diversité et l'entrecroisement de ces procédés énonciatifs. Or, la pensée occidentale ne les a jamais vraiment admis en tant que tels. Elle a nié la pluralité, le mouvement, la métamorphose, la richesse des nuances et des connexions. Ses grands modèles interprétatifs n'ont jamais reconnu que l'Un, ou l'une de ses figures : la dichotomie, la hiérarchie, le syllogisme, la structure et l'Histoire, qui, toutes à leur façon, niaient la modalité, la plasticité et la multiplicité. Devant un système énonciatif aussi riche et complexe que celui que nous avons examiné ici, mais qui n'entretenait ou ne provoquait pour autant aucune confusion, naît le sentiment que nous nous trouvons une fois encore devant un paradoxe irritant : comment l'enchevêtrement de formules erratiques, largement substituables les unes aux autres et dans n'importe quel ordre (ou presque), peut-il néanmoins produire et préserver une figure divine singulière ?

Confronté à une énigme semblable, Marcel MAUSS a été le premier à proposer une réponse qu'il est indispensable de rappeler ici. Ayant remarqué, à propos de tribus australiennes, que "*tous les groupes s'imbriquent les uns dans les autres, s'organisent les uns en fonction des autres par des prestations réciproques, par des enchevêtrements de générations, de sexes, par des enchevêtrements de clans et par des stratifications d'âges*", il ajoutait aussitôt après, et bien que cette remarque pût elle aussi paraître paradoxale au premier abord : "*Il est beaucoup plus facile de comprendre maintenant comment une discipline, une autorité, une cohésion peuvent se dégager*"[16].

Loin de s'opposer ou de s'annuler, l'enchevêtrement et la richesse morphologique concourent au contraire à produire de l'ordre et de la cohérence. Le "tissu social" sera d'autant plus solide et résistant que sont nombreux les fils qui le tissent et différents les lieux et les modalités de leur entrelacement. La richesse est ici un gage de résistance et de durée De même, dans le texte, la présence de formules variées, diversement entrelacées, confère à celui-là une texture plus serrée et plus fine qui rejaillit, dans notre exemple, sur la personnalité du dieu. En outre, et à la condition de ne jamais oublier que tous ces phénomènes sociaux et textuels sont en fait arbitraires[17], on devine que ces

---

[16] Cf. n. 1 ci-dessus.

[17] Ici encore, c'est de MAUSS qu'il faut se souvenir : "*Tout phénomène social a en effet un attribut essentiel : qu'il soit un symbole, un mot, un instrument, une institution; qu'il soit même la langue, même la science la mieux faite; qu'il soit l'instrument le mieux adapté aux meilleures et aux plus nombreuses fins, qu'il soit le plus rationnel possible, le plus humain, il est encore arbitraire. Tous les phénomènes sociaux sont, à quelque degré, oeuvre de volonté collective, et qui dit volonté humaine dit choix entre*

enchevêtrements, solidement noués, leur permettent d'acquérir une existence plus forte, une sorte d'évidence ontologique. Chacun d'eux jouit de la densité du réseau qu'il forme avec tous les autres. Or, ces réseaux ne relèvent pas d'instances extérieures qui leur préexisteraient, la société ou la religion par exemple, ils sont ces instances elles-mêmes.

De plus, cette richesse énonciative rejoint sans doute la personnalité polymorphe des dieux. Un dieu est un actant complexe, l'opérateur central d'une synthèse dans laquelle interviennent plusieurs aspects et facteurs. Parmi eux, on ne retiendra ici pour terminer que le personnage et son (ou ses) nom(s).

Ce personnage possède plusieurs rôles, non exclusifs, qui, eux aussi, selon les cas, se superposent, se répondent et s'entrecroisent sans qu'il soit possible de décrire formellement ces intrications imprévisibles. S'imposent d'abord à l'attention tous les rôles sociaux et rituels prêtés aux dieux. Il sont nombreux et concernent tous les aspects de la vie, des plus quotidiens aux plus exceptionnels, des plus privés aux plus solennels. À cet égard, les dieux, c'est-à-dire en définitive, ne l'oublions jamais, tous les textes qui décrivent et justifient l'existence de leurs rôles, contribuent à rendre plus cohérentes les existences, individuelles ou collectives : À chaque heure de la journée, en chaque circonstance de la vie, en toute occasion, imprévue ou ritualisée, ils poursuivent la tâche qui consiste à entremêler les fragments de nos existences à leur grande oeuvre, l'Ordre ou l'Agencement cosmique des choses (le fameux *rita* védique). Ici encore, nous nous retrouvons face à un paradoxe connu, mais dont on ne se lasse pas d'admirer la fascinante efficacité : les dieux, créés par l'homme dans ses propres textes, lui apparaissent pourtant comme les irremplaçables créateurs et gardiens de son propre monde !

Pour donner de la consistance à ce personnage complexe, le *tissu énonciatif* évoqué plus haut a besoin de son nom (ou de ses substituts) autour duquel il entrelace le jeu de ses modalités diverses[18]. En contrepartie, ce nom, par l'expérience vécue qu'en font des hommes réels en se servant de lui au vocatif, suscite une réalité vivante (ou supposée telle, puisque l'on s'adresse à elle) : le personnage divin qui le porte[19]. Survient alors *l'actualisation* réciproque de celui qui prie et de celui à qui ce dernier s'adresse. En parlant à ses dieux, l'homme ne se contente pas d'en créer ou d'en perpétuer l'existence, c'est lui-même aussi qui vient au monde. Car comment imaginer qu'un tel dialogue ne réaffirme pas, mieux : n'apporte pas la preuve vivante et irréfutable de l'existence des deux interlocuteurs ? Et puisque dans les prières qu'il adresse

---

différentes options possibles ... Le domaine du social c'est le domaine de la modalité", *ibid.*, vol. I, Paris, 1968, p. xlvi.

[18] En ce sens où John R. SEARLE, *Les actes de langage*, Paris, Hermann, 1972, p. 226, affirmait que les noms propres "fonctionnent non pas comme les descriptions, mais comme des clous auxquels on accroche les descriptions".

[19] Le nom du dieu employé au vocatif est translinguistique, en ce sens qu'il n'appartient plus à aucune langue particulière.

à ses dieux l'homme confie volontiers ses désirs les plus chers et ses craintes les plus profondes, n'est-ce pas sa part la plus humaine qui se retrouve mêlée à ses échanges linguistiques avec l'au-delà ? Cependant, ce dialogue inédit n'est pas simplement un échange fictif et solitaire de l'homme avec lui-même. Par ce canal, c'est aussi une religion et, avec elle, une bonne partie de la cosmographie correspondante qui sont intériorisées et même incorporées, qui deviennent l'occasion d'une expérience personnelle, vécue par tel ou tel individu au jour le jour. Ainsi s'accomplit le plus intéressant paradoxe que présente toute religion, celui d'être à la fois un fait collectif, déployé dans un vaste *corpus* de textes, et, en même temps, une manière singulière, propre à chacun, d'être présent au monde.

CHAPITRE CINQ

"Ce sont toutes ces bribes, tous ces objets partiels, que le désir tente de tisser et de refermer autour de lui dans l'uniformité lentement reconstituée, réparée, protégeante, d'un seul et vaste corps" (J. P. RICHARD).

TEXTES, VIES ET CORPS

Bien que très bref, un chapitre contenu dans les traités destinés à l'exposé de toutes les règles concourant au maintien du bon ordre, du *dharma (grihya-* et *dharmasûtra*), a de quoi éveiller notre curiosité. Placé dans la section réservée aux rites quotidiens et aux principes ordinaires de bonne conduite (*âhnika* et *âcâra*) des maîtres de maison (*grihastha*)[1], il détaille avec un soin surprenant, de façon presque maniaque, la "cérémonie" matinale du brossage des dents[2]. On y apprend quelles tiges de quels arbres pouvaient être employées, quels devaient être leur longueur et leur diamètre, comment en écraser l'une des extrémités, quelle position son utilisateur avait à adopter, quelle formule il devait prononcer pendant cette opération, etc.[3].

Pourquoi ce geste banal, hygiénique, accompli en privé, et pour tout dire insignifiant, a-t-il attiré à lui la sollicitude méticuleuse des spécialistes du *dharma*, les brahmanes ? Pourquoi ont-ils été si soucieux d'en codifier tous les aspects dans leur *corpus* ? Pourquoi ont-ils fait de ce geste dérisoire, et de tous

---

1 C'est le second *âçrama* ou stade de vie, après celui d'étudiant et avant celui d'ermite.
2 Un choix plus prosaïque, et se rapportant lui aussi à un besoin matinal, eût été possible.
3 Dans la monumentale encyclopédie de P. V. KANE, *History of Dharmaçâstra*, on trouvera ces renseignements aux pp. 653-656 de la première partie du vol. II, B.O.R.I., Poona, 1974.

ceux, tout aussi prosaïques, qui lui ressemblaient, l'enjeu d'une orthodoxie et d'une orthopraxie dont on devine obscurément que leurs répercussions se propageaient très loin de leurs circonstances matérielles initiales ? Pourtant, dans le même temps, et de façon tout à fait contradictoire, on imagine mal qu'une telle prescription fût vitale ou indispensable (et pour qui l'eût-elle été ?), que son non-respect pût ébranler la société, l'autorité des classes dominantes, le pouvoir des rois et le prestige intellectuel desdits brahmanes. Il semble que le plus sévère des pouvoirs (dans l'acception la plus large du terme), celui qui servirait exclusivement les intérêts des classes qui le détiennent, devrait se contenter de l'obéissance absolue des sujets dans les domaines (économie, ordre public en particulier) qui concernent directement ces fameux intérêts égoïstes. Pourquoi s'imposerait-il en outre la tâche fastidieuse de réglementer tous les aspects de l'existence, jusqu'aux plus ténus ?

Il suffit de formuler cette dernière question pour que l'on soit tenté d'ajouter aussitôt que la préservation de l'ordre social en tant que maintien des privilèges de toutes sortes détenus par les membres des classes supérieures ne représente peut-être qu'une partie, l'autre face du programme cosmographique des *corpus*[4] comparables au *corpus* brahmanique qui nous occupe en ce moment. En ce cas, la finalité première de ces *corpus*, qui dépasserait la plupart des déterminations sociologiques habituellement invoquées, se situerait ailleurs, en un lieu où surgit un type de questionnement différent. Cette hypothèse semblera plus pertinente encore si l'on ajoute que les "sujets", selon toute vraisemblance et en dehors de toute menace ou de toute surveillance "policière", suivaient volontiers ces prescriptions (on l'observe encore aujourd'hui en Inde). C'est donc qu'ils en escomptaient un profit symbolique qui ne se rétribuerait pas seulement en monnaie sociale.

En résumé, nous nous trouvons devant un paradoxe qui peut être ainsi formulé : le *corpus* brahmanique contient un grand nombre de prescriptions et de règles de vie dont on ne saisit pas immédiatement la valeur politique ou la fonction sociale tant elles outrepassent les limites ou les exigences de ces deux domaines, ni comment elles auraient pu contribuer efficacement au maintien d'un ordre inique. De plus, elles semblent avoir été aussi indispensables aux sujets qu'à leurs maîtres, puisque les uns et les autres (surtout ces derniers) les ont suivies, souvent avec un zèle intraitable. À moins d'admettre *a priori* que les hommes sont par nature stupides et lâches, il faut donc en conclure qu'ils trouvaient dans cette obéissance, dans cette complicité avec la cosmographie dominante quelques profondes satisfactions, si profondes même que pour elles ils ont enduré efforts, privations et sacrifices.

Il serait insuffisant et naïf d'invoquer ici la thèse qui voit uniquement dans la religion une création machiavélique des élites incrédules destinée à

4 Serait-il absurde d'imaginer que l'ambivalence représente leur vertu principale (individuel et collectif; social et métaphysique; moral et pratique; historique et permanent) à la manière de toutes les créations humaines ? En ce sens, la duplicité serait inscrite au coeur du phénomène humain, présent à la fois en ce monde et dans ceux qu'il imagine.

tromper et à exploiter le bon peuple naïf, même si, comme tout système symbolique, les religions possèdent une vocation instrumentale et transitive qui leur ont aussi permis de servir à cela. L'art gothique, les monastères du mont Athos ou la philosophie bouddhique ne furent pas d'abord les inventions intéressées d'une élite cupide. Si la plupart des règles, des disciplines "religieuses" ou éthiques permettent de produire de la différence entre les hommes, beaucoup parmi elles, et parce que leur finalité est cosmographique, possèdent en supplément, et peut-être avant toute chose, d'autres valeurs ou significations. Que l'homme se satisfasse des solutions conventionnelles proposées par le champ socio-historique qui lui est contemporain n'implique pas que les questions correspondantes aient exclusivement la même origine. Un comportement religieux, quand on ne considère que son contenu littéral, peut être dicté par son époque en chacun de ses détails tout en répondant à un type d'interrogation consubstantiellement lié à la condition mortelle de l'homme (voilà pourquoi, lorsqu'elles traitent cette question, nous comprenons des "idées", des réflexions religieuses venues d'ailleurs ou d'un lointain passé; sur ce point, elles ont encore quelque chose à nous dire). Les causes et les conséquences de ces comportements transcendent fréquemment les enjeux ordinaires des rivalités sociales (richesses, prestige, gloire...) et dépassent-elles *a fortiori* ceux qui se déroulent dans la sphère plus étroite encore des réalités socio-économiques. En tout cas tel que l'on entend ordinairement ces termes, car il est toujours possible d'admettre (ainsi qu'on l'a proposé ici même) que toute formation sociale obéit de manière *sui generis*, et parce qu'elle est elle-même dévastée par la mort[5], au besoin de dépasser sa propre rationalité factuelle (la division en classes ou en groupes, les techniques de production, les systèmes de parenté, les rapports de pouvoir ou de domination, etc.) et, pour y parvenir, n'est-elle pas contrainte de se métamorphoser elle-même en projet cosmographique ? N'est-ce pas également la poursuite incessante de ce but qui contribue à façonner sa propre "personnalité et qui transmet à ses membres le sentiment d'appartenir à un ensemble original détenteur de vérités incontestables, susceptibles de répondre à leurs communes interrogations ?

> *... la structure sociale est un être médiatisé, soumis à certaines conditions idéales. Loin d'être la cause ontologique ultime des catégories spirituelles et en particulier religieuses, elle est au contraire déterminée, et de manière décisive, par celles-ci*[6].

---

5 *"Nous voyons encore que tout cet (univers) est périssable comme les taons, les mouches et autres insectes, ou comme les brins d'herbe et les arbres de la forêt qui surgissent et disparaissent..."*, MaitryUpanishad, I, 4, trad. A. M. ESNOUL, Paris, Adrien-Maisonneuve, 1952.

6 Ernst CASSIRER, *La philosophie des formes symboliques*, 2 (*La pensée mythique*), Paris, éd. de Minuit, 1972, p. 228. Mais ces catégories ne sont-elles pas elles-mêmes déterminées par les pressantes interrogations métaphysiques qui assiègent l'esprit inquiet de l'homme ? Les métaphysiques religieuses ne sont pas des réactions instinctives, névrotiques ou émotionnelles provoquées par sa situation en ce monde, mais des réponses (cosmographiques) aux questions qu'entraîne cette situation.

Il ne serait pas non plus possible d'invoquer le fait que tout pouvoir serait par nature dément, que sa paranoïa congénitale l'amènerait à surveiller et à dicter les moindres faits et gestes des individus placés sous son contrôle, car il faudrait alors déterminer quels traumatismes ou quelles utopies se trouvent à l'origine de cette pathologie. Ce qui, infailliblement, nous conduirait de nouveau à sortir du monde mécanique de l'ingénierie sociale.

On partira donc de ce double constat : Des prescriptions se trouvent dans le *corpus* brahmanique qui, quelle que soit la catégorie d'individus concernée par elles, s'appliquent à tous ses membres ainsi qu'à tous les aspects de leur vie. En d'autres termes, on est presque tenté de dire qu'aucun individu ni aucune partie de son existence n'échappent à la cosmographie correspondante. Dans ces conditions, il nous reste à découvrir quel domaine enrobe la sphère sociale tout en prenant appui en elle-même autant que dans la part la plus intime de la vie des individus qui la composent. Par ce biais, la suite de ce chapitre rejoindra les réflexions qui ont nourri ceux intitulés "l'homme dans ses textes" et la "métaphysique du texte".

On doit remarquer d'abord que la prescription que l'on a choisie comme exemple au début de ce chapitre n'existe pas en premier lieu parce qu'elle posséderait une signification cachée ou symbolique. Elle ne dissimule rien et énonce au contraire au grand jour tout ce qu'elle contient. L'unique problème qu'elle soulève réside dans la possibilité de reconnaître l'ensemble auquel elle appartient. On remarquera d'autre part que la même prescription concerne le corps de celui à qui elle s'adresse, et qu'elle incite de façon pressante cet homme à adopter *quotidiennement* un usage ritualisé, précis, ajustable à beaucoup d'autres de la même espèce (et qui concernent, eux, les repas, les bains, les vêtements, les maladies, le travail, l'étude, etc.), là où il semblerait possible de faire preuve de fantaisie ou d'improvisation.

Ces deux séries de remarques complémentaires nous conduisent à proposer l'idée que de telles prescriptions n'existent que parce qu'elles supposent un processus très général, la *textualisation des corps*, laquelle permet à ces corps de se métamorphoser en signes cosmographiques et, réciproquement, à la cosmographie du *corpus* de s'incarner en ce monde, dans la vie même des individus (dont on commence à deviner quels avantages il retire de leur obéissance et de leur abnégation).

L'expression "*textualisation des corps*" peut sembler incongrue au premier abord. Cette impression s'atténuera peut-être si l'on veut bien considérer les quelques remarques suivantes.

Il est à peu près certain que l'homme n'a jamais vécu son corps comme simple factualité périssable dénuée de sens. De même n'a-t-il jamais non plus considéré sa vie comme succession chaotique de moments et d'événements disparates. Pour remédier à l'incohérence de cette vie insaisissable, il lui a substitué des récits, des histoires qui lui permettaient de la ressaisir au sein d'une vision globale et souvent finalisée, toujours plus rassurante pour lui. Il a fait de même avec son corps. L'ignorance des mécanismes biochimiques ou physiologiques ne peut expliquer à elle seule la multitude des textes qu'il lui a consacrés. Toutes les cultures ont composé des textes dans lesquels on ne trouve pas seulement des descriptions élaborées du corps, mais aussi de véritables théories du corps en acte chargées de coordonner, d'interpréter, d'expliquer les phénomènes de la mort, de la douleur, de la sensation, de la mémoire, du rêve.

Ici, et plus qu'ailleurs sans doute étant donné que nous avons affaire en ce cas à la partie de notre moi la plus périssable et la plus fragile, la textualisation est indispensable. Souvenons-nous que, sans elle, nous serions réduits à un flux ininterrompu de sensations, de joies, de peurs, de souffrances qui nous désorienteraient sans répit et qui ne nous offriraient guère d'autres issues que l'anéantissement ou la folie. D'une certaine façon, qui n'est pas négligeable, nos textes nous sauvent au jour le jour.

Ces descriptions et ces théories traditionnelles du corps présentent en général un trait commun et ce n'est pas pour rien que l'on a si souvent grâce à elles parlé de lui comme d'un microcosme, homologue au vaste macrocosme qui le contenait. Car, globalement et si l'on s'en tient à leurs caractères les plus constants, on peut affirmer qu'elles contribuent toutes à en proposer des cosmographies, comparables à celles qui décrivent l'univers. L'harmonie universelle qui s'en dégage et qui permet de passer graduellement (ou soudainement) des unes aux autres n'est-elle pas plus réconfortante que le plus puissant des anxiolytiques ?

Démontrer l'existence de l'âme (ou des âmes), imaginer des explications relatives aux mécanismes qui relient cette âme (ou ces âmes) aux cinq sens (ou six lorsque, comme en Inde, on leur adjoint un sens "interne") et à l'intellect, proposer une conception rationnelle du désir, de la mémoire, du rêve, etc., ne sont pas autant de propositions isolées, indifférentes les unes aux autres. Dans tous les cas, il s'agit de rassembler des éléments et des faits disparates afin d'en confectionner un équivalent textuel, stable et unique. Et c'est à travers celui-ci que l'homme lira désormais son propre corps[7]. Or c'est bien là le point essentiel. De même que nous lisons le monde à travers nos textes qui le recomposent, de même ne vivons-nous (dans) nos corps qu'avec l'aide de ceux de nos textes qui en présentent une conception synthétique, capable elle-même de disposer et de coordonner tous leurs aspects.

Toutes ces descriptions et toutes ces théories traditionnelles du corps aboutissent à ce résultat : la métamorphose du corps en signe. Plus précisément,

---

7 Ou tentera de le faire, car il s'agit là d'un but, le plus souvent inaccessible sous sa forme idéale, parfaitement achevée. Nos corps comme nos vies nous rappellent régulièrement que nos constructions textuelles et cosmographiques ne sont peut-être qu'illusions; mais en même temps, leurs faiblesses nous rendent ces dernières plus indispensables encore ! Par souci de clarté autant que par incapacité, nous n'avons pas voulu/pu ajouter à notre exposé l'analyse de toutes les modalités, de toutes les nuances que l'homme introduit dans les rapports multiformes qu'il entretient avec les *corpus*. Un tel texte eût été illisible...

la textualisation du corps, sa traduction en termes cosmographiques, lui permet de devenir un élément du *corpus*. Grâce à elle, nos corps fragiles, fatigués et usés acquièrent un statut enviable et une dignité nouvelle. Ils se transforment, selon les cas, en corps prestigieux, héroïsés, voluptueux, saints, immortels, etc., c'est-à-dire en corps sublimés et pour tout dire désincarnés !

Cet enjeu formidable est l'un des plus considérables qu'aurait à examiner toute anthropologie soucieuse de comprendre l'homme, simplement homme. N'oublions pas que parmi ces textes qui s'occupent du soin de nos corps il faut encore compter tous ceux qui codifient et justifient des disciplines (jeûnes, pénitences, régimes – alimentaires ou sexuels –, exercices...), des châtiments, des rituels[8], des marques (grâce auxquelles c'est le corps lui-même qui devient un texte hiéroglyphique). Toutes ces "techniques du corps", selon l'heureuse expression de Marcel MAUSS, ne se comprendraient pas si on leur assignait pour but unique notre bien-être ou notre désir de nous distinguer de nos semblables. Faire de son corps un "corps chrétien" ou un "corps brahmanique" est une opération qui engage, au jour le jour, toute la vie et pour toute la durée de l'existence. Il s'agit par conséquent d'une oeuvre pénible qui réclame une somme incalculable d'efforts, de privations, de sacrifices, d'ascèses dont les résultats, heureusement, sont censés culminer ailleurs que dans ce monde.

Le brahmane qui se brossait les dents chaque matin en suivant rituellement les préceptes enseignés dans les recueils de *sûtra*, d'aphorismes, ne se livrait pas prosaïquement à un simple exercice d'hygiène. Cette modeste opération participait, à sa place et selon son importance, à une réalisation beaucoup plus vaste et ambitieuse. Elle n'était que l'un des maillons d'une interminable discipline qui devait préserver son corps brahmanique de tout contact impur et, ainsi, lui permettre d'échapper au cycle infernal des renaissances. Ses fèces étaient soumises à un traitement aussi vétilleux (autre manière de dire que les grands *corpus* n'abandonnent au hasard aucune partie du corps de l'homme).

Si nos corps se désincarnent dans nos textes en devenant l'un des signes reconnus par les cosmographies correspondantes, inversement cette opération, cette distillation, permet à ces dernières de s'incarner dans nos vies et dans nos corps. Les règles qui régissent cet échange symbolique fondamental sont au fond très claires. En acceptant (mais avons-nous vraiment le choix ?) de soumettre nos corps aux prescriptions contenues dans telle cosmographique, nous métamorphosons ceux-ci en l'un de ses éléments. Réciproquement, cette cosmographie s'incarne alors dans nos propres existences, puisque c'est en elle que nous agissons désormais. Ce n'est donc plus dans nos corps purement charnels, "insubstantiels et puants"[9], que nous vivons, mais dans des corps qui ont

---

8 Existe-t-il une seule cérémonie, mondaine ou religieuse, dans laquelle les corps ne sont pas soumis à un canon de règles très précises destinées à les métamorphoser en signes ? Mais existe-t-il des signes en dehors des créations cosmographiques ?

9 MaitryUpanishad, *ibid.*

acquis des raisons d'être et de vivre, qui ont pris place dans un ensemble immatériel et presque toujours éternel.

La complicité qui nous unit aux *corpus* et à leur cosmographie découvre ici, enfin, tout son sens et toute sa portée. Quel que soit le degré de duplicité des pouvoirs, politiques, religieux, sociaux, qui la tournent à leur profit (qui peut être grand), quels que soient les plis et les replis de notre mauvaise foi, il reste que cette complicité s'enracine dans un besoin plus pressant et plus respectable, celui que nous ressentons chaque fois que nous nous rappelons que nous-même, notre vie et le sens que nous leur avions attribué jusque là pouvaient nous abandonner pour toujours et n'être remplacés par rien.

CONCLUSION

"(Des causes...) à l'aide desquelles il nous faut, de ce qu'il reste à dire, renouer la trame" (Platon).

RÉPONSES À QUELQUES OBJECTIONS

Peut-être le lecteur nous permettra-t-il en guise de conclusion brève de répondre à quelques-unes des objections que sa lecture, inévitablement, lui aura inspirées.

La plus sérieuse et la plus intéressante d'entre elles donnerait à peu près ceci : *Votre définition et votre conception du texte sont si vastes et si absolues qu'elles englobent tout. Soit. Mais pourriez-vous néanmoins nous dire en quoi, par exemple, elles se distinguent de celles que l'on a proposées de l'idéologie et des représentations, de manière à échapper au reproche que l'on vous adresserait en vous faisant remarquer que vous vous contentez de nommer autrement, d'un terme plus vague, ce qui était déjà connu par ailleurs ?*

Tous ceux qui utilisent les mots "idéologie" et "représentations", qu'ils seraient sans doute tentés d'opposer à notre notion omnivore de texte, devraient tenir compte des deux faits suivants :

- Comme l'a ironiquement fait remarquer Tzvetan TODOROV, dans un ouvrage où il défendait entre autres la littérature contre certaines approches réductionnistes[1], l'idéologie d'une époque est souvent reconstituée à partir de la documentation que fournit sa propre littérature ! En d'autres termes, la littérature devient le document chargé de révéler le contexte qui est censé l'avoir conditionnée. On

[1] *Critique de la critique (Un roman d'apprentissage)*, Paris, éd. du Seuil, 1984, pp. 154-155.

déduit d'une série d'oeuvres littéraires ce qui a dû être l'idéologie d'une époque particulière et c'est par rapport à cette dernière, ainsi retrouvée, que l'on évolue la dépendance de la littérature vis-à-vis de son *Zeitgeist*. Nous ajouterions simplement, en généralisant la portée de la remarque de TODOROV, que nos connaissances des idéologies et des représentations (comme celles des pratiques, des oeuvres-d'art) reposent toujours sur des textes et que ces connaissances elles-mêmes, comme les gnoséologies correspondantes, n'acquièrent quelque pertinence qu'en se présentant sous la forme de textes.

- Nous serions même tenté d'aller un peu plus loin encore. Toute idéologie (d'un milieu, d'une époque, d'une oeuvre) est nécessairement elle-même un texte puisque, autrement, elle ne serait qu'un assemblage mal ficelé, incompréhensible, de notions hétéroclites. C'est à cette condition qu'elle acquiert une sorte d'unité et de cohérence globales, dont les effets seront de toute manière renforcés par la lecture textualisante que nous en ferons. Le texte représente l'instance qui est à la fois la plus englobante (il est capable de parler de lui-même prenant en charge l'univers entier), la plus souple et la plus efficace, capable à ce titre de modeler et de façonner tout ce qui se présente à lui (mots, événements, objets, êtres...). Cette suprême aptitude, dont les différents aspects peuvent sembler contradictoires, s'explique par le fait que la cohérence, l'isotropie, l'unité..., qu'il engendre sont issues d'un entrelacement, d'un tissage. Cette "technique" lui confère simultanément une très grande solidité, une sorte d'évidence visuelle et une faculté plastique sans pareille. C'est pourquoi, à la manière de TODOROV, nous réclamerions volontiers que soit étudiée pour elle-même la textualité du texte afin que, de leur côté, la part originale des idéologies soit enfin évaluée avec un peu plus de rigueur.

Une seconde objection, prenant exactement le contre-pied de la précédante, consisterait à suggérer que, finalement, l'essentiel ne se trouve pas dans les textes, dans ce qu'ils disent ou dans leur forme générique, mais dans leurs silences.

Les textes propres à une époque et à un groupe humain donnés ne disent jamais tout ce qu'il y aurait à dire ni même peut-être tout ce qui pourrait être dit. Il serait tentant d'accorder à ce non-dit le privilège de signifier l'essentiel. Les contraintes nombreuses et raffinées qui pèsent sur toute production textuelle n'ont-elles pas pour vocation d'en préserver l'efficacité en écartant ou en exilant toutes les paroles subversives, atypiques ou ironiques ? Sans doute, mais ce faisant n'accorderait-on pas à ces paroles exclues une originalité qu'il reste à démontrer ? Seraient-elles d'ailleurs autre chose que ces plaintes, toujours les mêmes, que ces regrets et ces rêves, si souvent entendus déjà ? Ce qui nous paraît à coup sûr plus évident, c'est la monotonie des textes, leur inlassable tendance à la répétition et à la paraphrase, comme si les pouvoirs, les institutions et les individus, complices une fois de plus, n'avaient que trop rarement quelque chose à ajouter, comme s'ils craignaient de s'éloigner, d'abandonner un instant ces édifices fragiles derrière lesquels ils s'abritent. Dès que l'on a admis que nous ne disposions que de représentations textualisées du monde, comment pourrions-nous de toute façon parvenir à sortir de nos textes, à leur échapper ? Et à quoi ressemblerait alors ce que notre regard vierge, *détextualisé*, découvrirait ? Que seraient devenus les plus familiers des objets et des êtres qui nous entourent ? Comment les assemblerions-nous afin de vivre parmi eux ? La folie et la solitude absolue sont peut-être ce dont nous protège l'univers protecteur du texte.

La troisième objection à laquelle le lecteur aura sans doute pensé ressemble peut-être à quelque chose de ce genre : *Vous avez choisi le mot "forme" pour caractériser la... texture intime ainsi que la disposition la plus générale du texte. Comment justifiez-vous ce choix et ne risque-t-il pas de provoquer de nombreux malentendus ?*

Malgré toutes les différences culturelles (de genre, de contenu, de fonction) qui donnent aux textes des hommes leurs nuances singulières, quelque "forme" permanente subsiste : une composition verbale qui, partout, retrouve les mêmes principes constitutifs (l'unité...). Si nous avons choisi de l'appeler "forme", malgré les usages vénérables que ce terme a déjà connus dans le passé, c'est pour ces trois raisons au moins :

- Il n'est pas certain que la création d'un néologisme eût été plus explicite et n'eût pas donné lieu à moins de malentendus. Et n'était-il pas avantageux après tout de profiter de toutes les accrétions qui se sont déposées autour du mot "forme", puisque de toute façon, et conformément à ce que nous avons avancé plus haut, il revenait à notre texte d'en proposer et d'en construire une acception pertinente ?

- D'autre part, ce terme nous permettait de tenir à distance deux autres notions, structure et sens, tout aussi embarrassantes. Car on a vu plus haut que si structure il y a dans le texte, celle-ci présente une fascinante complexité intrinsèque, développe une multitude de connexions et relie une grande diversité de niveaux qui n'ont plus rien à voir avec les opérations binaires qui caractérisèrent la notion de structure, telle qu'elle s'est imposée au cours des années soixante. D'autre part, il nous semblait tout aussi essentiel de signaler, et toujours par le recours à ce mot "forme", que ce qui est premier dans un texte ce ne sont pas son sens ou ses significations, engendrées par d'autres paraphrases textuelles, ni même sa valeur documentaire, mais ce qui leur permet à tous d'exister, et qui n'est rien d'autre que cette architecture transphrastique régie par l'activité synthétique de la *fonction textuelle*.

- Or, ne l'oublions jamais, "une forme est féconde en idées" (P. VALÉRY). La création de cette forme textuelle, ou plutôt sa perpétuelle recréation ou réactualisation, outre qu'elle permet le dialogue et la communication entre les hommes, soulève, mais dans les meilleurs des cas seulement, d'autres problèmes qui nous permettent à leur tour d'inventer des manières de penser inédites, de découvrir de nouvelles idées. Cette forme entretient et satisfait en nous notre besoin de nouer ensemble, de tisser ensemble, des faits, des paroles, des êtres; activités que nous poursuivons jusqu'à ce que nous parvenions à substituer au monde tel qu'il est un univers que nous sommes capables d'appréhender comme un *tout* et dans lequel nous sommes sûrs de pouvoir nous repérer.

Nous arrivons ainsi à la quatrième et dernière objection que nous souhaitions examiner avant de refermer ce livre : *Est-il légitime, comme vous l'avez fait, de situer au coeur de la condition humaine le lieu privilégié du texte ?*

À cette question capitale nous répondrons ceci : Lorsque l'on compose un texte, c'est-à-dire lorsque l'on assemble des mots, des idées, des schèmes narratifs et descriptifs, des raisonnements, des fragments de textes, etc., on se livre bien entendu à un très grand nombre d'activités intellectuelles. On choisit des termes dans un lexique, on compose des phrases, on résume d'autres textes, on polit et on relie des arguments, on recherche dans sa mémoire, on grossit certains faits, on en caricature d'autres, etc., mais, ce faisant, on construit surtout un ensemble verbal singulier (même s'il n'est pas très original) qui est *toujours* susceptible de s'inscrire dans une cosmographie plus vaste, celle que nous avons nous-même composée, le plus souvent en nous inspirant de celle(s) contenue(s) dans les *corpus* qui nous sont les plus familiers et dont nous dépendons, simplement parce que nous sommes de leur lieu et de leur temps. Or, cette série d'opérations intellectuelles révèle fréquemment la nécessité la plus profonde qui nous anime : permettre à notre "moi" incertain et précaire de se perpétuer tant bien que mal et d'exister dans un monde un peu moins muet. En un mot : vivre.

Nos textes, nous-mêmes et la *réalité composite* que nous créons grâce à eux représentent en quelque sorte les trois sommets d'un triangle parfait au centre duquel se joue le destin de l'homme, de tout homme. Mais ce destin, et parce que ce centre est utopique, ne nous laisse guère d'autres choix que celui-ci : reprendre, un peu plus tard et un peu mieux si possible, les fils de nos textes...

TABLE DES MATIÈRES

BIBLIOTHÈQUE DES CILL (BCILL)

BCILL 1: **JUCQUOIS G.,** *La reconstruction linguistique. Application à l'indo-européen*, 267 pp., 1976 (réédition de CD 2). Prix: 670,- FB.
A l'aide d'exemples repris principalement aux langues indo-européennes, ce travail vise à mettre en évidence les caractères spécifiques ou non des langues reconstruites: universaux, théorie de la racine, reconstruction lexicale et motivation.

BCILL 2-3: **JUCQUOIS G.,** *Introduction à la linguistique différentielle, I + II*, 313 pp., 1976 (réédition de CD 8-9) (épuisé).

BCILL 4: *Löwen und Sprachtiger. Actes du 8e colloque de Linguistique* (Louvain, septembre 1973), **éd. KERN R.,** 584 pp., 1976. Prix: 1.500,- FB.
La quarantaine de communications ici rassemblées donne un panorama complet des principales tendances de la linguistique actuelle.

BCILL 5: *Language in Sociology*, **éd. VERDOODT A. et KJOLSETH Rn,** 304 pp., 1976. Prix: 760,- FB.
From the 153 sociolinguistics papers presented at the 8th World Congress of Sociology, the editors selected 10 representative contributions about language and education, industrialization, ethnicity, politics, religion, and speech act theory.

BCILL 6: **HANART M.,** *Les littératures dialectales de la Belgique romane: Guide bibliographique*, 96 pp., 1976 (2e tirage, corrigé de CD 12). Prix: 340,- FB.
En ce moment où les littératures connexes suscitent un regain d'intérêt indéniable, ce livre rassemble une somme d'informations sur les productions littéraires wallonnes, mais aussi picardes et lorraines. Y sont également considérés des domaines annexes comme la linguistique dialectale et l'ethnographie.

BCILL 7: *Hethitica II*, **éd. JUCQUOIS G. et LEBRUN R.,** avec la collaboration de DEVLAMMINCK B., II-159 pp., 1977, Prix: 480,- FB.
Cinq ans après *Hethitica I* publié à la Faculté de Philosophie et Lettres de l'Université de Louvain, quelques hittitologues belges et étrangers fournissent une dizaine de contributions dans les domaines de la linguistique anatolienne et des cultures qui s'y rattachent.

BCILL 8: **JUCQUOIS G. et DEVLAMMINCK B.,** *Complèments aux dictionnaires étymologiques du grec*. Tome I: A-K, II-121 pp., 1977. Prix: 380,- FB.
Le *Dictionnaire étymologique de la langue grecque* du regretté CHANTRAINE P. est déjà devenu, avant la fin de sa parution, un classique indispensable pour les hellénistes. Il a fait l'objet de nombreux compres rendus, dont il a semblé intéressant de regrouper l'essentiel en un volume. C'est le but que poursuivent ces *Compléments aux dictionnaires étymologiques du grec*.

BCILL 9: **DEVLAMMINCK B. et JUCQUOIS G.,** *Compléments aux dictionnaires étymologiques du gothique*. Tome I: A-F, II-123 pp., 1977. Prix: 380,- FB.
Le principal dictionnaire étymologique du gothique, celui de Feist, date dans ses dernières éditions de près de 40 ans. En attendant une refonte de l'œuvre qui

incorporerait les données récentes, ces compléments donnent l'essentiel de la littérature publiée sur ce sujet.

BCILL 10: **VERDOODT A.**, *Les problèmes des groupes linguistiques en Belgique: Introduction à la bibliographie et guide pour la recherche*, 235 pp., 1977 (réédition de CD 1). Prix: 590,- FB.
Un «trend-report» de 2.000 livres et articles relatifs aux problèmes socio-linguistiques belges. L'auteur, qui a obtenu l'aide de nombreux spécialistes, a notamment dépouillé les catalogues par matière des bibliothèques universitaires, les principales revues belges et les périodiques sociologiques et linguistiques de classe internationale.

BCILL 11: **RAISON J. et POPE M.**, *Index transnuméré du linéraire A*, 333 pp., 1977. Prix: 840,- FB.
Cet ouvrage est la suite, antérieurement promise, de RAISON-POPE, Index du linéaire A, Rome 1971. A l'introduction près (et aux dessins des «mots»), il en reprend entièrement le contenu et constitue de ce fait une édition nouvelle, corrigée sur les originaux en 1974-76 et augmentée des textes récemment publiés d'Arkhanès, Knossos, La Canée, Zakro, etc., également autopsiés et rephotographiés par les auteurs.

BCILL 12: **BAL W. et GERMAIN J.**, *Guide bibliographique de linguistique romane*, VI-267 pp., 1978. Prix 685,- FB., ISBN 2-87077-097-9, 1982, ISBN 2-8017-099-1.
Conçu principalement en fonction de l'enseignement, cet ouvrage, sélectif, non exhaustif, tâche d'être à jour pour les travaux importants jusqu'à la fin de 1977. La bibliographie de linguistique romane proprement dite s'y trouve complétée par un bref aperçu de bibliographie générale et par une introduction bibliographique à la linguistique générale.

BCILL 13: **ALMEIDA I.**, *L'opérativité sémantique des récits-paraboles. Sémiotique narrative et textuelle. Herméneutique du discours religieux.* Préface de Jean LADRIÈRE, XIII-484 pp., 1978. Prix: 1.250,- FB.
Prenant comme champ d'application une analyse sémiotique fouillée des récitsparaboles de l'Évangile de Marc, ce volume débouche sur une réflexion herméneutique concernant le monde religieux de ces récits. Il se fonde sur une investigation épistémologique contrôlant les démarches suivies et situant la sémiotique au sein de la question générale du sens et de la comprehension.

BCILL 14: *Études Minoennes I: le linéaire A*, **éd. Y. DUHOUX**, 191 pp., 1978. Prix: 480,- FB.
Trois questions relatives à l'une des plus anciennes écritures d'Europe sont traitées dans ce recueil; évolution passée et état présent des recherches; analyse linguistique de la langue du linéaire A; lecture phonétique de toutes les séquences de signes éditées à ce jour.

BCILL 15: *Hethitica III*, 165 pp., 1979. Prix: 490,- FB.
Ce volume rassemble quatre études consacrées à la titulature royal hittite, la femme dans la société hittite, l'onomastique lycienne et gréco-asianique, les rituels CTH 472 contre une impureté.

BCILL 16: **GODIN P.**, *Aspecten van de woordvolgorde in het Nederlands. Een syntaktische, semantische en functionele benadering*, VI + 338 pp., 1980. Prix: 1.000,- FB., ISBN 2-87077-241-6.
In dit werk wordt de stelling verdedigd dat de woordvolgorde in het Nederlands beregeld wordt door drie hoofdfaktoren, nl. de syntaxis (in de engere betekenis van dat woord), de semantiek (in de zin van distributie van de dieptekasussen in de oppervlaktestruktuur) en het zgn. functionele zinsperspektief (d.i. de distributie van de constituenten naargelang van hun graad van communicatief dynamisme).

BCILL 17: **BOHL S.**, *Ausdrucksmittel für ein Besitzverhältnis im Vedischen und griechischen*, III + 108 pp., 1980. Prix: 360,- FB., ISBN 2-87077-170-3.
This study examines the linguistic means used for expressing possession in Vedic Indian and Homeric Greek. The comparison, based on a select corpus of texts, reveals that these languages use essentially inherited devices but with differing frequency ratios, in addition Greek has developed a verb "to have", the result of a different rhythm in cultural development.

BCILL 18: **RAISON J. et POPE M.**, *Corpus transnuméré du linéaire A*, 350 pp., 1980. Prix: 1.100,- FB.
Cet ouvrage est, d'une part, la clé à l'Index transnuméré du linéaire A des mêmes auteurs, BCILL 11: de l'autre, il ajoute aux recueils d'inscriptions déjà publiés de plusieurs côtés des compléments indispensables; descriptions, transnumérations, apparat critique, localisation précise et chronologie détaillée des textes, nouveautés diverses, etc.

BCILL 19: **FRANCARD M.**, *Le parler de Tenneville. Introduction à l'étude linguistique des parlers wallo-lorrains*, 312 pp., 1981. Prix: 780,- FB., ISBN 2-87077-000-6.
Dialectologues, romanistes et linguistes tireront profit de cette étude qui leur fournit une riche documentation sur le domaine wallo-lorrain, un aperçu général de la segmentation dialectale en Wallonie, et de nouveaux matériaux pour l'étude du changement linguistique dans le domaine gallo-roman. Ce livre intéressera aussi tous ceux qui sont attachés au patrimoine culturel du Luxembourg belge en particulier, et de la Wallonie en général.

BCILL 20: **DESCAMPS A. et al.**, *Genèse et structure d'un texte du Nouveau Testament. Étude interdisciplinaire du chapitre 11 de l'Évangile de Jean*, 292 pp., 1981. Prix: 895,- FB.
Comment se pose le problème de l'intégration des multiples approches d'un texte biblique? Comment articuler les unes aux autres les perspectives développées par l'exégèse historicocritique et les approches structuralistes? C'est à ces questions que tentent de répondre les auteurs à partir de l'étude du récit de la résurrection de Lazare. Ce volume a paru simultanément dans la collection «Lectio divina» sous le n° 104, au Cerf à Paris, ISBN 2-204-01658-6.

BCILL 21: *Hethitica IV*, 155 pp., 1981. Prix: 390,- FB., ISBN 2-87077-026.
Six contributions d'E. Laroche, F. Bader, H. Gonnet, R. Lebrun et P. Crepon sur: les noms des Hittites; hitt. *zinna-*; un geste du roi hittite lors des affaires agraires; vœux de la reine à Istar de Lawazantiya; pauvres et démunis dans la société hittite; le thème du cerf dans l'iconographie anatolienne.

BCILL 22: **J.-J. GAZIAUX,** *L'élevage des bovidés à Jauchelette en roman pays de Brabant. Étude dialectologique et ethnographique*, XVIII + 372 pp., 1 encart, 45 illustr., 1982. Prix: 1.170,- FB., ISBN 2-87077-137-1.
Tout en proposant une étude ethnographique particulièrement fouillée des divers aspects de l'élevage des bovidés, avec une grande sensibilité au facteur humain, cet ouvrage recueille le vocabulaire wallon des paysans d'un petit village de l'est du Brabant, contrée peu explorée jusqu'à présent sur le plan dialectal.

BCILL 23: *Hethitica V*, 131 pp., 1983. Prix: 330,- FB., ISBN 2-87077-155-X.
Onze articles de H. Berman, M. Forlanini, H. Gonnet, R. Haase, E. Laroche, R. Lebrun, S. de Martino, L.M. Mascheroni, H. Nowicki, K. Shields.

BCILL 24: **L. BEHEYDT**, *Kindertaalonderzoek. Een methodologisch handboek*, 252 pp., 1983. Prix: 620,- FB., ISBN 2-87077-171-1.
Dit werk begint met een overzicht van de trends in het kindertaalonderzoek. Er wordt vooral aandacht besteed aan de methodes die gebruikt worden om de taalontwikkeling te onderzoeken en te bestuderen. Het biedt een gedetailleerd analyserooster voor het onderzoek van de receptieve en de produktieve taalwaardigheid zowel door middel van tests als door middel van bandopnamen. Zowel onderzoek van de woordenschat als onderzoek van de grammatica komen uitvoerig aan bod.

BCILL 25: **J.-P. SONNET**, *La parole consacrée. Théorie des actes de langage, linguistique de l'énonciation et parole de la foi*, VI-197 pp., 1984. Prix: 520,- FB. ISBN 2-87077-239-4.
D'où vient que la parole de la foi ait une telle force? Ce volume tente de répondre à cette question en décrivant la «parole consacrée», en cernant la puissance spirituelle et en définissant la relation qu'elle instaure entre l'homme qui la prononce et le Dieu dont il parle.

BCILL 26: **A. MORPURGO DAVIES - Y. DUHOUX (ed.)**, *Linear B: A 1984 Survey, Proceedings of the Mycenaean Colloquium of the VIIIth Congress of the International Federation of the Societies of Classical Studies (Dublin, 27 August-1st September 1984)*, 310 pp., 1985. Price: 850 FB., ISBN 2-87077-289-0.
Six papers by well known Mycenaean specialists examine the results of Linear B studies more than 30 years after the decipherment of script. Writing, language, religion and economy are all considered with constant reference to the Greek evidence of the First Millennium B.C. Two additional articles introduce a discussion of archaeological data which bear on the study of Mycenaean religion.

BCILL 27: *Hethitica VI*, 204 pp., 1985. Prix: 550 FB. ISBN 2-87077-290-4.
Dix articles de J. Boley, M. Forlanini, H. Gonnet, E. Laroche, R. Lebrun, E. Neu, M. Paroussis, M. Poetto, W.R. Schmalstieg, P. Swiggers.

BCILL 28: **R. DASCOTTE**, *Trois suppléments au dictionnaire du wallon du Centre*, 359 pp., 1 encart, 1985. Prix: 950 FB. ISBN 2-87077-303-X.
Ce travail comprend 5.200 termes qui apportent un complément substantiel au *Dictionnaire du wallon du Centre* (8.100 termes). Il est le fruit de 25 ans d'enquête sur le terrain et du dépouillement de nombreux travaux dont la plupart sont inédits, tels des

mémoires universitaires. Nul doute que ces *Trois suppléments au dictionnaire du wallon du Centre* intéresseront le spécialiste et l'amateur.

BCILL 29: **B. HENRY**, *Les enfants d'immigrés italiens en Belgique francophone, Seconde génération et comportement linguistique*, 360 pp., 1985. Prix: 950 FB. ISBN 2-87077-306-4.
L'ouvrage se veut un constat de la situation linguistique de la seconde génération immigrée italienne en Belgique francophone en 1976. Il est basé sur une étude statistique du comportement linguistique de 333 jeunes issus de milieux immigrés socio-économiques modestes. Des chiffres préoccupants qui parlent et qui donnent à réfléchir...

BCILL 30: **H. VAN HOOF**, *Petite histoire de la traduction en Occident*, 105 pp., 1986. Prix: 380 FB. ISBN 2-87077-343-9.
L'histoire de notre civilisation occidentale vue par la lorgnette de la traduction. De l'Antiquité à nos jours, le rôle de la traduction dans la transmission du patrimoine gréco-latin, dans la christianisation et la Réforme, dans le façonnage des langues, dans le développement des littératures, dans la diffusion des idées et du savoir. De la traduction orale des premiers temps à la traduction automatique moderne, un voyage fascinant.

BCILL 31: **G. JUCQUOIS**, *De l'egocentrisme à l'ethnocentrisme*, 421 pp., 1986. Prix: 1.100 FB. ISBN 2-87077-352-8.
La rencontre de l'Autre est au centre des préoccupations comparatistes. Elle constitue toujours un événement qui suscite une interpellation du sujet: les manières d'être, d'agir et de penser de l'Autre sont autant de questions sur nos propres attitudes.

BCILL 32: **G. JUCQUOIS**, *Analyse du langage et perception culturelle du changement*, 240 p., 1986. Prix: 640 FB. ISBN 2-87077-353-6.
La communication suppose la mise en jeu de différences dans un système perçu comme permanent. La perception du changement est liée aux données culturelles: le concept de différentiel, issu très lentement des mathématiques, peut être appliquée aux sciences du vivant et aux sciences de l'homme.

BCILL 33-35: **L. DUBOIS**, *Recherches sur le dialecte arcadien*, 3 vol., 236, 324, 134 pp., 1986. Prix: 1.975 FB. ISBN 2-87077-370-6.
Cet ouvrage présente aux antiquisants et aux linguistes un corpus mis à jour des inscriptions arcadiennes ainsi qu'une description synchronique et historique du dialecte. Le commentaire des inscriptions est envisagé sous l'angle avant tout philologique; l'objectif de la description de ce dialecte grec est la mise en évidence de nombreux archaïsmes linguistiques.

BCILL 36: *Hethitica VII*, 267 pp., 1987. Prix: 800 FB.
Neuf articles de P. Cornil, M. Forlanini, G. Gonnet, R. Haase, G. Kellerman, R. Lebrun, K. Shields, O. Soysal, Th. Urbin Choffray.

BCILL 37: *Hethitica VIII. Acta Anatolica E. Laroche oblata*, 426 pp., 1987. Prix: 1.300 FB.

Ce volume constitue les *Actes* du Colloque anatolien de Paris (1-5 juillet 1985): articles de D. Arnaud, D. Beyer, Cl. Brixhe, A.M. et B. Dinçol, F. Echevarria, M. Forlanini, J. Freu, H. Gonnet, F. Imparati, D. Kassab, G. Kellerman, E. Laroche, R. Lebrun, C. Le Roy, A. Morpurgo Davies et J.D. Hawkins, P. Neve, D. Parayre, F. Pecchioli-Daddi, O. Pelon, M. Salvini, I. Singer, C. Watkins.

BCILL 38: **J.-J. GAZIAUX**, *Parler wallon et vie rurale au pays de Jodoigne à partir de Jauchelette.* Avant-propos de Willy Bal, 368 pp., 1987. Prix: 790 FB.
Après avoir caractérisé le parler wallon de la région de Jodoigne, l'auteur de ce livre abondamment illustré s'attache à en décrire le cadre villageois, à partir de Jauchelette. Il s'intéresse surtout à l'évolution de la population et à divers aspects de la vie quotidienne (habitat, alimentation, distractions, vie religieuse), dont il recueille le vocabulaire wallon, en alliant donc dialectologie et ethnographie.

BCILL 39: **G. SERBAT**, *Linguistique latine et Linguistique générale*, 74 pp., 1988. Prix: 280 FB. ISBN 90-6831-103-4.
Huit conférences faites dans le cadre de la Chaire Francqui, d'octobre à décembre 1987, sur: le temps; deixis et anaphore; les complétives; la relative; nominatif; génitif partitif; principes de la dérivation nominale.

BCILL 40: *Anthropo-logiques*, éd. D. Huvelle, J. Giot, R. Jongen, P. Marchal, R. Pirard (Centre interdisciplinaire de Glossologie et d'Anthropologie Clinique), 202 pp., 1988. Prix: 600 FB. ISBN 90-6831-108-5.
En un moment où l'on ne peut plus ignorer le malaise épistémologique où se trouvent les sciences de l'humain, cette série nouvelle publie des travaux situés dans une perspective anthropo-logique unifiée mais déconstruite, épistémologiquement et expérimentalement fondée. Domaines abordés dans ce premier numéro: présentation générale de l'anthropologie clinique; épistémologie; linguistique saussurienne et glossologie; méthodologie de la description de la grammaticalité langagière (syntaxe); anthropologie de la personne (l'image spéculaire).

BCILL 41: **M. FROMENT**, *Temps et dramatisations dans les récits écrits d'élèves de 5*[e], 268 pp., 1988. Prix: 850 FB.
Les récits soumis à l'étude ont été analysés selon les principes d'une linguistique qui intègre la notion de circulation discursive, telle que l'a développée M. Bakhtine.
La comparaison des textes a fait apparaître que le temps était un principe différenciateur, un révélateur du type d'histoire racontée.
La réflexion sur la temporalité a également conduit à constituer une typologie des textes intermédiaire entre la langue et la diversité des productions, en fonction de leur homogénéité.

BCILL 42: **Y.L. ARBEITMAN** (ed.), *A Linguistic Happening in Memory of Ben Schwartz. Studies in Anatolian, Italic and Other Indo-European Languages*, 598 pp., 1988. Prix: 1800,- FB.
36 articles dédiés à la mémoire de B. Schwartz traitent de questions de linguistique anatolienne, italique et indo-européenne.

BCILL 43: *Hethitica IX*, 179 pp., 1988. Prix: 540 FB. ISBN. Cinq articles de St. DE MARTINO, J.-P. GRÉLOIS, R. LEBRUN, E. NEU, A.-M. POLVANI.

BCILL 44: **M. SEGALEN** (éd.), *Anthropologie sociale et Ethnologie de la France*, 873 pp., 1989. Prix: 2.620 FB. ISBN 90-6831-157-3 (2 vol.).
Cet ouvrage rassemble les 88 communications présentées au Colloque International «Anthropologie sociale et Ethnologie de la France» organisé en 1987 pour célébrer le cinquantième anniversaire du Musée national des Arts et Traditions populaires (Paris), une des institutions fondatrices de la discipline. Ces textes montrent le dynamisme et la diversité de l'ethnologie chez soi. Ils sont organisés autour de plusieurs thèmes: le regard sur le nouvel «Autre», la diversité des cultures et des identités, la réévaluation des thèmes classiques du symbolique, de la parenté ou du politique, et le rôle de l'ethnologue dans sa société.

BCILL 45: **J.-P. COLSON**, *Krashens monitortheorie: een experimentele studie van het Nederlands als vreemde taal. La théorie du moniteur de Krashen: une étude expérimentale du néerlandais, langue étrangère*, 226 pp., 1989. Prix: 680 FB. ISBN 90-6831-148-4.
Doel van dit onderzoek is het testen van de monitortheorie van S.D. Krashen in verband met de verwerking van het Nederlands als vreemde taal. Tevens wordt uiteengezet welke plaats deze theorie inneemt in de discussie die momenteel binnen de toegepaste taalwetenschap gaande is.

BCILL 46: *Anthropo-logiques* 2 (1989), 324 pp., 1989. Prix: 970 FB. ISBN 90-6831-156-5.
Ce numéro constitue les Actes du Colloque organisé par le CIGAC du 5 au 9 octobre 1987. Les nombreuses interventions et discussions permettent de dégager la spécificité épistémologique et méthodologique de l'anthropologie clinique: approches (théorique ou clinique) de la rationalité humaine, sur le plan du signe, de l'outil, de la personne ou de la norme.

BCILL 47: **G. JUCQUOIS**, *Le comparatisme*, t. 1: *Généalogie d'une méthode*, 206 pp., 1989. Prix: 750 FB. ISBN 90-6831-171-9.
Le comparatisme, en tant que méthode scientifique, n'apparaît qu'au XIXe siècle. En tant que manière d'aborder les problèmes, il est beaucoup plus ancien. Depuis les premières manifestations d'un esprit comparatiste, à l'époque des Sophistes de l'Antiquité, jusqu'aux luttes théoriques qui préparent, vers la fin du XVIIIe siècle, l'avènement d'une méthode comparative, l'histoire des mentalités permet de préciser ce qui, dans une société, favorise l'émergence contemporaine de cette méthode.

BCILL 48: **G. JUCQUOIS**, *La méthode comparative dans les sciences de l'homme*, 138 pp., 1989. Prix: 560 FB. ISBN 90-6831-169-7.
La méthode comparative semble bien être spécifique aux sciences de l'homme. En huit chapitres, reprenant les textes de conférences faites à Namur en 1989, sont présentés les principaux moments d'une histoire du comparatisme, les grands traits de la méthode et quelques applications interdisciplinaires.

BCILL 49: *Problems in Decipherment*, edited by **Yves DUHOUX, Thomas G. PALAIMA and John BENNET**, 1989, 216 pp. Price: 650 BF. ISBN 90-6831-177-8.

Five scripts of the ancient Mediterranean area are presented here. Three of them are still undeciphered — "Pictographic" Cretan; Linear A; Cypro-Minoan. Two papers deal with Linear B, a successfully deciphered Bronze Age script. The last study is concerned with Etruscan.

BCILL 50: **B. JACQUINOD**, *Le double accusatif en grec d'Homère à la fin du Ve siècle avant J.-C.* (publié avec le concours du Centre National de la Recherche Scientifique), 1989, 305 pp. Prix: 900 FB. ISBN 90-6831-194-8.
Le double accusatif est une des particularités du grec ancien: c'est dans cette langue qu'il est le mieux représenté, et de beaucoup. Ce tour, loin d'être un archaïsme en voie de disparition, se développe entre Homère et l'époque classique. Les types de double accusatif sont variés et chacun conduit à approfondir un fait de linguistique générale: expression de la sphère de la personne, locution, objet interne, transitivité, causativité, etc. Un livre qui intéressera linguistes, hellénistes et comparatistes.

BCILL 51: **Michel LEJEUNE**, *Méfitis d'après les dédicaces lucaniennes de Rossano di Vaglio*, 103 pp., 1990. Prix: 400,- FB. ISBN 90-6831-204-3.
D'après l'épigraphie, récemment venue au jour, d'un sanctuaire lucanien (-IVe/-Ier s.), vues nouvelles sur la langue osque et sur le culte de la déesse Méfitis.

BCILL 52: *Hethitica* X, 211 pp., 1990. Prix: 680 FB. Sept articles de P. CORNIL, M. FORLANINI, H. GONNET, J. KLINGER et E. NEU, R. LEBRUN, P. TARACHA, J. VANSCHOONWINKEL. ISBN 90-6831-288-X.

BCILL 53: **Albert MANIET**, *Phonologie quantitative comparée du latin ancien*, 1990, 362 pp. Prix: 1150 FB. ISBN 90-6831-225-1.
Cet ouvrage présente une statistique comparative, accompagnée de remarques d'ordre linguistique, des éléments et des séquences phoniques figurant dans un corpus latin de 2000 lignes, de même que dans un état plus ancien de ce corpus, reconstruit sur base de la phonétique historique des langues indo-européennes.

BCILL 54-55: **Charles de LAMBERTERIE**, *Les adjectifs grecs en -υς. Sémantique et comparaison* (publié avec le concours de l'Académie des Inscriptions et Belles-Lettres, du Centre National de la Recherche Scientifique et de la Fondation Calouste Gulbenkian), 1.035 pp., 1990. Prix: 1980 FB. ISBN tome I: 90-6831-251-0; tome II: 90-6831-252-9.
Cet ouvrage étudie une classe d'adjectifs grecs assez peu nombreuse (une quarantaine d'unités), mais remarquable par la cohérence de son fonctionnement, notamment l'aptitude à former des couples antonymiques. On y montre en outre que ces adjectifs, hérités pour la plupart, fournissent une riche matière à la recherche étymologique et jouent un rôle important dans la reconstruction du lexique indo-européen.

BCILL 56: **A. SZULMAJSTER-CELNIKIER**, *Le yidich à travers la chanson populaire. Les éléments non germaniques du yidich*, 276 pp., 22 photos, 1991. Prix: 1490 FB. ISBN 90-6831-333-9.

BCILL 57: *Anthropo-logiques 3* (1991), 204 pp., 1991. Prix: 695 FB. ISBN 90-6831-345-2.

Les textes de ce troisième numéro d'*Anthropo-logiques* ont en commun de chercher épistémologiquement à déconstruire les phénomènes pour en cerner le fondement. Ils abordent dans leur spécificité humaine le langage, l'expression numérale, la relation clinique, le corps, l'autisme et les psychoses infantiles.

BCILL 58: **G. JUCQUOIS-P. SWIGGERS** (éd.), *Le comparatisme devant le miroir*, 155 pp., 1991. Prix: 540 FB. ISBN 90-6831-363-0.
Dix articles de E. Gilissen, G.-G. Granger, C. Hagège, G. Jucquois, H.G. Moreira Freire de Morais Barroco, P. Swiggers, M. Van Overbeke.

BCILL 59: *Hethitica XI*, 136 pp., 1992. Prix: 440 FB. ISBN 90-6831-394-0.
Six articles de T.R. Bryce, S. de Martino, J. Freu, R. Lebrun, M. Mazoyer et E. Neu.

BCILL 60: **A. GOOSSE**, *Mélanges de grammaire et de lexicologie françaises*, XXVIII-450 pp., 1991. Prix: 1.600 FB. ISBN 90-6831-373-8.
Ce volume réunit un choix d'études de grammaire et de lexicologie françaises d'A. Goosse. Il est publié par ses collègues et collaborateurs à l'Université Catholique de Louvain à l'occasion de son accession à l'éméritat.

BCILL 61: **Y. DUHOUX**, *Le verbe grec ancien. Éléments de morphologie et de syntaxe historiques*, 549 pp., 1992. Prix: 1650 FB. ISBN 90-6831-387-8.
Ce livre étudie la structure et l'histoire du système verbal grec ancien. Menées dans une optique structuraliste, les descriptions morphologiques et syntaxiques sont toujours associées, de manière à s'éclairer mutuellement. Une attention particulière a été consacrée à la délicate question de l'aspect verbal. Les données quantitatives ont été systématiquement traitées, grâce à un *corpus* de plus de 100.000 formes verbales s'échelonnant depuis Homère jusqu'au IVe siècle avant J.-C.

BCILL 62: **D. da CUNHA**, *Discours rapporté et circulation de la parole*, 1992, 231 pp., Prix: 740 FB. ISBN 90-6831-401-7.
L'analyse pragmatique de la circulation de la parole entre un discours source, six rapporteurs et un interlocuteur montre que le discours rapporté ne peut se réduire aux styles direct, indirect et indirect libre. Par sa façon de reprendre les propos qu'il cite, chaque rapporteur privilégie une variante personnelle dans laquelle il leur prête sa voix, allant jusqu'à forger des citations pour mieux justifier son propre discours.

BCILL 63: **A. OUZOUNIAN**, *Le discours rapporté en arménien classique*, 1992, 300 pp., Prix: 990 FB. ISBN 90-6831-456-4.

BCILL 64: **B. PEETERS**, *Diachronie, Phonologie et Linguistique fonctionnelle*, 1992, 194 pp., Prix: 785 FB. ISBN 90-6831-402-5.

BCILL 65: **A. PIETTE**, *Le mode mineur de la réalité. Paradoxes et photographies en anthropologie*, 1992, 117 pp., Prix: 672 FB. ISBN 90-6831-442-4.

BCILL 66: **Ph. BLANCHET** (éd.), *Nos langues et l'unité de l'Europe. Actes des Colloques de Fleury (Normandie) et Maiano (Prouvènço)*, 1992, 113 pp., Prix: 400 FB. ISBN 90-6831-439-4.
Ce volume envisage les problèmes posés par la prise en compte de la diversité linguistique dans la constitution de l'Europe. Universitaires, enseignants, écrivains,

hommes politiques, responsables de structures éducatives, économistes, animateurs d'associations de promotion des cultures régionales présentent ici un vaste panorama des langues d'Europe et de leur gestion socio-politique.

BCILL 67: *Anthropo-logiques* 4, 1992, 155 pp., Prix: 540 FB. ISBN 90-6831-464-5.
Une fois encore, l'unité du propos de ce numéro d'*Anthropo-logiques* ne tient pas tant à l'objet — bien qu'il soit relativement circonscrit: l'humain (on étudie ici la faculté de concevoir, la servitude du vouloir, la dépendance de l'infantile et la parenté) — qu'à la méthode, dont les deux caractères principaux sont justement les plus malaisés à conjoindre: une approche dialectique et analytique.

BCILL 68: **L. BEHEYDT (red.)**, *Taal en leren. Een bundel artikelen aangeboden aan prof. dr. E. Nieuwborg*, X-211 pp., 1993. Prix: 795 FB. ISBN 90-6831-476-9.
Deze bundel, die helemaal gewijd is aan toegepaste taalkunde en vreemde-talenonderwijs, bestaat uit vijf delen. Een eerste deel gaat over evaluatie in het v.t.-onderwijs. Een tweede deel betreft taalkundige analyses in functie van het v.t.-onderwijs. Een derde deel bevat contrastieve studies terwijl een vierde deel over methodiek gaat. Het laatste deel, ten slotte, is gericht op het verband taal en cultuur.

BCILL 69: **G. JUCQUOIS**, *Le comparatisme, t. 2: Émergence d'une méthode*, 208 pp., 1993. Prix: 730 FB. ISBN 90-6831-482-3, ISBN 2-87723-053-0.
Les modifications majeures qui caractérisent le passage de l'Ancien Régime à l'époque contemporaine se produisent initialement dans les sciences du vivant. Celles-ci s'élaborent, du XVIIIe au XXe siècle, par la progressive prise en compte du changement et du mouvement. Les sciences biologiques deviendront ainsi la matrice constitutive des sciences de l'homme par le moyen d'une méthodologie, comparative pour ces dernières et génétique pour les premières.

BCILL 70: *DE VSV, Études de syntaxe latine offertes en hommage à Marius Lavency, édité par* **D. LONGRÉE**, préface de G. SERBAT, 365 pp., 1995. Prix: 1.290 FB. ISBN 90-6831-481-5, ISBN 2-87723-054-6.
Ce volume, offert en hommage à Marius Lavency, professeur émérite à l'Université Catholique de Louvain, réunit vingt-six contributions illustrant les principales tendances des recherches récentes en syntaxe latine. Partageant un objectif commun avec les travaux de Marius Lavency, ces études tendent à décrire «l'usage» des auteurs dans ses multiples aspects: emplois des cas et des tournures prépositionnelles, oppositions modales et fonctionnements des propositions subordonnées, mécanismes diaphoriques et processus de référence au sujet, structures des phrases complexes... Elles soulignent la complémentarité des descriptions syntaxiques et des recherches lexicologiques, sémantiques, pragmatiques ou stylistisques. Elles mettent à nouveau en évidence les nombreuses interactions de la linguistique latine et de la linguistique générale.

BCILL 71: **J. PEKELDER**, *Conventies en Functies. Aspecten van binominale woordgroepen in het hedendaagse Nederlands*, 245 pp., 1993. Prix: 860 FB. ISBN 90-6831-500-5.
In deze studie wordt aangetoond dat een strikt onderscheid tussen lexicale en lineaire **conventies** enerzijds en lexicale en lineaire **functies** anderzijds tot meer inzicht leidt in de verschillende rollen die syntactische en niet-syntactische functies spelen bij de interpretatie van binominale woordgroepen met *van* in het hedendaagse Nederlands.

BCILL 72: **H. VAN HOOF**, *Dictionnaire des éponymes médicaux français-anglais*, 407 pp., 1993. Prix: 1425 FB. ISBN 90-6831-510-2, ISBN 2-87723-071-6.
Les éponymes constituent un problème particulier du labyrinthe synonymique médical, phénomène dont se plaignent les médecins eux-mêmes et qui place le traducteur devant d'innombrables problèmes d'identification des équivalences. Le présent dictionnaire, précédé d'une étude typologique, s'efforce par ses quelque 20.000 entrées de résoudre la plupart de ces difficultés.

BCILL 73: **C. VIELLE - P. SWIGGERS - G. JUCQUOIS** *éds, Comparatisme, mythologies, langages en hommage à Claude Lévi-Strauss*, 454 pp., 1994. Prix: 1600 FB. ISBN 90-6831-586-2, ISBN 2-87723-130-5.
Ce volume offert à Claude Lévi-Strauss à l'occasion de ses quatre-vingt-cinq ans réunit des études mythologiques, linguistiques et/ou comparatives de Ph. Blanchet, A. Delobelle, E. Désveaux, B. Devlieger, D. Dubuisson, F. François, J.C. Gomes da Silva, J. Guiart, G. Jucquois, M. Mahmoudian, J.-Y. Maleuvre, H.B. Rosén, Cl. Sandoz, B. Sergent, P. Swiggers et C. Veille.

BCILL 74: **J. RAISON - M. POPE**, *Corpus transnuméré du linéaire A*, deuxième édition, 337 pp., 1994. Prix: 1180 FB. ISBN 90-6831-561-7, ISBN 2-87723-115-1.
La deuxième édition de ce *Corpus* livre le texte de tous les documents linéaire A publiés à la fin de 1993, rassemblés en un volume maniable. Elle conserve la numérotation des signes utilisée en 1980, autorisant ainsi l'utilisation aisée de toute la bibliographie antérieure. Elle joint à l'édition proprement dite de précieuses notices sur l'archéologie, le lieu précis de trouvaille, la datation, etc.

BCILL 75: *Florilegium Historiographiae Linguisticae. Études d'historiographie de la linguistique et de grammaire comparée à la mémoire de Maurice Leroy*, édité par **J. DE CLERCQ** et **P. DESMET**, 512 pp., 1994. Prix: 1800,- FB. ISBN 90-6831-578-1, ISBN 2-87723-125-9.
Vingt-neuf articles illustrent des questions d'histoire de la linguistique et de grammaire comparée en hommage à l'auteur des *Grands courants de la linguistique moderne*.

BCILL 76: *Plurilinguisme et Identité culturelle, Actes des Assises européennes pour une Éducation plurilingue (Luxembourg)*, édités par **G. DONDENLIGER** et **A. WENGLER**, 185 pp., 1994. Prix: 650,- FB. ISBN 90-6831-587-0, ISBN 2-87723-131-3.
Comment faciliter la communication entre les citoyens de toute l'Europe géographique et humaine, avec le souci de préserver, en même temps, l'indispensable pluralisme de langues et de cultures? Les textes réunis dans ce volume montrent des démarches fort diverses, souvent ajustées à une région, mais qui mériteraient certainement d'être adaptées à des situations analogues.

BCILL 77: **H. VAN HOOF,** *Petite histoire des dictionnaires*, 129 pp., 1994, 450 FB. ISBN 90-6831-630-3, ISBN 2-87723-149-6.
Les dictionnaires sont des auxiliaires tellement familiers du paysage éducatif que l'on ne songe plus guère à leurs origines. Dépositaires de la langue d'une communauté (dictionnaires unilingues), instruments de la communication entre communautés de langues différentes (dictionnaires bilingues) ou répertoires pour spécialistes des disciplines les plus variées (dictionnaires unilingues ou polyglottes), tous ont une histoire

dont l'auteur retrace les étapes depuis des temps parfois très reculés jusqu'à nos jours, avec la naissance des dictionnaires électroniques.

BCILL 78: *Hethitica XII*, 85 pp., 1994. Prix: 300 FB. ISBN 90-6831-651-6, ISBN 2-87723-170-4.
Six articles de R. Haase, W. Helck, J. Klinger, R. Lebrun, K. Shields.

BCILL 79: **J. GAGNEPAIN**, *Leçons d'introduction à la théorie de la médiation*, 304 pp. Prix: 990 FB. ISBN 90-6831-621-4, ISBN 2-87723-143-7.
Ce volume reproduit les leçons données par Jean Gagnepain à l'UCL en 1993. Le modèle de l'anthropologie clinique y est exposé dans sa globalité et d'une manière particulièrement vivante. Ces leçons constituent une excellente introduction à l'ensemble des travaux médiationnistes de l'auteur.

BCILL 80: **C. TOURATIER**, *Syntaxe Latine*, LXII-754 pp. Prix: 3.900 FB. ISBN 90-6831-474-2, ISBN 2-87723-051-1.

BCILL 81: **Sv. VOGELEER** (éd.), *L'interprétation du texte et la traduction*, 178 pp., 1995. Prix: 625 FB. ISBN 90-6831-688-5, ISBN 2-87723-189-5.
Les articles réunis dans ce volume traitent de l'interprétation du texte (textes littéraires et spécialisés), envisagée dans une optique unilingue ou par rapport à la traduction, et de la description et l'enseignement de langues de domaines sémantiques restreints.

BCILL 82: **Cl. BRIXHE**, *Phonétique et phonologie du grec ancien* I. *Quelques grandes questions*, 162 pp., 1996. Prix: 640 FB. ISBN 90-6831-807-1, ISBN 2-87723-215-8.
Ce livre correspond au premier volume de ce qui devrait être, surtout pour le consonantisme, une sorte d'introduction à la phonétique et à la phonologie du grec ancien. Le recours combiné à la phonétique générale, au structuralisme classique et à la sociolinguistique permet de mettre en évidence des variations géographiques, possibles ou probables, dans le grec dit «méridional» du second millénaire et de proposer, entre autres, des solutions originales pour les grandes questions soulevées par le consonantisme du mycénien et des dialectes alphabétiques.

BCILL 83: ***Anthropo-logiques*** 6 (1995): *Quel «discours de la méthode» pour les Sciences humaines? Un état des lieux de l'anthropologie clinique. Actes du 3e Colloque international d'anthropologie clinique (Louvain-la-Neuve - Novembre 1993)*, IV-278 pp., 990 FB. ISBN 90-6831-821-7, ISBN 2-87723-225-5.
Dans une perspective résolument transdisciplinaire, des spécialistes s'interrogent ensemble sur la méthode clinique en sciences humaines et sur ses enjeux épistémologiques. Les textes portent sur l'esthétique poétique et plastique, les perturbations neurologiques affectant l'organisation du temps, de l'espace et des liens sociaux, les rapports entre crise sociale et crise personnelle, le sort de l'éthique et de la morale dans les névroses, l'enfance et l'épistémologie. Le volume constitue un excellent état des lieux des travaux actuels en anthropologie clinique.

BCILL 84: **D. DUBUISSON**, *Anthropologie poétique. Esquisses pour une anthropologie du texte*, IV-159 pp., 1996. Prix: 600 FB. ISBN 90-6831-830-6, ISBN 2-87723-231-X.

Afin d'éloigner le *texte* des apories et des impasses dans lesquelles le retiennent les linguistiques et les rhétoriques «analytiques», l'auteur propose de fonder sur lui une véritable *anthropologie poétique* qui, à la différence des démarches précédentes, accorde la plus grande attention à la nécessaire vocation cosmographique de la *fonction textuelle*.

SÉRIE PÉDAGOGIQUE DE L'INSTITUT DE LINGUISTIQUE DE LOUVAIN (SPILL)

SPILL 1: **G. JUCQUOIS,** avec la Collaboration de **J. LEUSE**, *Conventions pour la présentation d'un texte scientifique*, 1978, 54 pp. (épuisé).

SPILL 2: **G. JUCQUOIS,** *Projet pour un traité de linguistique différentielle*, 1978, 67 pp. Prix: 170,- FB.Exposé succinct destiné à de régulières mises à jour de l'ensemble des projets et des travaux en cours dans une perspective différentielle au sein de l'Institut de Linguistique de Louvain.

SPILL 3: **G. JUCQUOIS,** *Additions 1978 au «Projet pour un traité de linguistique différentielle»*, 1978, 25 pp. Prix: 70,- FB.

SPILL 4: **G. JUCQUOIS,** *Paradigmes du vieux-slave*, 1979, 33 pp. (épuisé).

SPILL 5: **W. BAL - J. GERMAIN,** *Guide de linguistique*, 1979, 108 pp. Prix: 275,- FB. Destiné à tous ceux qui désirent s'initier à la linguistique moderne, ce guide joint à un exposé des notions fondamentales et des connexions interdisciplinaires de cette science une substantielle documentation bibliographique sélective, à jour, classée systématiquement et dont la consultation est encore facilitée par un index détaillé.

SPILL 6: **G. JUCQUOIS - J. LEUSE,** *Ouvrages encyclopédiques et terminologiques en sciences humaines*, 1980, 66 pp. Prix: 165,- FB.
Brochure destinée à permettre une première orientation dans le domaine des diverses sciences de l'homme. Trois sortes de travaux y sont signalés: ouvrages de terminologie, ouvrages d'introduction, et ouvrages de type encyclopédique.

SPILL 7: **D. DONNET,** *Paradigmes et résumé de grammaire sanskrite*, 64 pp., 1980. Prix: 160,- FB.
Dans cette brochure, qui sert de support à un cours d'initiation, sont envisagés: les règles du sandhi externe et interne, les paradigmes nominaux et verbaux, les principes et les classifications de la composition nominale.

SPILL 8-9: **L; DEROY,** *Padaśas. Manuel pour commencer l'étude du sanskrit même sans maître*, 2 vol., 203 + 160 pp., 2e éd., 1984. Epuisé.

SPILL 10: *Langage ordinaire et philosophie chez le second WITTGENSTEIN. Séminaire de philosophie du langage 1979-1980,* **édité par J.F. MALHERBE,** 139 pp., 1980. Prix: 350,- FB. ISBN 2-87077-014-6.
Si, comme le soutenait Wittgenstein, **la signification c'est l'usage,** c'est en étudiant l'usage d'un certain nombre de termes clés de la langue du philosophe que l'on pourra, par-delà le découpage de sa pensée en aphorismes, tenter une synthèse de quelques thèmes majeurs des **investigations philosophiques.**

SPILL 11: **J.M. PIERRET,** *Phonétique du français. Notions de phonétique générale et phonétique du français*, V-245 pp. + 4 pp. hors texte, 1985. Prix: 550,- FB. ISBN 2-87077-018-9.
Ouvrage d'initiation aux principaux problèmes de la phonétique générale et de la phonétique du français. Il étudie, en outre, dans une section de phonétique historique, l'évolution des sons, du latin au français moderne.

SPILL 12: **Y. DUHOUX,** *Introduction aux dialectes grecs anciens. Problèmes et méthodes. Recueil de textes traduits*, 111 pp., 1983. Prix: 280,- FB. ISBN 2-87077-177-0.
Ce petit livre est destiné aux étudiants, professeurs de grec et lecteurs cultivés désireux de s'initier à la dialectologie grecque ancienne: description des parlers; classification dialectale; reconstitution de la préhistoire du grec. Quatorze cartes et tableaux illustrent l'exposé, qui est complété par une bibliographie succincte. La deuxième partie de l'ouvrage rassemble soixante-huit courtes inscriptions dialectales traduites et accompagnées de leur bibliographie.

SPILL 13: **G. JUCQUOIS**, *Le travail de fin d'études. Buts, méthode, présentation*, 82 pp., 1984. (épuisé).

SPILL 14: **J, VAN ROEY,** *French-English Contrastive Lexicology. An Introduction*, 145 pp., 1990. Prix: 460,- FB. ISBN 90-6831-269-3.
This textbook covers more than its title suggests. While it is essentially devoted to the comparative study of the French and English vocabularies, with special emphasis on the deceptiveness of alleged transformational equivalence, the first part of the book familiarizes the student with the basic problems of lexical semantics.

SPILL 15: **Ph. BLANCHET,** *Le provençal. Essai de description sociolinguistique et différentielle*, 224 pp., 1992. Prix: 740,- FB. ISBN 90-6831-428-9.
Ce volume propose aux spécialistes une description scientifique interdisciplinaire cherchant à être consciente de sa démarche et à tous, grand public compris, pour la première fois, un ensemble d'informations permettant de se faire une idée de ce qu'est la langue de la Provence.

SPILL 16: **T. AKAMATSU,** *Essentials of Functional Phonology*, with a Foreword by André MARTINET, XI-193 pp., 1992. Prix: 680 FB. ISBN 90-6831-0.
This book is intended to provide a panorama of *synchronic functional phonology* as currently practised by the author who is closely associated with André Martinet, the most distinguished leader of functional linguistics of our day. Functional phonology studies the phonic substance of languages in terms of the various functions it fulfils in the process of language communication.

SPILL 17: **C.M. FAÏK-NZUJI,** *Éléments de phonologie et de morphophonologie des langues bantu*, 163 pp., 1992. Prix: 550 FB. ISBN 90-6831-440-8.
En cinq brefs chapitres, cet ouvrage présente, de façon claire et systématique, les notions élémentaires de la phonologie et de la morphophonologie des langues de la famille linguistique bantu. Une de ses originalités réside dans ses *Annexes et Documents*, où sont réunis quelques systèmes africains d'écriture ainsi que quelques principes concrets pour une orthographe fonctionnelle des langues bantu du Zaïre.

SPILL 18: **P. GODIN — P. OSTYN — Fr. DEGREEF,** *La pratique du néerlandais avec ou sans maître*, 368 pp., 1993. Prix: 1250 FB. ISBN 90-6831-528-5.
Cet ouvrage a pour objectif de répondre aux principales questions de grammaire et d'usage que se pose l'apprenant francophone de niveau intermédiaire et avancé. Il comprend les parties suivantes: 1. Prononciation et orthographe; 2. Morphologie; 3. Syntaxe et sémantique; 4. Usage. Il peut être utilisé aussi bien en situation d'auto-apprentissage qu'en classe grâce à une présentation de la matière particulièrement soignée d'un point de vue pédagogique: organisation modulaire, nombreux exemples, explications en français, traduction des mots moins fréquents, et «last but not least», un index très soigné.

SPILL 19: **J.-M. PIERRET,** *Phonétique historique du français et Notions de phonétique générale.* Nouvelle édition, XIII-247 pages; 4 pages hors-texte, 1994. Prix: 920 FB. ISBN 90-6831-608-7
Nouvelle édition, entièrement revue, d'un manuel destiné aux étudiants et aux lecteurs cultivés désireux de s'initier à la phonétique et à l'histoire de la prononciation du français, cet ouvrage est constitué de deux grandes parties: une initiation à la phonétique générale et un panorama de la phonétique historique du français. Il contient de nombreuses illustrations et trois index: un index analytique contenant tous les termes techniques utilisés, un index des étymons et un index des mots français cités dans la partie historique.